AGRICULTURE
GLOBAL

农业走出去

理论思考与实践探索

杨易 编著

中信出版集团|北京

图书在版编目（CIP）数据

农业走出去：理论思考与实践探索 / 杨易编著. --
北京：中信出版社，2020.12
ISBN 978-7-5217-2567-4

Ⅰ.①农… Ⅱ.①杨… Ⅲ.①农业合作–对外经济合作–研究–中国 Ⅳ.①F32

中国版本图书馆CIP数据核字(2020)第255965号

农业走出去：理论思考与实践探索
编　　著：杨易
出版发行：中信出版集团股份有限公司
　　　　　（北京市朝阳区惠新东街甲4号富盛大厦2座　邮编　100029）
承　印　者：河北鹏润印刷有限公司

开　　本：787mm×1092mm　1/16　　印　张：22.25　　字　数：283千字
版　　次：2020年12月第1版　　　　　印　次：2020年12月第1次印刷
书　　号：ISBN 978-7-5217-2567-4
定　　价：79.00元

版权所有·侵权必究
如有印刷、装订问题，本公司负责调换。
服务热线：400-600-8099
投稿邮箱：author@citicpub.com

编写委员会

主　　编：杨　易

编写成员（以姓氏笔画为序）：

　　　　　　于　敏　龙　盾　卢　琰　刘志颐
　　　　　　刘　晴　祁梦超　李　晶　张利利
　　　　　　张玲玲　茹　蕾　柏　娜

目 录

序 XI

第一篇 总论

第一章　保持战略定力，谋划农业走出去长远发展
　　一、农业走出去是我国农业农村经济发展的重要组成　　003
　　二、农业走出去的历史回顾和实践探索　　008
　　三、我国农业走出去的基础理论与现实思考　　016
　　四、农业走出去是一项长期战略，需要创新发展、深化改革　　026

第二篇 统筹谋划

第二章　顶层设计是农业走出去的战略指引
　　一、农业走出去顶层设计的成效及存在的问题　　033
　　二、顶层设计是农业走出去的战略指引　　037
　　三、农业走出去顶层设计的要求　　040

第三章	两个布局是农业走出去的目标定位	
	一、两个布局的概念与关系	045
	二、两个布局的原则	046
	三、两个布局的要求	047
	四、统筹优势资源，明确区域合作定位	049
	五、立足区域定位，做好重点产业布局	051

第四章	重大项目是农业走出去的关键载体	
	一、重大项目与一般项目的区别	057
	二、农业走出去各类项目的发展回顾	059
	三、对外投资重大项目的发展现状及存在的问题	062
	四、重大项目的设立目标	063
	五、重大项目的设立原则	065
	六、重大项目的实施	067
	七、重大项目的保障	069

第五章	项目可研是农业走出去的决策依据	
	一、企业开展农业对外投资的现状与项目可研的发展及挑战分析	074
	二、项目可研是企业开展农业对外投资的重要依据	077
	三、项目可研的关键影响要素	080
	四、项目可研的编制建议	083

第六章	大型企业是农业走出去的主要力量	
	一、大型企业的界定标准	085
	二、中国农业走出去企业的国际化现状与特点	087

三、大型企业是农业走出去的主要力量　　091
　　四、大型企业的构建原则与模式　　095
　　五、大型企业推动农业走出去的目标定位与路径　　098

第三篇　国家推动

第七章　政府部门是农业走出去的职能保障
　　一、政府部门推动农业走出去的进展综述　　105
　　二、政府部门是农业走出去的职能保障　　112
　　三、政府部门在农业走出去中的职责和任务　　114
　　四、政府部门推动农业走出去的举措建议　　119

第八章　多双边合作是农业走出去的稳定器
　　一、多双边合作机制　　123
　　二、发展历程与现状　　125
　　三、多双边合作机制推动农业走出去的成效　　130
　　四、多双边合作机制发挥稳定器作用的路径　　135
　　五、多双边合作机制发挥稳定器作用的保障　　139

第九章　对外援助是农业走出去的资源协同
　　一、我国农业的对外援助　　143
　　二、农业对外援助的成效　　146
　　三、对外援助是农业走出去的资源协同　　149
　　四、对外援助为农业走出去创造环境、争取条件　　152
　　五、对外援助促进农业走出去的基本考虑　　155

第四篇　要素作用

第十章　政策是农业走出去的有形手
一、农业走出去支持政策的发展现状与演变　161
二、农业走出去的政策诉求与差距　169
三、政策是农业走出去的有形手　174
四、农业走出去政策支持体系构建的原则与目标　176
五、农业走出去政策支持体系构建的方向与路径　178

第十一章　金融是农业走出去的助推剂
一、金融支持农业走出去的现状与问题　183
二、金融是农业走出去的助推剂　189
三、企业获取金融支持的路径　191
四、金融机构推动农业走出去的路径　196

第十二章　信息是农业走出去的指南针
一、农业走出去信息的发展历程及现状　200
二、信息是服务农业走出去的关键要素　207
三、信息体系建设的要求和来源渠道　212
四、发挥信息对三类主体的服务引导作用　217

第十三章　人才是农业走出去的核心力
一、农业走出去人才的界定及队伍建设的现状　223
二、人才是农业走出去高质量发展的核心　226
三、当前农业走出去人才队伍的建设要求　229
四、继续推动农业走出去人才队伍建设的主要路径　233

第五篇 实践探索

第十四章 案例解析为农业走出去提供可借鉴的经验
  一、农资拓展经营类   240
  二、流通渠道控制类   257
  三、规模种植/养殖加工类   278
  四、产业集聚类   295
  五、资源禀赋类   307

跋   317
附录1   我国已建立的农业双边合作机制情况简表   319
附录2   我国参与的多边农业合作机制情况简表   323
附录3   我国签订的双边投资协定一览表   325
附录4   已签订协议的自贸区名单   331
附录5   我国签订的避免双重征税协定一览表   333
附录6   参考文献   337

序

　　走出去与引进来是我国对外开放的两面镜子。从国民经济各领域大幅度引进来，到鼓励支持各行业走出去，反映的是我国经济实力的整体提高和生产要素、资本积聚的不断增长。随着深度参与经济全球化，中国对外投资逐渐遍布世界各地。在走出去的大潮中，农业是起步晚、起步慢、起步难的领域之一。但在面临艰难险阻时，涉农领域各级主体坚持不忘初心、勇攀高峰，在前进道路上开辟了广阔天地，一批急先锋、先遣队、主力军涌现出来，共同营造了来之不易的良好局面。

　　回顾走出去的发展历程，我们可以看出，中央对农业走出去高度重视，党的十六大报告提出"实施'走出去'战略是对外开放新阶段的重大举措"。2007年，中央一号文件首次提出"加快实施农业'走出去'战略"，之后逐步明确了农业走出去要"提高统筹利用国际国内两个市场、两种资源的能力，拓展农业对外开放广度和深度；建立稳定可靠的进口粮源保障体系，提高保障国内粮食安全的能力"。

　　党的十八大以来，习近平总书记多次就推动农业走出去做出重要指示，为做好农业对外合作提供了方向指引和基本遵循。尤其自2014年以来，以原农业部为牵头单位、18个成员单位参与成立的对外合作部际联席会议，统筹中央到地方各级政府部门力量，相继出台了三个顶层设计文件，提供战略指导规划，协同各类机构为走出去主体创设发展环境，全国各省陆续掀起了农业对外合作热潮。

然而，从国家战略层面推动农业走出去不过十几年时间，市场主体依然薄弱，外部环境复杂多变，政府推动尚显乏力，农业走出去仍处在摸索规律、探寻路径、壮大实力、有效竞争的初级阶段。我们纵观这十几年农业走出去的发展历程，看到了成功的经验，也看到了失败的教训；其积累了成熟的推广模式，也显露了存在的突出问题。与此同时，国内同行对农业走出去的理解还存有分歧，对其目标作用和原则方法等尚无统一认识。农业走出去到了爬坡跃坎的关键阶段，亟须我们进行系统梳理并深入思考谋划，这正是我们写作本书的初衷。

经过多年的工作实践，我们对农业走出去的认识和理解不断深化。从实践层面上看，中国农业走出去是国家走出去战略的组成部分，是为进一步扩大农业对外开放，更好地利用国际国内两个市场、两种资源，有领导、有步骤地推动和支持一批有实力、有比较优势的企业，利用资金、技术和管理经验到境外开展投资和跨国经营。从战略层面上看，当前我国农业走出去主要是为了配合国内农业农村经济发展，改善农业发展环境，统筹利用各种资源，扩大市场空间，缓解供需矛盾，保障粮食安全和重要农产品有效供给。从战术路径上看，我国农业走出去主要是以政府为引导，以市场为导航，以培育大型跨国企业集团为手段，构建农业对外投资全产业链体系，提升中国农业的全球竞争力和国际影响力。从外溢功能上看，我国农业走出去要与合作国共建利益共同体、责任共同体、命运共同体，助力打造互利共赢的新型国际合作关系，为中国农业农村发展创造良好的外部环境。

在新形势下，农业已成为"一带一路"国际合作框架的重要内容，是世界各国开创发展新机遇、谋求发展新动力、拓展发展新空间的重要领域，也是落实中国方案、加快人类命运共同体构建的重要路径，这为农业走出去提供了难得的发展机遇。习近平总书记强调："'一带一路'建设要牢牢把握重点方向，聚焦重点地区、重点国家、重点项目，抓住发展这个最大公约数……切实推进统筹协调，坚持陆海统筹，坚持内外统筹，加强政企统筹……打造开放型合作平台，促进生产要素有序流动、资源高效配置、市场深度融合。"[1]

因此，本书以习近平新时代中国特色社会主义思想为理论指导，依托多年研究积淀及农业走出去实践，围绕保持战略定力、统筹谋划、国家推动、支撑保障、实践探索等内容，深入分析走出去过程中的关键因素，坚持目标导向、问题导向、结果导向，剖析农业走出去的基本特点和客观规律，推演农业走出去的原理程式和逻辑脉络，搭建农业走出去"宏观方略+中观措施+微观写实"的立体框架，为政府决策、企业投资、科学研究等提供指引借鉴。

理论思考来源于实践探索，同时又指导具体实践。我们希望透过现象看本质，由问题表面探背后根源，由认知层面寻理论高度，由表及里、由浅入深，以国家层面推动农业走出去的战略角度去思考，从而提出基本方略，以期构建农业走出去的集成创新体系。

简而言之，农业走出去要在深入了解各国资源、技术、产业、市场等方面的优势和劣势的基础上，加强发展战略、发展规划、机制平台、具体项目的对接，按照"资源是定位器、市场是导航灯"的思路，明确合作的重点区域、国别、产业、项目和实施主体等五大要素，提

---

[1] 人民日报海外版.建设"一带一路"，中国紧抓落实[EB/OL].(2017-07-17). http://www.xinhuanet.com/silkroad/2017-07/17/c_129657275.htm.

供政策保障、机制保障、主体保障、服务保障等四重保障,全方位立体化推进农业对外合作的高质量可持续发展。

雄关漫道真如铁,而今迈步从头越。农业走出去还需各界同人戮力同心、攻坚克难,咬定青山不放松,勇抓机遇再立新篇。当今世界正面临百年未有之大变局,农业走出去也面临着前所未有的机遇与挑战,希望本书可以为正在从事以及未来有意开展农业走出去的主体提供理论依据和实践参考,携手共促农业走出去长远发展。

杨 易

2020 年 8 月于北京

第一篇 总论

改革开放40多年来，中国从资本输入国逐步转向资本输出国，对外投资遍布全球。改革开放成为中国与世界各国经济深度融合、实现互利共赢的桥梁。农业虽为弱质产业，但经济全球化和粮食安全重要性促使农业国际交流与合作日益广泛，尤其在"一带一路"建设中，农业领域成为构建沿线各国人类命运共同体的最佳结合点之一。

伴随着我国不断扩大对外开放的时代背景，中国农业走出去也经历了酝酿期、探索期、起步期，农业对外投资由小到大、由区域到全球，当前进入了全面战略实施阶段。确切地说，推动农业走出去上升到国家层面，是近十几年的事，但我们在工作机制、发展模式、投资结构等方面进行了一系列实践探索。虽然这其中有摸着石头过河的试验性质，但也蕴含着推动农业走出去的必然逻辑与理论基础。从某种意义上说，农业走出去的发展历程就是中国农业农村经济发展的外部映像，也是重要助推器。

梳理回顾重在着眼未来，旨在实现更好的再出发。本篇分析了新时期国内外的新形势、新变化，以及农业走出去未来的发展趋势，论述了如何将农业走出去作为一项长期战略进行系统谋划。

第一章

保持战略定力，谋划农业走出去长远发展

粮食安，天下安。习近平总书记强调："解决好吃饭问题始终是治国理政的头等大事。在国内粮食生产确保谷物基本自给、口粮绝对安全的前提下……积极稳妥利用国际农产品市场和国外农业资源是一项长期战略布局……现在，有必要积极稳妥扩大这一战略布局，但必须谋定而后动。"[1] 农业走出去是一项长期性任务，习近平总书记对农业走出去工作的重要指示，为我们以更大的决心谋划农业走出去长远发展提供了根本遵循。面对新机遇、新挑战，统筹利用国际国内两个市场、两种资源，立足保障国家粮食安全这个永恒课题，进行全盘谋划、科学部署，保持战略定力，坚定不移推动农业走出去长远发展，有利于我们丰富农产品多元供给渠道，提升利用国外资源和农产品进口的主动权，构建开放型经济新体制。

一、农业走出去是我国农业农村经济发展的重要组成

（一）农业对外开放为我国农业农村发展做出了突出贡献

农业是我国对外开放的重点领域和重要组成部分，农业对外开放

---

[1] 中国共产党新闻网. 任正晓：解决好吃饭问题始终是治国理政的头等大事 [EB/OL]. (2015-09-30). http://cpc.people.com.cn/n/2015/0930/c64102-27652677.html?from=timeline.

配合国内农业农村发展取得了卓越成就。改革开放以来，我国农业对外开放经历了以"引进来"为主解决农业生产力水平低下问题，到适应国内农业供求关系变化实行引进来与走出去并行，到 21 世纪融入世界经济实施农业走出去战略，再到当前在国家对外开放总框架下全方位扩大农业对外开放。为了配合国内农业农村发展需要，2000 年以来，我国农业双向开放格局基本形成，这为促进农业农村发展营造了良好环境。一方面，农业引进来特别是吸引外商投资的力度不断加大，农业领域外商投资年均增速为 9.5%，利用外资从引进资金转向引进先进技术与品种、现代化管理和专门人才，这在提升我国农业科技水平和竞争力方面发挥了积极作用；另一方面，农业走出去步伐不断加快，农业对外投资年均增速超过 20%，统筹利用国际国内两个市场、两种资源的能力不断提高，大型涉农跨国企业参与国际竞争的主动性和综合实力明显增强。农业对外开放的有序推进已经成为我国农业农村稳步发展的重要一环。

（二）农业走出去是保障我国粮食安全和重要农产品供给的重要途径

虽然我国粮食总产量自 2015 年以来稳定在 6.5 亿吨以上，但粮食供需紧平衡仍是我国粮食安全的长期态势，也是我国 14 亿人口面临的基本国情。从需求端看，未来 10 年我国人口有望达到 14.4 亿，人均口粮消费稳中有降，转化用粮消费持续增加，粮食消费面临刚性增长需求，且消费结构不断升级；从生产端看，农业生产成本不断攀升，资源环境约束凸显，18 亿亩[1] 耕地保障粮食稳定增产的压力较大。为扛

---

1 1 亩 ≈ 666.67 平方米。——编者注

稳粮食安全重任，党的十八大以来，我国提出了"确保谷物基本自给、口粮绝对安全"的新粮食安全观，确立了以我为主、立足国内、确保产能、适度进口、科技支撑的国家粮食安全战略，走出了一条中国特色粮食安全之路。作为全球第一大农产品进口国，我国农产品进口额在全球占比已超1/10，大豆、棉花、食糖、食用植物油、牛羊肉、奶制品等重要农产品供给长期存在缺口，利用国际市场适度进口成为常态，保障国际农产品稳定供给关系重大。主动把握国际农产品进口市场，主动扩大国内紧缺农产品进口，主动拓展多元进口渠道，构建持续稳定、多元主体、科学有效的国际农产品供给体系，成为保障粮食安全和农产品供给的重要途径。

（三）农业走出去是缓解国内资源环境矛盾，满足多元消费需求的必然要求

一方面，我国人地矛盾、水土资源约束日益凸显，农业资源过度开发、农业投入品过量使用、地下水超采、农业内外源污染相互叠加等问题严重影响农业的可持续发展。而根据联合国粮农组织的"全球农业生态区划"数据库测算，除我国外，全球尚有20.1亿公顷潜在耕地可供开发，是我国耕地面积的16.8倍。推动农业走出去，挖掘境外农业增产潜力，提高合作国粮食安全保障水平，适度扩大资源密集型农产品进口，可以通过空间换时间，为国内休耕轮作、资源养护提供条件，缓解国内资源环境压力，实现藏粮于地。另一方面，我国农产品供求结构性矛盾突出，一般性的中低档农产品供过于求，而绿色、安全、优质的高档农产品供给不足；常规农产品需求供过于求，特色农产品供给不足。随着居民对优质农产品的需求不断提升，2009—2019年，我国农产品进口额不断增长（年均增幅11%），蔬菜

（25.4%）、水果（20.3%）、谷物（19.3%）、畜产品（18.6%）、水产品（13.5%）、食糖（11.4%）的进口增速普遍高于平均水平，持续提供优质农产品成为满足人民日益增长的美好生活需求的基本要求。推动农业走出去，充分利用两个市场、两种资源，增加绿色、有机农产品供给，满足人民对健康安全食品的多元化需求，已经成为我国农业供给侧结构性改革的重要补充。

（四）农业走出去是促进产业转型升级，助力现代农业发展的有效手段

适度规模经营是我国建设现代农业的大趋势，配合农业供给侧结构性改革，我国农资农机产业进入深度转型期。传统农药、化肥等农资行业，以及拖拉机、稻麦联合收割机、播种机等传统农机行业的产能过剩严重、产品同质化严重，而中高端产品供给不足，已无法满足国内农业发展需求。在此背景下，产能走出去成为促进产业转型升级的必然选择。部分企业借助国内产品种类齐全、价格低廉的优势，积极拓展新的发展空间和市场渠道，通过向俄罗斯等独联体国家、非洲和东盟等地区出口农资农机装备，获得更多的发展机遇。同时，大型企业通过实施海外并购，获取产品关键技术，主动融入全球价值链中高端。例如，中国化工收购全球第一大农药、第三大种子农化高科技公司先正达后，拥有大量原创性专利技术、广泛的市场销售渠道和强大的品牌优势，进入全球农化行业第一梯队；雷沃重工先后收购欧洲百年农机品牌阿波斯、农机具制造领域全球领先企业马特马克等，结合国内需求进行针对性研发，进一步推动了我国农机产业的发展。

（五）农业走出去是提升农业国际竞争力和国际规则话语权的必由之路

在经济全球化和贸易自由化趋势下，大型粮食跨国企业配置全球农业资源、主导农产品市场的作用越来越强，我国作为全球最大的农产品进口国，亟须在全球农产品贸易中争取主动权，解决重要农产品进口"卡脖子"问题。在贸易保护主义抬头、发达国家投资审查趋严的背景下，我国农业企业积极进行全球农业资源布局，以提升产业链控制力。例如，中粮集团加快在全球粮油主产区和主销区布局现代化仓储物流设施，完成了一系列海外并购；光明集团、鹏欣集团、广东农垦等也实施了一系列海外并购及整合重组。参与全球农产品供应链建设，特别是在前端技术研发、后端分销集成网络等关键环节的构建，有利于提升企业利用全球资源和市场规避风险的能力，提升我国农产品的国际竞争力。

随着经济全球化的不断深入，国际标准已成为各国推动对外贸易和保护本国经济的重要手段。标准竞争已成为继产品竞争、品牌竞争之后，一种层次更高、意义更大、效果显著、影响更广的竞争手段。国际标准化的参与程度，对我国产品进入国际市场、推广先进技术、弘扬自主品牌起到了极其重要的推动作用。近年来，我国积极与联合国粮农组织、世界粮食计划署、世界贸易组织、二十国集团等机构合作，深度参与全球粮农治理，推动设立新标准、新规则，不断提升中国在全球粮食安全治理体系中的话语权，为推动中国农产品标准、产品、技术和品牌走出去奠定了基础。

(六)农业走出去是服务"一带一路"构建人类命运共同体的最佳结合点之一

当前,世界各国普遍面临全球农业发展格局深刻调整、农业持续增长动力不足等挑战,实现粮食安全与营养、解决饥饿与贫困是"一带一路"沿线大部分国家的迫切需求,关系到各国民生福祉,也是被"安全化"的"高政治"议题。共建"一带一路"倡议提出7年来,农业国际合作成为沿线国家共建利益共同体和命运共同体的最佳结合点之一。中国与80多个"一带一路"沿线国家签署了农渔业合作文件,凝聚了农业合作共识;与沿线国家之间的农产品贸易额快速增长,占中国农产品贸易总额的1/3以上;与沿线国家共建实验室,开展关键技术试验示范推广,派遣农业技术专家400多人,为发展中国家提供技术援助;参与沿线国家农业投资项目,项目超过650个,投资存量超过94亿美元,带动沿线国家粮食、经济作物、畜牧业、农产品加工业的发展,增强沿线国家应对粮食危机、保障粮食安全、增加农民收入的能力,进而深化互利共赢、推进安全合作、加强人文交流,在维护周边地区稳定、构建人类命运共同体过程中发挥了农业的独特作用。

二、农业走出去的历史回顾和实践探索

(一)农业走出去的发展历程

改革开放开启了我国引进来和走出去的新征程,在此背景下,我国农业走出去经历了酝酿、探索、起步和战略实施4个阶段。

1. 酝酿阶段(1979—1991)

改革开放初期,我国经济总量的世界排名不到前10,占全球经济

总量的份额不足 2%[1]，人均 GDP 不足 400 元，属于低收入国家，虽然已建立了独立的、门类齐全的工业体系，但技术比较落后。在此背景下，我国明确了以经济建设为中心的发展战略，实施了对内改革、对外开放的政策。改革开放初期，我国对外开放以引进来为主，重在学习国外的先进科学技术。1979 年，国务院颁布《关于经济改革的十五项措施》，首次把出国办企业、发展对外投资作为国家政策，开启了我国企业"走出去"的元年。1984 年，原外经贸部发布文件为境外开办非贸易性企业提供试行指导。1985 年，原外经贸部发布《关于在境外开办非贸易性企业的审批程序和管理办法的试行规定》，对外直接投资从国务院个案审批转为规范性审批。受外汇政策变动影响，1989年 3 月，国家外汇管理局发布《境外投资外汇管理办法》，执行比较严格的外汇管理制度。

这一阶段，我国走出去从形成想法到出台举措，实现了从战略思考到原始推动，为下一步深入探索走出去提供了基础。从实际情况来看，这 13 年间，我国累计批准 1 008 家对外投资企业，对外投资规模达 13.96 亿美元，"走出去"的企业数量和规模均有限。农业"走出去"在这一阶段融合在国家整体战略之中，并不占重要地位。

2. 探索阶段（1992—2001）

1992 年，党的十四大正式确立社会主义市场经济体制。十四大报告（《加快改革开放和现代化建设步伐，夺取有中国特色社会主义事业的更大胜利》）最早阐述了"走出去"战略的主要指导思想，即"进一步扩大对外开放，更多、更好地利用国外资金、资源、技术和管理经验，积极扩大我国企业的对外投资和跨国经营"。同年，原外经贸

---

[1] 数据来源：世界银行数据库。

部为配合中央对境外企业进行全面清理整顿，起草了《境外企业管理条例》，明确了政府各部门的外资管理职能——原外经贸部负责制定境外投资方针政策和统一管理，原国家计委负责审批项目建议书和可行性研究报告，其他部委及省级原外经贸厅（委）为其境外企业主办单位的政府主管部门，原外经贸部授权驻外使（领）馆经商处（室）对中方在其所在国开办的各类企业实行统一协调管理。

1996年7月，财政部出台《境外投资财务管理暂行办法》，其成为我国第一个统一的境外投资财务管理制度。1997年，党的十五大报告（《高举邓小平理论伟大旗帜，把建设有中国特色社会主义事业全面推向二十一世纪》）第一次对"走出去"进行了明确要求，"鼓励能够发挥我国比较优势的对外投资，更好地利用两个市场、两种资源"。

1998年2月，党的十五届二中全会上首次形成"走出去"的战略雏形。会议明确指出，"走出去"战略是"在积极扩大出口的同时，要有领导、有步骤地组织和支持一批有实力、有优势的国有企业走出去，到国外，主要是到非洲、中亚、中东、中欧、南美等地投资办厂"。

2000年10月，党的十五届五中全会审议通过《中共中央关于制定国民经济和社会发展第十个五年计划的建议》，首次明确提出"走出去"战略、西部大开发战略、城镇化战略、人才战略四大战略。2001年3月，"走出去"战略正式写入全国人大九届四次会议通过的《中华人民共和国国民经济和社会发展第十个五年计划纲要》，其要求健全对境外投资的服务体系，在金融、保险、外汇、财税、人才、法律、信息服务、出入境管理等方面，为实施"走出去"战略创造条件，并完善境外投资企业的法人治理结构和内部约束机制，规范对外投资的监管。

至此,"走出去"战略正式形成,成为我国改革开放基本国策的重要组成部分。从实际发展情况来看,在当时的特定历史条件下,"走出去"还未能成为我国对外开放的主旋律,农业"走出去"也没有被单独提出。但是受政策引导(例如,鼓励在能源资源领域、基础设施建设领域占优势的企业率先"走出去"),一些大型企业集团,包括中石油、中海油、五矿等积极走出去,为后来推动农业"走出去"发挥了重要作用。

3. 起步阶段(2002—2015)

随着国家走出去战略体系的不断完善,农业"走出去"战略被正式提出,支持农业走出去的政策框架、协调机制建立,企业开展对外农业投资的意愿也不断增强。

2002年11月,党的十六大报告(《全面建设小康社会,开创中国特色社会主义事业新局面》)指出,"实施'走出去'战略是对外开放新阶段的重大举措,鼓励和支持有比较优势的各种所有制企业对外投资……坚持'引进来'和'走出去'相结合,全面提高对外开放水平"。在此背景下,国家发改委、商务部、财政部、外汇管理局等部门逐步进行政策调整,设立对外经济技术合作专项资金、实施农业"走出去"特定税收优惠等一系列实质性的支持政策相继推出。2007年,中央一号文件(《中共中央国务院关于积极发展现代农业扎实推进社会主义新农村建设的若干意见》)首次从中央政策层面提出"加快实施农业'走出去'战略",明确指出要"支持农产品出口企业在国外市场注册品牌,开展海外市场研究、营销策划、产品推介活动"。2008年,党的十七届三中全会通过的《中共中央关于推进农村改革发展若干重大问题的决定》指出"坚持'引进来'和'走出去'相结合,提高统筹利用国际国内两个市场、两种资源能力,拓展农业对外开放广度和深度"。同年,《国家粮食安全中长期规划纲要（2008—2020）》提出"实施农业'走出去'战略,鼓励国内企业'走出去',建立稳定可靠的进口粮源保障体系,提高保障国内粮食安全的能力"。

2015年,中央一号文件（《关于加大改革创新力度加快农业现代化建设的若干意见》)提出,要提高统筹利用国际国内两个市场、两种资源的能力。国家层面推动农业"走出去"的工作思路逐步明确,包括健全农业对外合作部际联席会议制度,抓紧编制农业对外合作规划；创新农业对外合作模式,重点加强农产品加工、储运、贸易等环节的合作,支持开展境外农业合作开发,推进科技示范园区建设等；完善投资、财税、金融、保险、贸易、通关、检验检疫等支持政策,落实到境外从事农业生产所需农用设备和农业投入品出境的扶持政策,并注重发挥各类商会组织的信息服务、法律咨询、纠纷仲裁等作用。

在这期间,我国向世界各国发起"一带一路"倡议（2013年）。2015年,国家发改委、外交部、商务部联合发布了《推动共建丝绸之路经济带和21世纪海上丝绸之路的愿景与行动》,提出以共商、共建、共享为原则,积极推进沿线国家发展战略的相互对接,促进各领域全方位务实合作。

4. 战略实施阶段（2016至今）

2016年,中央一号文件（《中共中央国务院关于落实发展新理念加快农业现代化实现全面小康目标的若干意见》)明确提出,要统筹编制和实施农业对外合作规划。同年,国务院提出了关于促进农业对外合作的若干意见,首次从国家层面明确了农业走出去的指导思想、发展目标、合作布局、政策框架及企业主体地位,为未来一个时期推动农业走出去指明了方向。同年,指导农业对外合作的国家规划明确了"十三五"时期农业走出去的重点任务,提出了农业走出去的重点区域、重点国家及重点工程，为各部门和地方推动"十三五"农业走出去提供了路线图。2017年，原农业部、发改委、商务部、外交部四部委联合发布《共同推进"一带一路"建设农业合作的愿景与行动》，提出在"一带一路"框架下与沿线地区深化农业合作的中国倡议。至此，农业走出去的四梁八柱基本建成，这成为推进"十三五"农业走出去的重要遵循和关键指引。

(二)农业走出去的实践探索

1. 农业走出去工作机制基本理顺

改革开放初期，我国农业走出去处于自发状态，随着国家走出去战略体系的构建，农业走出去工作机制建立并不断完善。2008年，商务部和原农业部牵头成立了由14个部门组成的对外农业合作部际工作机制。2014年，李克强总理在中央农村工作会议上强调，我国已到了加快推进农业走出去的阶段。同年，原农业部牵头18个部门建立农业对外合作部际联席会议制度。截至2019年底，部际联席会议成员单位增加到22家，农业农村部、外交部、财政部与相关部门协同配合，开展了一系列具有建设性、开拓性、探索性的工作，逐步形成农业对外合作良好工作格局。在部际联席会议制度的框架下，全国已有28个省（区、市）建立农业对外合作部际联席会议工作机制，统筹地方发改委、财政、商务、海关、外办等多部门力量，推动地方农业走出去。

2. 农业走出去发展模式日益丰富

经过多年的实践探索，我国农业走出去从贸易合作逐步转向生产投资合作，投资合作路径不断丰富，投资模式日益成熟。我国从最初的利用援外项目带动走出去，政府支持农业走出去，靠熟人推、能人帮的自发走出去，目标国招商引资拉动我国企业走出去等模式，逐步向多种合作模式转型。一是园区基地建设模式，即立足对外土地资源的直接开发，逐步聚集产业资源，强化抱团优势。2017年，原农业部认定了首批10家境外农业合作示范区，鼓励企业抱团出海，以降低单个企业运营成本，境外农业合作示范区成为推动农业走出去的有效平台和抓手。二是技术示范推广模式，即以四川省和湖南省的种业走出去为代表，通过境外试种、试验示范，建立良种繁育基地和销售网络，以技术输出为突破口，增强产业链前端的话语权。三是紧缺资源保障模式，即以广东农垦等为代表，回运天然橡胶等国内绝对紧缺的农产品，打造紧缺资源境外供应通道，深度参与国际产业链条建设。四是转移过剩产能模式，即以农药、化肥、农机为代表，针对国内农业生产资料领域产能过剩，企业通过在发展中国家化解过剩产能，在发达国家获取先进技术资源，促进国内农业供给侧结构性改革。五是海外并购模式，即以中粮、中国化工等为代表的企业依托自身实力，联合国际金融机构，通过并购获得优势企业资源，推动产业链、供应链实现跨越式发展。

3. 农业走出去投资规模持续增加

自2003年以来，我国农业走出去经历了从起步阶段向战略实施阶段的转型，累计投资规模由2003年的3.32亿美元增长到2019年上半年的205.3亿美元，占全国累计对外投资规模的比重维持在1%左右，农业对外投资规模相对较小。企业对外农业投资信息采集系统显示，我国农业对外投资流量不断创新高，在2016年达到历史最高值32.88亿美元，占当年全国对外投资流量的1.7%。从投资增速来看，我国农业对外投资经历了快速—加速—快速—慢增长4个阶段。随着国家农业走出去战略的正式提出，2003—2007年，农业对外投资进入快速增长期，从0.855亿美元增加到2.7亿美元，年均增速为33.3%。受金融危机影响，2008年我国农业对外投资出现负增长（-37%），全球经济发展进入低谷期，这为我国企业适时参与国际投资提供了良好机遇。2008—2012年，我国农业对外投资步入加速增长期，从1.7亿美元增加到14.6亿美元，年均增速为71.2%。受全球经济增速回落、贸易持续低迷的影响，2013年我国农业对外投资再次出现负增长（-11%），此后，农业对外投资增速调整到36.3%，增至2016年的32.88亿美元。在全球经济增长乏力、全球对外直接投资下滑的大背景下，2017年我国农业对外投资流量再现负增长（-37.4%），此后进入缓慢增长阶段，年均增速为6.9%，表现优于我国总体对外投资情况（-9.6%）。总体来看，我国农业对外投资已由过去的高速增长转为中高速增长，企业对外农业投资日趋理性。

4. 农业走出去投资结构不断优化

自2001年加入世界贸易组织以来，我国农产品贸易逐步从顺差转为逆差，且逆差呈逐步扩大趋势。在此背景下，农业走出去开启了境外买地租地、种粮的热潮，但由于购买海外农业用地敏感，走出去企业逐步从绿地投资向褐地投资转型。从投资产业结构来看，农业走出去由种植环节向产业链前端和后端延伸，投资产业覆盖粮棉油糖胶、畜牧、渔业、农资农机等七大类产业，走出去企业买地租地、从事粮食种植的投资比例明显下降，前端研发、后端加工、仓储、物流等领域的投资明显增多，投资产业进一步向大豆、天然橡胶、棉花等战略物资和奶源牧场、钾肥等紧缺资源聚集。企业对外农业投资信息采集系统显示，2019年，仅从事生产环节的企业有436家，占比为46.7%。同时经营两种以及两种以上业务活动的企业有410家，占比为43.9%，我国企业在境外开展农业生产经营已经向全产业链构建阶段迈进。从投资区域结构来看，我国农业对外投资已遍布全球，形成了覆盖东南亚、中亚、俄罗斯远东等周边区域，南美洲、非洲等资源丰富地区，欧洲、北美、澳新等发达地区的投资格局。无论从投资存量还是投资流量看，亚洲和欧洲都是我国农业对外投资的重点区域，亚洲主要集中在东盟国家，欧洲主要集中在俄罗斯、法国等国家。

5. 农业走出去投资主体呈多元化

早期农业走出去以农业对外援助为主，由政府主导，参与主体较为单一。其中，中国农垦、中国水产、中牧、广东农垦、黑龙江农垦等大型国有农业企业通过承担援外项目扮演了重要角色，援助受援国建设农场、农业技术示范中心、农业技术实验站和推广站，兴建农田水利工程等。随着农业走出去战略的实施，我国农业走出去的投资主体日益丰富，除了国有企业外，民营企业发展迅猛，农业走出去在企业数量和投资规模方面大幅提升，民营企业设立的境外企业数量是国有企业的11倍，投资存量占一半以上。除农业企业外，近几年，非农企业开展农业对外投资的热情高涨。中信建设、中地海外等实力雄厚的非农企业开始在境外开展农业投资，且其平均投资规模已超农业企业。农业走出去企业已形成了一批以中粮、光明食品等为代表的国有企业，以广垦橡胶、黑龙江农垦、新疆兵团等为代表的农垦企业，以新希望、伊利等为代表的民营企业的对外农业投资合作多元格局。

三、我国农业走出去的基础理论与现实思考

（一）基础理论

虽然企业走出去的最终目标是通过境外经营获得收益，但企业对外投资的根本出发点和实现收益的方式之间存在差异。根据企业投资主要动机的不同，现有国际投资理论可分为两类，一是基于占领市场

的投资理论，二是基于获取产能和资源的投资理论。通常，企业的对外投资都涉及这两类理论，但侧重点不同。

1. 基于占领市场的投资理论

（1）垄断优势理论

垄断优势理论基于发达国家，尤其是美国的对外投资经验，其核心是一国企业拥有他国企业所没有或无法获得的具有垄断性质的特定优势，如技术、规模、管理经验等，为了获得规模效益，企业走出去占领国际市场。以垄断优势理论为基础，该类型理论还包括产品生命周期理论（雷蒙德·弗农，1966）、内部化理论（彼德·巴克利和马克·卡森，1976）和国际生产折衷理论（约翰·邓宁，1977）等，其中国际生产折衷理论是目前国际投资领域的主流理论。国际生产折衷理论认为，企业从事国际直接投资由该企业所拥有的所有权优势、内部化优势和区位优势三大基本因素共同决定。企业若仅拥有所有权优势，就应该选择技术授权；企业若具有所有权优势和内部化优势，就应该选择出口；只有兼具3种优势，企业才应该进行国际直接投资。从总体上看，国际生产折衷理论更适用于发达国家的企业对外投资行为，在解释发展中国家对外投资时适用性有限，且理论相对静态和微观，未能充分考虑应用问题。

（2）发展中国家国际投资理论

为突破发展瓶颈，发展中国家提出在国外占领细分市场的投资理论，如小规模技术理论（刘易斯·威尔斯，1977）、利基市场理论（菲利普·科特勒，1967）、技术地方化理论（拉奥，1983）。小规模技术理论提出，发展中国家的企业的竞争优势主要表现在拥有为小市场服务的小规模生产技术，就地取材和同种族的优势，接近市场优势和低价产品营销战略。利基市场理论认为，企业为了避免在市场上与强大的竞争对手发生正面冲突，会重点占领被大型企业轻忽的细分市场。技术地方化理论则提出，发展中国家的企业结合自身条件，对国外引进的技术进行本土化改进甚至创新。这些理论对发展中国家的初期对外投资可以起到一定的解释作用，但是无法解释发展中国家高新技术企业的对外投资行为，也无法解释当前发展中国家对发达国家的直接投资日趋增长的现象。

2. 基于获取产能和资源的投资理论

从20世纪60年代末开始，随着日本政府逐步放开资本管制，日本的对外投资规模迅速扩张，与美国企业相比，日本企业并未获得绝对垄断优势，对外投资是为了获取资源、转移产能，传统的垄断优势理论并不适用于日本实际。因此，基于二战后日本的发展经验，小岛清于1978年提出了小岛清比较优势理论。该理论认为企业应该从本国已经处于或即将处于劣势地位的边际产业开始进行国际直接投资，因为在其他国家，这些产业可能正处于优势地位或潜在的优势地位。此类国际投资行为有以下特点：以中小企业为主体；转移处于比较劣势或即将处于比较劣势的产业；转移已经成熟、标准化或过时的技术；投资倾向于发展中国家。该类国际投资的目的是达到双赢，即投资国将更多资源用于其他新型产业，这也促进了东道国的产业发展。目前我国许多企业拥有的小规模生产、多功能和劳动密集型的中间技术，正面临技术贬值和失效的风险，正处在加快对外直接投资的重要时机。

3. 以经典理论解释我国农业走出去实践

我国农业对外投资实践总体符合国际投资理论，但因发展阶段以及体制不同，又有其特殊性。

（1）符合国际投资理论

从总体上看，我国具备垄断优势的农业企业不多，因而更适合解释我国农业走出去的理论是发展中国家国际投资理论和小岛清比较优势理论。

发展中国家国际投资理论适合解释我国农业对外投资初期如何抢占全球市场。对发达国家来说，经济作物、粮食作物的种植及农产品初加工等传统农业属于"夕阳产业"，其产品与技术已标准化，受重视程度日益衰减，但对我国来说，其仍属成熟产业，且我国在这些产业上具有技术与装备优势，这些优势更适用于东南亚、非洲等发展中国家。此外，东南亚等周边地区与我国文化相近，侨胞资源丰富，民族认同感高，成为我国农业对外投资的重点区域。

从小岛清比较优势理论来看，在我国农业发展结构矛盾日益突出，实施农业供给侧结构性改革的背景下，处于比较劣势的农业产业的对外投资规模出现大幅攀升，投资流量从2014年的17.98亿美元增长到2015年的36.5亿美元，翻了一番。截至2019年上半年，我国共有710家境内机构在境外投资设立934家农业企业，累计投资205.3亿美元。总体来看，我国对外农业投资企业规模不大、实力不强，中小企业数量占比高。在934家境外涉农企业中，40%的境外企业的累计投资额在200万美元以下，50%的境外企业的累计投资额为200万~5 000万美元，累计投资额在5 000万美元以上的企业有66家，累计投资额在1亿美元以上的企业仅有33家。从对外投资环节上看，企业对外投资种植生产业务占投资总额的72%，加工占4%、仓储占16.2%、物流占2.2%、研发占0.5%，对外农业投资总体仍处于产业链和价值链的低端环节。从对外投资国家（地区）上看，对外农业投资更倾向于发展中国家，75%的境外企业在发展中国家投资[1]，利用亚、非、拉地区的发

---

1 发展中国家是指剔除28个世界公认（联合国和经合组织均认可）的发达国家之后的所有国家（地区）。

展中国家丰富的农业资源从事农业开发，其2019年上半年新增投资、累计投资分别占总体投资规模的75.3%、47.7%。

（2）我国农业走出去的特殊性

现有国际投资理论有两个特点，一是主要关注相对发达国家对相对落后国家的投资，二是主要考虑没有政府干预条件下的市场行为。我国农业走出去在这两个方面均有特殊性。

1. 既有向相对落后国家的投资，又有向相对发达国家的投资

经过20多年的发展，我国农业对外投资正从买地、租地、从事种养殖等产业链低端向科研、生产、加工、仓储物流等全产业链投资转型，投资范围从相对落后的亚、非、拉国家向欧美等相对发达的国家拓展，覆盖六大洲（除南极洲）的100个国家（地区）。究其原因，一是我国产业门类齐全，是世界上唯一一个拥有联合国产业分类中全部工业门类的国家，拥有其他国家无法比拟的产业配套能力，为面向不同发展阶段的国家投资提供了强力支撑。二是我国经济发展已进入高质量发展提档换速的新阶段，国内对高端优质农产品的需求日益增长，一些有实力、有条件的大企业通过在相对发达国家的投资获得技术、品牌、市场渠道，从而向构建高附加值的产业环节和提供优质产品服务转型，提升高端农产品的供给能力，满足国内及国际消费需求。

2. 市场行为主导，但也兼顾国家战略

我国是人口大国，要用占世界7%的土地养活20%的人口，吃饭问题始终是大问题，吃上饭、吃好饭是第一要务。党的十八大以来，党中央始终把粮食安全作为治国理政的头等大事，提出了"以我为主、立足国内、确保产能、适度进口、科技支撑"的国家粮食安全战略，明确了"谷物基本自给、口粮绝对安全"的粮食安全优先序。在国内合理配置资源、集中力量保重点的情况下，农业走出去保障重要农产品供给的作用更加突出、任务更加明确。我国要兼顾农业走出去的战略目标，"统筹用好国际国内两个市场、两种资源……加快推进并支持农业走出去，加强'一带一路'农业国际合作，主动扩大国内紧缺农产品进口，拓展多元化进口渠道，培育一批跨国农业企业集团，提高农业对外合作水平"。

（二）现实思考

1. 农业走出去的现实基础

农业是涉及东道国国计民生的基础产业，农业走出去利用土地等资源，涉及群体庞大，成果惠及面广，走出去敏感性强，参与农业的国际合作与竞争具有极大的挑战性，存在众多的风险和困难。

我国农业走出去在国际环境复杂多变的背景下，配合国内农业发展需求，开始了积极探索。总体来看，我国农业走出去起步较晚，投资规模小但增速快，参与主体多元，两个市场、两种资源导向突出，但仍面临农业走出去基础薄弱、产业链长、风险点多等难点和痛点。农业走出去确保国内农业发展，保障粮食安全和重要农产品有效供给的统筹谋划不足，政府战略引导、精准支持力度不足。这主要表现为以下几个方面。

一是农业走出去的境外投资风险不容忽视。虽然我国农业对外投资规模总体呈增长态势，但受贸易保护主义、资源保护主义以及双边关系等地缘政治和国际关系的影响明显，境外生产经营面临的不确定性因素较多，投资风险更加凸显。企业海外投资的失败案例屡屡出现，防范化解境外投资风险的能力不足，这给企业海外投资带来严峻挑战。

二是农业走出去的主要任务配合国内农业转型的发展需求而变化。农业走出去从前期以贸易为主配合国内完善农产品市场调控，到投资与贸易并重配合新粮食安全战略下补充国内市场需求。在新时期,农业走出去在保障粮食安全和重要农产品有效供给、构建农业对外开放新格局等方面的主要任务逐步明晰。

三是农业走出去利用两个市场、两种资源的思路发生转变。从前期以资源占有、政府推动为主,逐步向市场导向转变,农业走出去的驱动力呈多元化,既有获取土地等自然资源、低廉劳动力的低成本需求,又有获取先进技术与管理经验、开拓国际市场的需求,"资源是定位器、市场是导航灯"的走出去理念基本形成。

四是农业走出去的投资质量和结构不断优化。农业走出去买地、租地等生产端投入大,抗自然风险能力低,核心技术利用不多,全产业链布局滞后的现状正在改变。随着资本、经验的积累,技术、人才的获得,农业对外投资也从最初的种养殖业等资源和劳动密集型领域向研发、物流、加工、品牌等资本密集型领域转型,农业对外投资在产业链上下游的扩展效应开始显现。

五是政府支持农业走出去的体制机制日益完善。从商务、发改委等各部门相对独立的政策引导、相对零散的支持举措,到建立农业对外合作部际联席会议制度,统筹各部门资源实现跨部门协作,再到地方成立跨部门合作机制,农业走出去基本形成了中央与地方联动的一盘棋格局。

六是走出去主体的整体实力日益增强。农业走出去从前期数量多、规模小、方式多、影响力差、竞争力不足的零散投资,发展到国有企业、民营企业与非农企业三足鼎立的格局,投资模式和路径更加多元化,大型农业企业集团的国际竞争力不断提升。

七是农业走出去理论与实践研究逐步深入。农业走出去的实践探索多、理论研究少,失败案例多、成功案例少的"两多两少"问题备受关注，学界对农业走出去发展模式、风险应对、经验借鉴、案例解析等方面的研究日益增多，农业走出去理论与实践的研究进入了需下大力气、系统思考、科学谋划的阶段。

2. 农业走出去恰逢战略机遇期

当今世界正在经历百年未有之大变局。未来10到15年是我国比较优势的转换期，是我国作为新兴大国崛起的关键期，也是国际格局的大调整期，我国发展仍处于并将长期处于战略机遇期。未来10到15年也是我国农业走出去必须紧紧抓住并且可以大有作为的战略机遇期，这是由历史和现实、国际和国内多方面因素决定的。

从国内来看，农业走出去有科学系统的理论指导、坚实的物质基础、强大的消费市场和有利的发展契机。第一，习近平新时代中国特色社会主义思想为农业走出去提供了科学的理论指导。从构建新型国际关系及人类命运共同体，到提出变革与完善全球治理体系的中国方案及大国外交新主张，以及新粮食安全战略的实施，习近平新时代中国特色社会主义思想明确了农业走出去未来一个时期的发展目标和战略部署，为推进农业走出去指明了方向和道路。第二，我国综合实力的提升为农业走出去奠定了坚实的物质基础。作为世界第二大经济体、外汇储备第一大国、制造业第一大国、货物贸易第一大国、商品消费第二大国、外资流入第二大国，我国主动影响外部环境、创造有利条件、开拓发展空间的能力显著提升，战略机遇期的内生性日益增强，这为农业走出去提供了坚实的后盾。第三，我国社会主要矛盾的变化对农业走出去提出了更高的要求。消费需求升级是社会主要矛盾变化的表现之一，居民膳食结构从数量温饱型向质量营养型转变，居民对粮食和农产品多样、优质、绿色的要求越来越高，我国需要加快开拓供给渠道，多元化满足国内农产品需求。第四，乡村振兴战略的实施为农业走出去提供了有利契机。农业供给侧结构性改革需要统筹国际国内两个市场、两种资源，提升我国在全球"控粮源、通粮道、建粮市"中的话语权，从而更好地形成结构合理、保障有力的农产品有效供给，为国内绿色发展和供给侧结构性改革留空间。

从国际上看，和平发展大势、全球治理体系重塑、贸易投资规则升级、新一轮科技革命都将为农业走出去创造新机遇。第一，和平发展大势为农业走出去赢得了更多时间。虽然世界发展的不稳定性、不确定性增多，但世界多极化、经济全球化深入发展，国际格局日趋均衡，和平与发展是各国人民的共同诉求，合作与共赢是时代发展的必然趋势，这为我国农业对外开放创造了良好的外部环境，赢得了更多时间。第二，全球治理体系重塑将盘活农业走出去空间。作为最大的发展中国家，中国已经成为世界和平建设者、全球发展贡献者、国际秩序维护者，积极推动二十国集团、东盟与中日韩、中亚区域经济合作、大湄公河次区域合作，织密全球伙伴关系网，坚持与全球合作伙伴互利发展，加快资源、要素的更大范围、更高层次、更有效率的流动，盘活了农业走出去的空间。第三，贸易投资规则升级将打通农业走出去动脉。随着世界贸易格局的改变，国际贸易规则将向高标准、高水平的便利化与自由化发展，跨境投资规则将加快形成、完善，投资的自由化与便利化水平将持续上升，农业走出去的障碍进一步被扫除，资源、要素的流动更加顺畅，这拓宽了农业走出去的空间。第四，新一轮科技革命将为农业走出去提供更大的驱动力。物联网、云计算、大数据、移动互联网等现代信息技术，将进一步推动全球农业产业链布局的改造升级，各国将着重加强知识产权保护，加强创新成果共享，打破制约知识、技术人才等创新要素流动的壁垒，为全球农业发展及农业对外投资提供更大的驱动力。

3. 农业走出去面临新变化、新挑战

当前，我国经济正遭受史无前例的结构性因素和周期性因素等多重夹击。新旧动能转换、全球产业链与价值链重构、疫情全球蔓延、大宗商品价格暴跌和金融市场剧烈动荡等，给全球贸易投资带来了极大的不稳定性、不确定性，农业走出去风险增大，面临更加严峻的挑战。一是新冠肺炎疫情大流行对全球粮食安全及农业走出去冲击明显。新冠肺炎疫情对全球化和全球经济体系冲击影响深远，呈现出全面性、持久性、深刻性的特点，受出口限制、物流不畅、投入短缺、加大收储、粮价抬升等因素影响，叠加虫灾、干旱等自然灾害，全球粮食市场出现异动，农业产业链、资金链、供应链面临断裂风险，全球粮食安全承压明显，较易引发产业安全、贸易安全、投资安全等粮食安全问题。二是逆全球化思潮抬头使国际农业贸易与投资环境的不确定性增加。民粹主义、保护主义、单边主义抬头，贸易纷争频繁，逆全球化浪潮、贸易保护主义暗流涌动，给全球实体经济发展带来重大不确定性，增加了企业海外农业经营风险。全球经济增速放缓，伴随疫情突发，叠加债务风险、地缘冲突、政权更替，全球经济进入下行期，以全球关税水平衡量的全球化程度在2019年就已回到二战前水平。三是中美经贸摩擦常态化导致外部环境进一步恶化。中美博弈日趋复杂，特朗普主导的贸易战和鹰派议员主导的高科技冷战频繁出招，中美经贸摩擦的长期性、复杂性，进一步限制了技术、投资和人力资本之间的有益交换及发展，将对全球创新和投资合作造成重创。

4. 农业走出去的发展趋势研判

未来一两年，因疫情影响及外部经济环境冲击，农业走出去步伐将趋缓，阻力也将加大。但放眼未来10到15年，各国的资源禀赋优势仍是主导变量，经济全球化新形态或将以更高水平的形式促进贸易

投资便利化，我国农业走出去的发展形势总体向好。未来农业走出去的发展将围绕保障粮食安全和重要农产品有效供给，资源利用更加聚焦，核心市场更加明确，全产业链布局更加完善，产业链中的核心环节更加突出，参与主体的实力不断增强，核心竞争力不断提升，投资力度不断加大，政府推动将进一步增强，农业走出去与国内农业农村经济发展将结合得更加紧密，成为实现乡村振兴和农业现代化的重要推手。同时，随着国际国内形势的不断变化，不稳定、不确定因素增加，农业走出去风险增大，将面临更加严峻的挑战。国内供给侧结构性调整带来的发展方式、增长动力转型压力持续增加，国际资源利用限制加大，自然灾害、政局变动等投资风险加大，技术竞争、人才竞争与市场竞争加剧，这对企业国际化经营能力提出了更高的要求。

四、农业走出去是一项长期战略，需要创新发展、深化改革

面对国内外新变局，推动农业走出去高质量发展的关键在于把握"机遇"与"挑战"的并存与转换，把握战略机遇时间与空间的统一。农业走出去要立足构建国内大循环为主体、国内国际双循环相互促进的新发展格局，发挥内需潜力，更好地利用国际国内两个市场、两种资源；要保持战略定力，进行系统谋划；要创新发展理念，以新发展理念为纲领，正确认识挑战、牢牢把握机遇；要深化改革力度，以改革应对矛盾和问题，化危为机、转危为安。

（一）农业走出去需要创新发展

发展理念决定发展思路、发展方向和发展着力点。农业走出去要适

应高质量发展要求，转变思想，统筹贯彻创新、协调、绿色、开放、共享的新发展理念，把新发展理念作为指导走出去工作的指挥棒、红绿灯。

坚持农业走出去创新发展，要深化对两个市场、两种资源的认识，明确东道国市场与国际市场的关系，统筹利用国内与国外的农业资源，树立"资源是定位器、市场是导航灯"的发展理念，推动农业走出去制度创新，发挥市场导向作用，充分激发企业主体活力。

坚持农业走出去协调发展，要立足"农业走出去是我国农业农村发展的重要组成部分"的定位，统筹考虑农业走出去与保障粮食安全和重要农产品供给、农业供给侧结构性改革的关系，统筹考虑农业走出去与东道国的发展诉求、生产生活的关系，从全局性、整体性出发，真正发挥农业走出去补充调剂国内、配合支撑国外的重要作用。

坚持农业走出去绿色发展，是指在走出去的过程中要处理好投资项目或工程与东道国环境保护的关系，不以增加当地环境压力为代价进行农业投资，按照国际普遍认可的规则、标准和最佳实践，统筹推进产业经济增长、社会发展与环境保护，让东道国从中受益，从而树立负责任的大国形象。

坚持农业走出去开放发展，是我国进一步扩大对外开放的总要求。农业走出去要秉持开放心态，要加强与东道国企业的合资合作，与东道国科研院校的联盟合作，与东道国媒体的友好合作，与东道国政府、非政府组织及社区居民的密切沟通，要积极融入东道国经济社会发展，将本地化能力转化为企业的内生动力。

坚持农业走出去共享发展，是共建"一带一路"的基本原则和要求。农业走出去要结合东道国的农业发展诉求，关注非洲的粮食危机，以及发展中国家的改善农业生产条件、完善产业链配套等需求，让农业合作真正惠及当地民生，实现互利共赢。

（二）农业走出去需要深化改革

习近平总书记指出："我国农业走出去往哪里去、以什么方式进行开发、生产出的农产品如何利用等问题，都要作过细的研究"[1]，从国家战略出发对解决农业走出去的投资区位、投资模式、投资效果等核心问题做出重要指示。长期以来，我国农业走出去开展了较多实践，取得了一定成效，但在战略打法、布局安排、政府支持等方面缺少总体考虑，这导致政府统筹协调、精准服务的能力跟不上，企业市场主体意识不强，跨国经营能力不足。解决农业走出去面临的上述矛盾和问题，要靠深化改革，有效激活市场、要素和主体，实现农业走出去有思路、有方向、有路径、有主体、有举措。

1. 加强统筹谋划，做到谋定而后动

农业走出去是一项复杂的系统工程，无论是政府推动还是企业实施农业走出去，实现高质量发展都需要科学研判、整体谋划。

从国家层面上看，一是立足国家战略，完善农业走出去顶层设计，明确农业走出去的总体定位、总体方向、总体目标，把握实施农业走出去战略的关键核心，发挥战略规划对农业走出去的战略指引作用。二是立足市场导向，做好农业走出去区域和产业布局，明确农业走出去的重点方向与关键领域，形成农业走出去的市场策略，发挥两个布局推动农业走出去的目标定位作用。三是立足两个布局，做好重大项目设计，将农业走出去的总体考虑转化为可落地的重大战略项目，转化为多双边农业合作的旗舰工程，为统筹资源、精准推动农业走出去提供关键载体和重要抓手。四是立足国家战略、创新模式，培育大型跨国农业企业，发挥大型企业在保障国家粮食安全、开拓国际市场、

---

[1] 新华网.确保粮食安全，习近平把这几大问题谈透了 [EB/OL].(2020–10–16). http://www.xinhuanet.com/2020-10/16/c_1126617636.htm.

利用国外资源等方面的主力军和领头羊作用。

从企业层面上看，前期加强调研、做好投资项目可行性研究是实施农业走出去的决策前提。农业的特殊性决定了走出去的企业不仅会遇到传统对外投资的风险问题，还具有境外农业项目特有的外部风险特征。限于企业自身实力和境外投资经验，绝大多数农业走出去企业对外部环境的风险识别不足，走出去步伐过快，盲目投资导致境外投资失败的案例屡屡发生。加强前期调研、做好投资项目可行性研究，有助于企业进一步明确境外投资区域、投资产业、投资方式等具体的实施路径，降低境外投资风险。

2. 完善国家政策，健全体制机制

充分发挥体制机制优势，调动国内农业走出去相关部门的积极性，完善国家推动农业走出去的合作机制，丰富农业走出去的形式，是推动农业走出去长远发展的重要保障。在国内保障方面，国家要加大统筹政府部门间资源，健全合作机制，发挥部门协作效应，为推动农业走出去提供具有针对性的机制保障，营造良好的农业对外合作环境。在国外保障方面，国家要发挥好多双边合作机制保障农业走出去的稳定器作用，创新多双边合作模式，积极谋划、主动推进重大项目建设，深化多双边农业合作层次与内容；要发挥对外援助在推动农业走出去过程中的资源协同作用，通过顶层设计、工作机制、政策措施、服务平台的统筹对接，打造农业对外援助与农业走出去的共同体，从而促进农业走出去。

3. 发挥要素作用，激活主体活力

解决走出去主体内生动力不足的问题的关键在于帮助企业翻越走出去面临的融资"高山"、市场"冰山"和转型"火山"，政府要发挥好引导和服务作用，建立全面覆盖、重点突出的农业走出去政策支

持体系、金融服务体系、信息服务体系和人才储备体系，破解农业走出去企业面临的多重掣肘，营造良好的农业走出去环境。一是健全政策体系，推动农业走出去，建立财政、税收、外汇、检验检疫等复合型普惠性支持政策体系，聚焦重点区域、重点产业、重点项目，建立靶向精准、科学施策的针对性支持政策体系，引导企业精准投资、支持企业壮大发展。二是发挥金融对农业走出去的服务保障作用，拓展多元化融资渠道，创新金融产品和服务，缓解企业境外融资难、融资贵的问题，降低企业境外经营风险。三是发挥信息对农业走出去的指南针作用，建立多元稳定的信息来源渠道，拓展多样有效的信息服务手段，为企业境外投资与市场决策提供精确、及时的信息服务。四是发挥人才对推动农业走出去转型发展的核心作用，培育符合大型跨国企业需求的复合型人才，提升政府外事外经队伍的服务能力，健全农业走出去社会服务人才体系，为推动企业境外投资走深走实提供智力支撑。

4. 注重实践探索，总结发展经验

他山之石，可以攻玉。改革开放 40 多年来，我国农业走出去进行了大量探索，有成功经验，也有失败教训。对农业走出去企业实践经验进行总结梳理，解剖麻雀式研究典型企业的走出去策略，归纳农业生产不同产业链环节投资的盈利模式和投资特点，有助于为更多走出去的企业提供参考，使其不断优化投资模式，科学、理性地开展多元化的对外农业投资，实现转型升级。

第二篇

统筹谋划

农业走出去是一项国家战略，需要从全局谋划，统筹考量。战略实施的关键点就是战术路径的实现手段，突出体现在强化顶层设计、开展"两个布局"、设计重大项目、做好项目可研以及培育大型企业等5个方面，立足于解决农业走出去"干什么""在哪里干""怎么干""谁来干"等问题，即搭建立体推进框架，进行综合设计。

实现农业走出去长远发展的前提是做好统筹谋划。统筹体现在两个结合：结合国内外发展战略和资源市场条件，结合多双边关系与合作基础，统筹协调农业走出去的客观因素。谋划体现在两个导向：以问题为导向解决方向性难题，以结果为导向明确走出去的指导思想和目标定位，勾勒出走出去的路线图和时间表。其中的两个关键点是抓好载体创新和实施主体培育。

顶层设计发挥战略指引作用，产业布局和区域布局明确农业走出去的目标定位，重大项目是整合资源、汇聚合作、重点支持的关键载体，项目可研是开展重大项目投资的决策依据，大型企业是落实农业走出去战略的主要力量。本篇论述了这几个链条如何发挥系统性、整体性和协同性作用，以构建农业走出去总体全面的解决方案。详情参见各章内容。

第二章

顶层设计是农业走出去的战略指引

顶层设计这一概念出现较早,但在近几年才被作为重要的政治概念使用,成为习近平治国理政思想中最具特色的理念之一。习近平总书记提出:"所谓顶层设计,就是要对经济体制、政治体制、文化体制、社会体制、生态体制等作出统筹设计,加强对各项改革关联性的研判,努力做到全局和局部相配套、治本和治标相结合、渐进和突破相促进。"[1]加强顶层设计、整体谋划有利于增强各项改革的系统性、整体性、协同性。

农业走出去的顶层设计要统筹考虑农业走出去的各层次和各要素,在最高层次上寻求问题的解决之道。顶层设计是农业走出去的战略指引,在主体、内容、要素、路径等诸要素上发挥统筹和引导作用。

一、农业走出去顶层设计的成效及存在的问题

农业走出去顶层设计包括国家、省级和企业层面编制宏观规划、制定政策、搭建平台和提供服务等。我国农业走出去在顶层设计方面

---

[1] 何文雄. 光明日报:坚持摸着石头过河的改革方法[EB/OL]. (2013-07-17). http://theory.people.com.cn/n/2013/0717/c40531-22226420-2.html.

取得了一定成效，但仍存在一些问题。

（一）取得的成效

近年来，我国政府强化顶层设计，开展政策创设，谋划战略布局，推进平台搭建，促成重点项目落地，为农业走出去提供精准支持和服务。中央政府及地方政府，甚至大型企业均提出了农业对外合作战略规划，不断完善农业对外合作顶层设计。

1. 加强顶层引导，谋划战略布局

国家加强顶层设计，引导和推动农业走出去，先后印发了《关于促进农业对外合作的若干意见》《农业对外合作规划（2016—2020年）》《共同推进"一带一路"建设农业合作的愿景与行动》三个顶层设计文件，从国家层面提出农业走出去的指导思想，明确农业走出去的发展目标，确立企业主体地位，系统构建农业走出去的政策框架体系。在国家规划引领下，截至2019年底，28个省（区、市）印发了促进农业对外合作实施意见，编制了农业对外合作发展规划，为落实国家农业对外合作战略规划提供了有效保障，基本构建起中央与地方联动的战略谋划。

2. 创新工作机制，强化政策创设

在工作层面，政府建立了以部际联席会议制度为核心的工作机制。农业农村部与成员单位，协同配合开展了一系列建设性、探索性工作。在部际联席会议制度的框架下，28个省（区、市）建立了农业对外合作部际联席会议工作机制，统筹地方发展改革委、财政、商务、海关、外办等多部门协同推动农业企业走出去。部际联席会议各成员单位紧密围绕国家农业对外合作战略，开展政策创设，在财政补贴、投资便利化、农业走出去政策试点等方面取得了一定突破。

3. 推动平台搭建，优化国际环境

近年来，我国在多双边合作机制下，搭建了多种形式的投资贸易平台，积极参与国际规则的制定和投资贸易的谈判。截至2020年初，我国已同180个国家建立了外交关系，与106个外国政府建立了双边农业机制，参加了100多个政府间国际组织，与120个国家签订了相关的双边投资协定，为推进农业走出去搭建了平台，创造了良好条件。

4. 提供精准服务，健全保障措施

政府围绕国家战略和企业核心诉求，加强在信息咨询、政策创设、金融服务、人才培训等方面的精准服务——优化农业对外合作企业的信息采集系统，组建海外研究中心，建立农业对外合作法律顾问专家组，启动实施"扬帆出海"培训工程，组织实施"猎英行动计划"，搭建校企人才对接平台，组织农业走出去的相关培训班等。

5. 聚焦重点项目，培育关键载体

政府认定国家境外农业合作示范区和农业对外开放合作试验区，引导企业抱团出海，加强政策和产业集成；依托南南合作项目等援外项目，外派高级专家组，开展品种、技术试验示范，带动我国农业对外投资和农产品走出去，增强了受援国的农业综合生产能力；积极设计推动重点项目，服务国内农业发展和外交大局。

(二)存在的问题

农业走出去在战略定位、实施路径、政策支持等方面仍存在不清晰、不到位的问题，各方主体在推动农业走出去实际工作中统一行动、聚焦重点的能力还有待提升，走出去情况与农业对外合作发展目标仍有一定的差距。

1. 国家层面

统筹内外、协调发展的思想待统一。目前我们对"农业走出去往哪里走、以什么方式进行开发、生产出的农产品如何利用等问题"的研究正处于起步阶段，比如发挥农业走出去战略规划对战略资源、紧缺资源、重要农产品供给的保障作用尚不明显，协调推进农业走出去与国内农业统筹发展的思想不统一，对农业走出去的关键问题判断不准确，顶层设计引领作用不强。

中央层面的重点任务有待聚焦，针对性举措、综合性支持体系待完善。对促进农业对外合作的重点任务、支持政策、组织保障的落实还需进一步加强，有影响力的项目还不够，支持措施较少。多双边机制保障与支撑作用待加强，多双边合作机制与推动农业对外投资合作的工作有脱节、不同步，多双边合作机制对重点区域、重点项目的政府支撑与保障作用无法发挥，重点项目推进的良好外部环境无法创造。

2. 省级层面

地方规划的落地性有待加强。大部分省（区、市）虽然编制了农业走出去规划，但重点任务推进慢，保障措施难落地，对关系国家战略资源保障的重要农产品境外布局、多元供给渠道建设等关键问题研究不深入，配合国家战略推进的农业对外合作的思路和能力有待提升。另外，省级财政支持力度不足，许多重要的农业对外合作项目经费必须从预算中临时调整，这不利于项目的长期开展。缺乏对外合作工作的专业队伍，导致规划中的国际合作项目难以执行。

3. 企业层面

企业对国家战略的理解有待深化。大部分农业走出去企业无法真正了解国家促进农业对外合作的目标和任务，对政策理解不到位，走出去缺少定位器、导航灯，自发走出去导致境外盲目扩张、无序竞争等问题。一些中小企业的国际视野和全局理念弱，对重要领域、关键产业的认识不清晰，这导致走出去主体行为与国家战略错位，有些企业仅看到国内外粮食差价，连关税进口配额政策都不了解。企业之间也缺乏战略协作，投资主体处于各自为营、无序经营的状态，完整的产业链环节和集群效应未能形成。

二、顶层设计是农业走出去的战略指引

（一）顶层设计是推动农业走出去的正确方法

顶层设计不仅是设计思想和意图形成的过程，还是思想转变为现实的过程，是"图纸"变成实际效果的过程，"一分部署，九分落实"，习近平总书记反复强调"要抓实，再抓实"。顶层设计是方法论，强调全面协调和整体统一。

1. 顶层设计强调全面协调性

顶层设计具有全局观，能够客观辩证地为每一个层面做好设计，考虑多方利弊，综和国家、地方和企业的各个方面。它由中央规划协调，通过加强统筹，把农业走出去的目标、方向、重点连接起来，把农业走出去提升到服务国内发展、服务外交、服务"一带一路"、构建人类命运共同体的高度，做到整体设计、系统推进。

2. 顶层设计强调整体统一性

顶层设计是建立在对发展现状和未来形势的合理预测、评估的基础上的，围绕如何推进工作，实现农业走出去的持续、稳定，服务国内农业发展。因此，顶层设计的最重要的特征就是从整体出发，抓住走出去的核心要求和国内发展大局，兼顾国外合作对象的诉求，确立正确、合理的目标，为国内发展和开放创造条件，成为国内发展、全

球发展的有机部分。

（二）顶层设计是推动农业走出去的实践经验

顶层设计为基层实践活动提供了指导思想、理论和方法，并根据实践的发展不断总结经验、修正方案、完善理论指导。顶层设计反映了事物之间的普遍联系，是在宏观、战略高度上设计出的更具体、更直接的实践路径、方法和目标。国内外推动农业走出去的经验表明，顶层设计是推动农业走出去可持续发展的必要条件。

1. 顶层设计是推动农业走出去的国际实践经验

世界各国推动农业走出去的经验表明，顶层设计至关重要。日本和韩国通过制定支持海外农业的法律制度，采取政策工具、公共服务等措施，并通过开发援助配合走出去，为走出去创造了宽松的环境。比如日本与巴西签订了《日本-巴西农业发展合作框架协定》，该项目共持续了约30年，为日本企业在巴西的农业海外投资做了长期铺垫。韩国官民合作经营的综合产业园区，构建了农产品加工、出口、运输等涉及农业各个环节的价值增值体系。美国通过长期政策性低息贷款、"马歇尔计划"等援助计划，科研机构国际合作，财政、金融、税收、保险和信息等全方位支持农业走出去。荷兰签署双边协议，支持农业科研教育、设立特殊保险政策等支持农业走出去。由此可见，农业走出去的主要国家和企业对农业走出去都有一套完整的顶层设计政策支持体系。

2. 顶层设计是推动国内农业发展和走出去的实践经验

改革开放以来，我国始终从顶层设计上重视农业对外开放和农业走出去。改革开放之初，为解决农业生产力水平低下的问题，农业对外开放实行"引进来"战略。随着国内农业生产和供求关系的变化，十五届五中全会提出实施农业走出去战略，农业对外开放转变为"引进来"与"走出去"同步进行。2007年，中央一号文件从中央政策层面首次提出"加快实施农业'走出去'战略"。2015年，中央一号文件提出，提高统筹利用国际国内两个市场、两种资源的能力。针对农业"走出去"，国家应支持农产品贸易做强，加快培育具有国际竞争力的农业企业集团。2016年以来，农业走出去政策设计和合作机制更加完善。顶层设计为推动国内农业发展和走出去发挥了引导作用。

（三）顶层设计是推动农业走出去的行动指南

农业走出去顶层设计指明发展方向，引领全国农业走出去形成"一盘棋"；顶层设计引领发展路径，引导企业围绕两个布局服务国家战略，助推关键主体和大型企业开展全球化布局；顶层设计应抓住核心要领，设计关键要素，保障关键项目的落实。

1. 统一目标：着力解决关键问题，解决"为什么干"的问题

顶层设计是政府从战略管理的高度，对未来总体局面进行统筹规划与设计。因此，农业走出去首先要统一目标，政府应对农业走出去的指导思想、基本原则进行统一部署。战略规划是指导农业走出去的总纲领，是推动农业走出去相关部门开展工作的顶层设计，是引导政府、企业开展对外合作的灵魂。顶层设计的战略规划目标是农业走出去最核心的目标，着力解决当前制约国内发展、急需走出去解决的关键问题。

2. 明确方向：明确走出去的产业布局和区域布局，解决"去哪里干""干什么"的问题

顶层设计是要解决方向性的重大问题。农业走出去顶层设计与国内农业发展规划紧密对接，将紧缺产品的境外布局与国内产业发展有

效衔接，立足国家长远发展定位、国内需求及企业实际，提出农业走出去的重点区域、重点国家和重点产业，是突出重点、明确路径的行动指南。规划好农业走出去的重点区域、重点国家和重点产业，有助于各部门、地方和行业为下一阶段推动农业走出去工作编制路线图。

3. 找准关键：提出战略项目，培育关键主体，推动规划落地，解决"谁来干""怎么干"的问题

顶层设计主要抓牵一发而动全身的关键问题，抓长期以来导致矛盾的核心问题，抓严重影响走出去效果的重大问题。农业走出去不同于国内政府主导型项目，是以企业为主体，以政府为引导，按照市场化原则开展的境外投资。因此，农业走出去围绕战略目标，谋划设立了一系列有影响力、可落地的重点项目，通过实施重点项目，培育关键主体，找准实施主体和着力点，落实具体战略。

4. 集中发力：聚焦保障措施，推动项目落地和政策创新

顶层设计有利于克服各项政策措施的"碎片化"现象。规划的落地实施需要政府集中资源，聚焦重点，引导企业向重点项目投资。顶层设计利用多双边合作机制，形成农业走出去的拉力，为项目落地争取合作国的政策支持；有利于健全政策措施，形成农业走出去的推力，激发农业走出去；有利于建立合作机制，形成对外合作合力，推动农业对外合作部际联席会议的成员单位共同谋划农业走出去的格局，形成农业走出去上下联动、横向互动、内外统筹的一盘棋格局。

三、农业走出去顶层设计的要求

农业走出去顶层设计的实现路径是推进走出去的关键。习近平在中央全面深化改革领导小组第十七次会议上强调："要发挥顶层设计对基层实践的引领、规划、指导作用,鼓励各地从实际出发进行探索,因地制宜,聚焦具体问题,细化措施,细分责任,细排时间,把握好政策界限范围、尺度、节奏。"[1]因此,农业走出去顶层设计需要在系统框架内,着眼全局,分析、统筹、协调诸要素和资源之间的影响、作用、制约关系,凸显顶层设计的系统性、整体性、协同性作用。无论从国家、省级还是企业层面,农业走出去的顶层设计都需要统筹两个市场、两种资源,做好一个战略规划、做到两个结合、防范三个风险、做好三个转移、给予三个支持、实现四个明确,具体要求如下。

(一)国家层面顶层设计的要求

1. 做好"一个战略规划",构建走出去措施"一盘棋"

政府利用农业走出去工作领导机制做好农业对外合作发展规划,推进农业走出去战略目标的落实;利用农业对外合作部际联席会议机制,总体设计、统筹协调、整体推进、督促落实,总揽全局,整合各方力量,形成合力,自上而下推动规划落实;围绕落实具体任务举措形成时间表、路线图,通过责任层层分解,形成自上而下的责任链条,使各责任主体在整个链条中责任明晰,构建走出去措施"一盘棋"。

2. 做到"两个结合",构建走出去"一张图"

"两个结合"即我国需求与目标国需求的结合,农业走出去战略规划与国家战略规划的结合。政府统筹利用两个市场、两种资源,与目标国战略规划充分结合;考虑产业市场优势以及重要发展战略,将东道国诉求与农业走出去目标有机结合;按照市场主导、共建共享、

---

1 央视网. 习近平主持召开中央全面深化改革领导小组第十七次会议 [EB/OL].(2015–10–13). http://news.cntv.cn/2015/10/13/ARTI1444730503238692.shtml.

企业主体等基本原则,通过多双边合作机制交流获得目标国支持,通过大型企业推动重大项目有效落地,通过编制战略规划,明确和落实顶层设计的目标、任务和措施,通过推动农业走出去,服务国家粮食安全、乡村振兴,构建人类命运共同体。

3. 做到"三个三",构建走出去全球资源市场"一张网"

"三个三"即"三个风险、三个转移、三个支持"。"三个风险"即从各个层面防范政治社会、经济市场和自然环境三个风险;"三个转移"即在走出去过程中做好技术转移、产业转移、市场转移;"三个支持"即为实施主体提供政策、资金、管理服务等方面的支持和引导。政府通过"三个三"构建农业走出去的风险防范、优势对接、支持得当的资源市场共享网络。

4. 做到"四个明确",明白农业走出去"一本账"

"四个明确"即明确国内农业发展面临的资源禀赋约束,明确国内农业发展的趋势与诉求,明确全球特别是重点区域、重点国家的农业资源及发展需求,明确走出去企业境外投资的基本情况和总体实力。政府要做到"四个明确",实现知己知彼,有的放矢。

(二)省级层面顶层设计的要求

1. 以中央政策为指导,找准定位

省级层面的农业走出去策略贯通国家宏观政策和企业发展策略,需要结合国家远期战略规划、国家粮食安全战略,以新时代中国特色社会主义思想、区域发展战略、"一带一路"等倡议为指导,找准本省在国家农业走出去中的定位和作用,设定合理的目标。

2. 立足本省优势和基础,突出特色

省级层面的顶层设计要与本省、本区域的核心竞争力、地方资源和市场结合，立足本省农业对外合作的投资、科技和贸易基础，突出特色，制定优势鲜明、定位合理的省级农业走出去战略。

(三)企业层面顶层设计的要求

企业在项目选择时要遵守"三结合"，即结合国家及省级农业走出去战略、本企业技术市场和人才优势，以满足国际市场需求、投资国需求和国内市场需求为目标；要推动项目落地，争取将项目纳入国家战略项目。

第三章

两个布局是农业走出去的目标定位

我国水土资源有限,有些农产品生产不具有比较优势,这决定了我们的一部分吃饭、穿衣、用油等问题必须依靠国外资源、国际市场。当前,我国的一些依靠国外资源、国际市场的农产品的对外依存度已经比较高,我国亟须在稳定进口来源、贸易物流渠道等方面下功夫,把积极稳妥利用国际农产品市场和国外农业资源作为一项长期战略布局来推进。我国应解决好"农业走出去往哪里走、以什么方式进行开发、生产出的农产品如何利用等问题",立足国内市场需求,统筹全球资源与市场,加强农业走出去区位和产业研究,明确农业走出去的重点区域、重点产业环节和领域,制定科学有效、多元稳定的战略。

一、两个布局的概念与关系

(一)概念界定

两个布局是对关系到农业走出去战略目标实现的两个核心问题——境外重点区域和重点产业进行分析研判,即做好农业走出去的区域布局和产业布局。

1. 区域布局侧重解决农业走出去"在哪里干"

区域布局是围绕农业走出去战略目标，立足国际农业资源、农业发展优势和潜力、贸易投资环境、与我国外交关系等多维视角，统筹谋划农业走出去各产业的重点区域，形成区域协调、各有侧重的空间布局，回答农业走出去"在哪里干"的问题。

2. 产业布局侧重解决农业走出去"干什么"

产业布局围绕保障国内粮食安全和重要农产品供给的目标，结合境外重点区域的资源禀赋，统筹谋划重点产业的境外布局，回答农业走出去"干什么"的问题。这里的产业布局泛指涉及重要农产品、重要领域及环节等与产业相关的总体布局，而不仅局限于农产品的生产环节。

3. 两个布局相互联系、互为支撑

区域布局立足全球耕地资源及区域供给潜力，以资源为导向，以产业为主线，统筹布局传统供给区域和新兴供给区域。产业布局立足区域/国别的产业优势（生产、贸易、科研等），以市场需求为导向，从产业链关键环节（物流设施、仓储加工）/重点环节（市场渠道）入手，明确不同区域/国家的产业合作环节与模式。谋划农业走出去战略布局需要统筹考虑区域和产业两个问题，脱离产业谈区域布局或脱离区域谈产业布局都无法确定农业走出去的目标定位。

二、两个布局的原则

（一）一般与重点相结合，突出核心目标

农业走出去在服务外交、制定规则、转移产能、涵养环境等方面都有重要作用，但在战略重点上应有所聚焦，在重要农产品供给得到

充分保障之前，在战略谋划和资源支持上，都应该聚焦到这个最基本、最核心的目标上。农业走出去应立足国内市场需求，抓住关键产业、关键领域、关键环节，实现资源聚焦、政策聚焦、服务聚焦。

（二）资源与市场相结合，突出市场导向

农业走出去要改变过去的过度关注资源核心导向，以市场需求为导向，围绕我国有迫切需求的关键农产品，统筹考虑不同区域的资源禀赋、产业基础、发展潜力与市场环境，明确重点产业合作的优势区域，形成具有时间互补、空间互补的境外重要农产品布局，结合分散进口风险、降低进口集中度的总体考虑，明确各区域的合作定位，实现重要农产品进口渠道的多元平衡。

（三）投资与合作相结合，突出利益共享

农业走出去的重点产业与重点环节的投资，要秉持合作共赢理念，满足东道国农业产业发展诉求，促进国家之间的农业互补发展；通过技术合作、参股、收购等方式，与东道国农民及农业企业建立有效的利益联结机制，促进产业链上下游利益共享，构建稳定的境外保障网络。

三、两个布局的要求

两个布局是实现农业走出去战略目标的关键一环，关系着重大项目设计的总体方向。做好两个布局，实现系统谋划、科学研判，需要把握以下几个关键问题。

（一）区域布局做到主次分明

1. 服务"一带一路"建设

共建"一带一路"是我国深化国际合作、推动全球治理的重大创新与智慧设计。谋划农业走出去，需要明确各区域在我国国际关系构建中的重要性和紧迫性，进而为确定区域合作定位提供方向指引。

2. 确定区域合作定位

我国应基于各区域优势资源（如资源禀赋、区位条件、市场环境等）及"一带一路"建设重点，确定不同区域、次区域在保障我国重要农产品供给方面可发挥的作用，提出明确的、具有针对性的区域合作定位。

（二）产业布局立足市场需求

1. 把握国内市场需求

我国应立足国内农业供给侧结构性改革需求，以保障国家粮食安全为底线，按照重要农产品保障战略要求，在科学确定国内重要农产品保障水平的基础上，提出需要由境外重点保障的农产品种类；结合农业走出去基础及国内需求的紧迫程度，确定重点产业走出去的优先序。

2. 明确重点产业

我国应立足推动农业对外合作的实践经验，系统梳理全球各区域、次区域及国家的自然资源禀赋、农业产业发展、企业对外投资基础等情况，分析各区域及国家农业发展的优势资源、优势产业及发展潜力，结合不同区域的合作定位，提出各区域及国家合作的重点产业。

四、统筹优势资源，明确区域合作定位

我国应结合现有的区域合作优势（如投资贸易、技术合作、对外援助等），提出周边区域、非洲、中东欧、南美、北美、西欧、大洋洲等区域的合作定位及合作路径。

（一）立足周边区域资源，夯实重要农产品境外保障基础

我国始终将周边置于外交全局的首要位置，视周边为安身立命之所、发展繁荣之基。我国应发挥周边地区区位相邻、资源互补、文化相通、习俗相近等优势，加强与周边重点国家农业投资合作，以保障国家安全和粮食安全为底线，统筹构建中南半岛、中亚地区农业合作格局，建立农产品海外生产基地，以实现农产品产得出、运得回，夯实周边重要农产品境外保障基础。

（二）做好非洲区域合作，提升自给率，保障当地粮食安全

中非关系一直是我国外交关系中非常重要的一部分，在"一带一路"倡议的推动下，中非全面战略合作伙伴关系迈入新时代。随着"一带一路"资源更多地向非洲倾斜，我国应在中非合作框架下寻求农业全面合作，以农业产业合作落实中非"八大行动"；发挥对非援助项目平台优势，吸引国内企业赴非开展农业全产业链投资，帮助非洲将自身资源优势转化为发展实力，提高当地粮食生产能力，解决当地粮食安全及贫困问题，从而间接保障国内粮食安全。

（三）加强中东欧合作，开拓欧洲农产品市场

中国与中东欧国家虽分处欧亚大陆两端，但传统友谊深厚，合作

历史悠久，经济互补性强。中东欧处于新亚欧大陆桥经济走廊的关键通道，是欧洲重要的农产品供应基地。我国可借助"17+1合作"平台，深化与中东欧国家在农业先进技术及特色产业等领域的合作，以紧密联系的经贸合作开拓欧洲市场，助力农业走出去，打造联通中国与欧洲农产品贸易的重要纽带。

（四）提升南美合作层次，稳定重要农产品贸易渠道

南美耕地资源丰富，水土光热条件良好，农产品商品化程度较高，是全球农业发展最具前景的地区之一，也是全球农业资源竞争最激烈的地区。南美与中国分属南北两个半球，农业生产时间的互补性强，南美在保障我国大豆、食糖等农产品供给方面有着举足轻重的地位。中国应加强与南美合作，应以农产品贸易为抓手，在源头深化与南美大农场主的订单合作，在中端加大仓储运输设施的投资力度，在末端积极开拓贸易渠道，增强重要农产品的全产业链布局，提升重要农产品资源的境外掌控力。

（五）巩固北美、西欧合作，提高企业国际市场竞争力

北美、西欧是全球经济最发达的地区，基础设施完备，农业现代化水平高，法律制度健全，市场体系完善，拥有经营百年以上的跨国企业，对全球上游原料及期货，中游生产加工及品牌，下游市场渠道与供应拥有控制权。我国应巩固与北美、西欧的农业合作，应发挥农产品贸易互补优势，积极探索企业海外并购、共建研发中心等多种合作模式，掌握发达国家先进的农业技术和成熟的市场销售网络，构建大型跨国涉农企业（集团），提升国内企业的国际影响力和竞争力。

（六）推动澳新农业合作，稳定境外优质奶源供给能力

大洋洲是21世纪海上丝绸之路的南向延伸，澳大利亚和新西兰是海上丝绸之路沿线的重要国家，也是中国的全面战略伙伴。澳新农业与中国农业互补性强，优质农产品对华出口迅猛增长。推动与澳新农业的合作，需要立足现有合作基础，深化畜牧业领域合作，以优质奶源、先进技术为合作重点，加快布局澳新优质奶源牧场，打造境外优质奶源的重要保障基地，培育具有国际竞争力的乳品企业。

（七）扩大南太农业合作，提升渔业保障和产业发展空间

南太平洋岛国位于太平洋中心，包括巴布亚新几内亚、斐济等国，地理位置特殊，是"一带一路"重点合作区域之一。南太平洋地区岛屿众多，人口数量较少，拥有丰富的海洋渔业资源，但农地面积小、土壤肥力差，粮食生产不能自给，主要依赖进口。扩大与南太地区农业合作，可发挥对外援助平台优势，通过农业换渔业模式推动农业走出去，在解决当地粮食安全问题的基础上，提升国内渔业保障水平和产业发展空间。

五、立足区域定位，做好重点产业布局

（一）国内重点产业走出去诉求

立足"谷物基本自给、口粮绝对安全"的新粮食安全观，围绕保障粮食安全和重要农产品供给的目标，我国供给缺口较大的农产品主要有大豆、食用植物油、天然橡胶、棉花、食糖、牛羊肉、奶制品等（见表3-1），受国内资源环境约束，利用国际市场适度进口将成为常态。

表 3-1 重要农产品的供求情况

产品	国内产量	国内消费量	进口量	进口配额	自给率
大豆	1 810	10 219	8 859	—	17.7%
食用植物油	1 019	3 338	2 624.6	—	30.5%
天然橡胶	82.4	572	260	—	14.4%
棉花	588.9	813	184.9	89.4	72.4%
食糖	1 076.04	1 520	324	194.5	70.8%
牛羊肉	1 155	1 360	205.21	—	84.9%
奶制品	3 305	4 949	1 660	—	66.8%

注：1. 表内数据均为 2019 年值，数据来源：《中国农业展望报告（2020—2029）》。
2. 食用植物油进口量为进口食用油籽压榨产油和进口食用植物油之和；天然橡胶使用 2018 年数据，2019 年产量统计数据尚未公布，其中消费数据来自天然橡胶网 https://www.yunken.com/?p=92100。
3. 自给率 = 产量 / 消费量，未去除出口量。

具体来看，大豆是国内需求缺口最大的农产品，且产业链长，与人们生活消费和畜牧业发展密切相关，进口依赖度近 80%，进口来源集中于南美洲和北美洲，供需平衡压力较大。我国食用植物油的国产自给率在 30% 左右，未来食用植物油消费总量会保持增长趋势，但随着国内油料作物单产和面积的增加，以及特色植物油消费量的提高，缺口将下降。天然橡胶是重要的战略资源和工业原料，是关系国计民生的基础产业，其市场需求量将持续增长，但国内天然橡胶产量的增幅有限，其高度依赖国际进口，供求矛盾突出。棉花、食糖是重要工业原料，牛羊肉和奶制品是提升人民健康水平的重要农产品。受资源和劳动力成本影响，我国棉花和食糖产业发展受国内生产成本"地板效应"和国外进口"天花板效应"的挤压明显，种植、加工水平不高，产业国际竞争力弱，依赖国际进口且进口集中度较高。牛羊肉和奶制品的消费需求旺盛，进口来源高度集中于南美洲和大洋洲，我国人均牛羊肉和奶制品的年消费量低于世界平均水平，但其国内发展易受牧草资源、环境的约束，未来将保持净进口状态。

长期来看，我国农业走出去应以大豆、食用植物油、天然橡胶、棉花、食糖、牛羊肉、奶制品为重点产业，聚焦保障国内供给，分散进口来源渠道，提升境外产业链掌控能力。

（二）重点产业优势供给区域/国家

我国应立足国内，统筹国外；围绕国内重要农产品需求，从供给优势（生产比较优势、出口比较优势）、贸易投资合作基础出发，对上述重点产业的优势供给区域及重点国家进行综合分析，以便为重点产业区域布局提供建议。

东南亚在天然橡胶、食用植物油、食糖供给方面具有优势，主要供给国为除新加坡、文莱外的东盟国。中亚在棉花供给方面具有优势，在大豆供给方面具有潜在优势，主要供给国为哈萨克斯坦和乌兹别克斯坦。南亚在食糖、棉花、牛羊肉供给方面具有优势，主要供给国为印度和巴基斯坦。非洲在天然橡胶、食糖、棉花供给方面具有优势，主要供给国为科特迪瓦、加纳、尼日利亚、南非、埃及、贝宁。欧洲东部在大豆、食用植物油、羊肉供给方面具有优势，主要供给国为俄罗斯、乌克兰。欧洲西部在食用植物油、奶制品、牛羊肉供给方面具有优势，主要供给国为德国、法国、荷兰、西班牙、波兰等欧盟国家。南美洲在大豆、食用植物油、食糖、棉花、牛羊肉供给方面具有优势，主要供给国为巴西、阿根廷和乌拉圭。北美洲在大豆、食用植物油、奶制品、食糖、棉花、牛肉供给方面具有优势，主要供给国为美国、加拿大和墨西哥。大洋洲在奶制品、食糖、棉花、牛羊肉供给方面具有优势，主要供给国为澳大利亚和新西兰。总体来看，我国企业境外投资产业已覆盖上述7类农产品，贸易投资基本覆盖上述具有供给优势或潜力的区域及国家，保障重要农产品供给具有较好的境外投资合作基础。

（三）重点产业区域合作建议

我国应从保障重要农产品供给的紧迫性角度出发，基于各区域合作定位、重点国家的优势产业、走出去企业的境外投资基础，提出农业走出去重点产业的区域合作方向。

大豆。我国应稳定巴西、阿根廷、美国大豆进口，加强与巴西、阿根廷、乌拉圭等南美国家合作，鼓励企业通过订单农业与大豆生产者建立稳定的供给关系，通过参股、并购等方式开展粮油仓储设施、码头港口、远洋船队建设，完善南美地区的大豆产业链、供应链；挖掘周边地区大豆产业的合作潜能，与俄罗斯远东地区、东南亚等国开展育种、试种和技术合作，提升当地粮食仓储物流的供给能力。

天然橡胶。我国应加强与东南亚天然橡胶传统出口国的经贸往来，深化与泰国、印度尼西亚、马来西亚等国橡胶加工及仓储物流的投资合作，加强与缅甸、老挝、越南、柬埔寨、菲律宾等国在天然橡胶种植领域的合作，依托示范中心等援外项目深化与科特迪瓦等非洲国家的合作，开展天然橡胶种植环节的投资合作。

食用植物油。我国应保持与印度尼西亚、马来西亚、加拿大等传统贸易大国的良好关系，推动贸易、促投资；加强与印度尼西亚、巴西、阿根廷等国在棕榈种植及棕榈油加工领域的合作，推进与俄罗斯、缅甸、保加利亚、意大利等国的油料生产加工基地建设；深化大连商品交易所与马来西亚、新加坡棕榈油期货交易所的合作，提高其对国内交易商的信息服务水平以及国际化水平。

奶制品。我国应与澳大利亚、新西兰合建高产奶牛种牛场和奶源基地，开展乳制品深加工关键技术与设备合作；深化与德国、荷兰、法国等欧盟国家，以及以色列、乌克兰等国在乳制品加工领域的合作，瞄准国内市场生产高品质液态奶及婴幼儿配方奶粉。

食糖。我国应稳定与澳大利亚、泰国、南非、巴西等食糖出口国的贸易关系；鼓励企业在泰国、老挝、缅甸等东南亚国家建立境外蔗糖产业园区，开展糖料生产和初加工合作，提升合作国食糖加工能力；深化与澳大利亚、巴西等食糖主产国的合作，鼓励企业开展全产业链投资，培育具有国际竞争力的大糖商。

棉花。我国应加强与塔吉克斯坦、乌兹别克斯坦等中亚国家的棉花产业的合作，共建优质棉花种植和加工基地，深化棉花种植加工一体化合作建设；加强与印度、巴基斯坦等南亚国家布局棉纺织生产、开展棉花加工的合作；加快推动非洲棉花产业合作，依托援外项目在苏丹、津巴布韦、马达加斯加等国建设原棉示范区，推广我国的优势棉花品种及技术，利用国际组织对非洲棉花关税的特殊优惠政策，实现棉纺织产品的出口。

牛羊肉。我国应深化与新西兰、澳大利亚牛羊产业的育种合作，鼓励企业开展牛羊肉养殖基地和肉制品加工建设；加强与巴拉圭、巴西、阿根廷等南美国家农场主及合作社的合作，重点在加工设备制造、加工技术改造升级、仓储物流等方面加强合作；与老挝、缅甸等东南亚国家开展畜牧业合作，建立牛羊养殖、饲草种植及肉制品加工基地。

第四章

重大项目是农业走出去的关键载体

重大项目的落地实施,是落实农业走出去投资区域、投资模式、投资效果等核心问题的关键载体,是农业对外投资的硬指标。做好重大项目的设计、宣介、实施和保障,是推动农业走出去高质量发展的有效手段。近年来,农业对外合作取得快速进展,"四梁八柱"构筑完成,农业对外合作战略得到积极落实,农业对外合作部际联席会议制度不断完善,多部门协同推进工作的格局初步形成,境外农业投资规模不断壮大,以"两区"建设为代表的农业走出去项目不断涌现。但目前围绕国家战略设计的项目数目较少,项目设计和服务能力还有待提升,重大项目设计还未成体系,大部分项目仅停留在协议和备忘录阶段,没有实质性进展。项目总体任务不明确、实施路径不清晰、政策保障不到位等问题还非常突出。因此,加强重大项目设计研究,对提升农业对外合作水平,实现走出去战略目标具有重要意义。

一、重大项目与一般项目的区别

重大项目是指围绕农业走出去战略目标,按照政府设计、市场导向、企业主体的原则，主动研究、设计并推动执行的农业对外投资合作项目，其不同于一般性对外投资合作项目。

（一）项目目标不同

一般的对外投资项目以市场为导向，项目的设计和实施围绕企业自身的发展战略进行。其具体目标包括开拓国际市场、提高盈利水平、提升企业国际竞争力等。重大项目的实施承载着实现农业走出去国家战略的重要使命，是政府依据国家农业走出去的总体战略主导设计的。重大项目是兼顾市场需求，推动企业实施的农业对外投资合作项目。项目目标具有多重性。在国家层面，项目要聚焦保障粮食安全和重要农产品供给、缓解国内资源环境矛盾、促进产业转型升级、提升农业国际竞争力和国际规则话语权、服务"一带一路"构建人类命运共同体等农业走出去的战略目标；在微观层面，项目要能帮助走出去的企业实现战略发展目标，实现盈利和可持续发展。

（二）政府角色不同

一般的对外投资项目以市场为导向，项目的设计与执行基本由项目主体自行完成，政府在项目全生命周期中仅提供有限的服务与支撑作用。由于重大项目承担了战略使命和任务，政府在其全生命周期中参与度更高、发挥的作用更大。政府需要在前期项目设计与谋划、中期项目实施与管理、后期项目监督与经验总结中积极参与，并充分发挥农业走出去部际联席会议制度与多双边农业合作机制，切实保证重大项目战略目标的实现。

二、农业走出去各类项目的发展回顾

农业走出去的发展历程中出现了不同的项目类别,包括援外项目、科技合作项目、对外投资项目等,这些项目在走出去的不同阶段呈现出不同的发展特点,带动了农业走出去的整体发展。

(一)援外项目

对外援助作为政府主导的走出去模式,是走出去早期的主要途径,并在整个走出去过程中发挥了重要作用。

1. 早期以无偿援助为主

早期的对外援助项目主要支援发展中国家的农业生产及农村发展,以减轻当地贫困,包括为非洲及其他地区的发展中国家援建农业技术试验站、推广站、大型农场和水利设施等,促进了受援国农业的独立自主发展。

2. 互利共赢发展模式

21世纪后,我国调整了对外援助政策,探索从无偿援助向实现互利共赢转变。在这一阶段,我国积极推进在受援国建立农业技术示范中心项目,并将项目规划为建设期、技术合作期和商业运营期3个阶段,使项目在提高当地农业生产能力的同时,能够获得经济效益并实现可持续商业化发展。一些项目促进了受援国的粮食增产和农业技术的进步,在赢得当地政府和人民赞誉的同时也为企业走出去打下了基础。

(二)科技合作项目

改革开放40多年来,我国农业科技国际交流合作从无到有,不断发展壮大,农业科技走出去取得了显著成就,促进了全国农业科技事业的蓬勃发展,对推动全球农业科技的发展做出了积极的贡献。

1. 谋求发展,科技走出去经历酝酿期

1978—1999年,我国农业科技国际合作处于发展积累期。这一时期的科技合作项目较少,主要合作对象为发达国家和联合国粮农组织、世界银行、国际农业研究磋商组织所属研究中心以及欧盟等国际和区域性组织。合作形式由一般的迎送往来逐步发展到人员培训、技术引进、合作研究、建立联合实验室、共同举办国际会议、建立联络办事机构等。进入21世纪后,农业科技对外交流合作的规模不断扩大,长效稳定的合作机制逐渐形成,重大科技项目逐年增多。但在这一时期,科技项目走出去的还很少,没有进入实质性的走出去阶段。

2. 提质增效,科技走出去快速发展

2012年至今,我国社会经济的快速发展为农业科技国际合作奠定了基础,我国有了更多的话语权和影响力,农业科技开始走出去,进入了"以我为主、积极作为、提质增效、飞速发展"的新时期——加强不同区域、不同类型、不同需求的海外联合实验室平台建设,优化全球农业科技合作布局,探索组织全球性创新协作活动,积极培育大科学计划,夯实国内外联动协同创新机制。例如,中国农业科学院结合自身优势学科及资源,与国外多个合作伙伴建立了70多个联合实验室,其中,具有代表性的联合实验室(平台)有:中国-巴西农业科学联合实验室、中国-荷兰畜禽废弃物资源化中心、中国-德国农业科技合作平台、智利-中国农业科技研发中心等。这些科技走出去项目在推动"一带一路"倡议及农业走出去战略中发挥了重要作用。目前我国已经走出去的技术有杂交稻、棉花、玉米和蔬菜等农作物种子,动物疫病防控技术与疫苗生产技术,农作物病虫害综合治理技术,设施园艺技术,饲料生产技术和农业机械及沼气技术等,涉及亚、非、美、欧诸多地区。科技走出去有效帮助东道国提升了农业发展水平,为后续企业对外投资营造了良好的社会环境。

(三)对外投资项目

从我国农业走出去的发展历程来看,2002—2015年是我国农业走出去的起步阶段。该阶段的对外投资项目数量少且未成体系,政府层面的宏观支持较为薄弱,重大项目数量并不多,政府和企业还属于初步摸索状态。自2016年开始,农业走出去进入战略实施阶段。2016年中央一号文件明确提出,要统筹编制和实施农业对外合作规划,从这个阶段开始,政府积极参与重大项目的设计谋划。对外投资项目的整个发展历程呈现了以下几个显著特点。

1. 发展迅速,整体规模仍较小

2003—2018年,我国农业走出去经历了从起步阶段向战略实施阶段转型,累计投资规模由2003年的3.32亿美元增长到2018年的197.2亿美元,农业对外投资规模相对较小,占全国累计对外投资规模的比重维持在1%左右。2019年上半年,中国对外农业投资流量为9亿美元,占2018年全年中国对外农业投资流量的40.9%。

2. 投资主体日益丰富

随着农业走出去战略的实施和深化,在走出去主体中,除了大型国有企业和科研院所外,民营企业发展迅猛,在企业数量和投资规模方面大幅提升,非农企业开展农业对外投资的热情高涨。中信建设、中地海外等实力雄厚的非农企业开始在境外部署农业投资,且平均投资规模已超农业企业。

3. 投资合作路径不断丰富,模式日益成熟

从投资方式来看,走出去投资项目经历了从境外买地、租地、种粮的绿地投资向褐地投资转型。从投资产业结构来看,前端研发、后

端加工、仓储、物流等领域的投资明显增多，投资产业进一步向战略物资和紧缺资源聚集，覆盖了粮棉油糖胶、畜牧、渔业、农资农机等七大类产业。从投资地域来看，投资范围从相对落后的亚、非、拉地区向欧美等相对发达的地区拓展，覆盖六大洲（除南极洲）的100个国家（地区）。从投资模式来看，园区基地建设模式、技术示范推广模式、紧缺资源保障模式、产能合作模式等多种模式已形成。

三、对外投资重大项目的发展现状及存在的问题

（一）项目类型

目前已有的农业对外投资重大项目有以下几种类型。一是以政府主导为主，为推动多双边农业合作设计而提出的项目。这些项目完成了前期东道国考察后，在后续聚焦重点产业、寻求实施主体方面遇到了困难，有实质性进展的项目较少。二是以央企、国企及实力较强的民营企业为主导，其自主在境外开展农业对外投资合作，并积极寻求纳入多双边合作框架下。这些项目以市场导向为主，由于项目内容涉及重要农产品保障和资源的开发利用，并在东道国产生了重要影响，反向引起了政府的重视和后续的参与跟进。三是农业部门推动执行的境外示范区项目。2016年11月，农业农村部出台了农业对外合作"两区"建设的方案，并于2017年遴选出了10家首批境外农业合作示范区开展试点建设，并给予了各示范区一定额度的财政支持。此类项目是政府建立制度框架后首次推动执行的农业走出去项目。

（二）重大项目执行中存在的问题

一是缺乏系统、科学的全盘谋划。目前，政府设计的项目还大多

集中在服务政治外交、完成推动多双边农业合作的宏观层面，对具体项目的产品、市场、合作路径、支持政策等问题缺乏系统和深入研究，很多项目仍停留在就事论事阶段，存在一些为创设成果而创建项目的现象。没有充分尊重以市场为导向的基本原则，导致后续寻求实施主体存在困难。没有相关配套支持政策，导致企业的参与积极性不高。没有形成系统的监督和管理机制，导致缺乏持续的推动和跟踪。

二是多双边农业合作机制作用发挥不明显，对项目执行保障不到位。我国虽与很多国家建立了多双边合作机制，签署了合作协议，但很多合作协议长期处于休眠状态，缺少后续跟进与落实。一些重大项目没有及时纳入合作协议中，或已纳入的也流于形式，这导致多双边合作机制与推动农业对外投资合作项目出现脱节，多双边合作机制对重点区域和重点项目的支撑与保障作用未能发挥，为重点项目创造良好的外部环境、争取东道国优惠的政策难以落实。

三是未有效发挥有关机制的作用，政策不聚焦，措施不得力。推动农业走出去的工作机制未能有效提供对重大项目的支持保障作用，未能让各成员单位形成有机体、一盘棋；没有针对重大项目形成涵盖外交、财税、金融、海关等关键领域有效关联的政策和保障体系；未能对重点区域、重点项目、重点企业面临的重点问题给予倾斜。解决项目迫切需求的政策仍较少。

四、重大项目的设立目标

（一）推动顶层设计落地

农业走出去顶层设计制定了走出去战略目标，明确了走出去重点产业及重点区域，在此基础上，设计并执行一批重大项目，聚焦保障国内重要农产品供给、推动供给侧结构性改革、促进乡村振兴等战略目标，通过全球产业布局和区域布局，进一步提高农业发展的全球影响力和国际竞争力，有效推动顶层设计落地。

（二）统筹资源和市场

重大项目立足国内看国际，有效统筹两个市场、两种资源。一方面，政府基于国内资源现状、产业发展条件、产业调整需求等关键发展诉求确定重大项目领域；另一方面，政府充分考虑东道国农业生产现状、资源要素禀赋、产业及市场现状和潜力等因素，通过将产业链不同环节在合作国不同区域以及不同合作国间进行有效布局，形成产业发展完整、区域布局联动的发展模式，实现技术、产业、市场的转移，提升我国农业综合发展竞争力。

（三）培育走出去企业

通过执行重大项目，走出去主体得以不断壮大。一方面，走出去主体自身通过海外并购、重组、绿地投资等多种方式，掌握境外农业资源和优势企业资源，提升产业链控制力、市场影响力，进一步增强企业整体实力和行业掌控力；另一方面，政府将在重大项目的执行过程中协助建立企业联盟等组织，帮助企业有效整合产业链不同环节的项目资源，并对走出去主体进行培育、管理、扶持。通过重大项目的执行，一批有口碑、有信誉的大型跨国涉农企业和集团将得到培育，涉农企业的国际影响力和竞争力将显著提高。

五、重大项目的设立原则

（一）战略对接互信

设立重大项目，要加强中方与合作国在战略和行动方面的对接对话，以双方优势互补、利益交汇为出发点，把双方的发展战略对接起来，抓住互联互通，以重大项目实施打造互惠互利、长期友好的战略合作关系；要加强综合施策，按照商业化原则推进就业面广、促稳效益好的项目；要做好短期配合和长期配套，探索适合合作国需求、体现合作国特色的合作模式，推进项目服务、企业成长、金融支持三位一体发展。

（二）市场导向明确

重大项目不是政府公益项目，在落实走出去战略目标的同时应有效保障企业盈利。项目的总体设计应充分尊重市场规律，以区域和产业发展为基础，以市场为导向，选择合适的产品和产业环节进行对外投资合作。项目需实现产品有市场、市场可持续、主体可盈利、战略可实现的目标。单纯公益性的项目，以及单纯以营利为目的的项目，都不符合重大项目的设计要求。战略项目的设计和执行应最大限度地发挥政府在信息服务、风险防范、市场分析等方面的支撑作用，坚持以市场为导向发挥投资主体的主观能动性，实现项目可行性、可操作性以及可持续性发展。

（三）资源利用充分

重大项目的设计要充分利用两个市场、两种资源，以实现国家战略与企业盈利及可持续发展的目标，在充分了解东道国农业资源禀赋，发展潜力和需求，以及我国农业发展合作要求的基础上，对东南亚、欧洲、南美洲、非洲等八大重点区域的粮棉油糖胶、畜牧、渔业、农资农机等七大类产业进行充分布局，保障我国粮食安全及战略农产品有效供给，实现与东道国合作共赢发展。

（四）选址布局合理

政府应对重大项目进行周密布局，综合考虑国别、区域、物流、市场等因素。所选国别应与我国有良好的外交关系，以最大限度地降低政治风险，且农业资源丰富，自然条件良好，经贸关系活跃，投资营商环境良好，合作潜力较大。在区域选址中，政府应考虑当地劳动力水平及价格、投资成本、基础设施及水利灌溉条件，并考虑当地水陆交通等物流运输条件，使产品能有效输送目的市场。在项目布局中，基于市场导向的设计应重点考虑市场因素，保证项目的可持续发展。

（五）资金筹措可行

重大项目从前期考察、方案设计，到后期执行，需要充足的资金支持，项目在设计之初应充分考虑各阶段资金需求，并拟定筹措方案。前期实地调研、可研报告撰写、专家团队聘用，建设期和运营期等各阶段资金投入等均需进行精确估算。项目应充分利用政府财政资金以及中非基金、中拉基金、丝路基金等专项资金支持，并争取国内外金融机构的资金支持。在投资形式上，项目可通过并购、入股、绿地投资等多种形式，寻求最合理的资金组合方式。

（六）效益效果明显

重大项目是政府引导、企业管理、市场运作，并能实现国家战略的农业对外投资项目，项目执行应产生显著效益效果。首先，重大项目应对保障国家粮食安全、推进国内农业产业转型升级有积极影响；其次，重大项目应对提高东道国农业发展、促进就业、促进多双边农业合作具有显著推动作用；最后，重大项目能够有效提升企业综合竞争力，实现盈利及可持续发展。重大项目的执行能够实现资本输出国与东道国、国家与企业，宏观与微观不同维度的利益，最大限度地调动各方积极性、充分挖掘可用资源，实现项目的可持续发展。

六、重大项目的实施

（一）加强前期研究，为项目谋划提供科学依据

项目的前期研究是后续成功执行的重要基础，前期研究重点应从以下几方面开展。一是了解双方诉求，即立足国内资源禀赋和农业发展需求，并着眼东道国资源优势和合作需求，结合企业在东道国的投资基础和合作意向，明确项目开展的目标。二是聚焦重点产业，即以互利共赢为指导思想，以"政府引导、企业管理、市场运作"为原则，找出适宜的合作产业；摸清该产业在合作国的发展、布局及合作潜力，以及对我国市场的补给作用等相关情况，明确该产业的未来市场。三是确定合作模式，即根据以上研究基础，确定所选产业的合作模式，明确技术发展合作与投资贸易合作的侧重，提出覆盖研发、种养殖、加工、仓储、物流、港口等产业链关键环节的合作方式与路径，初步确定各环节的发展规模。

（二）做好初步设计，开展实地调研

在前期研究的基础上，我国应综合合作国需求、产业发展形势和

产业发展条件等要素，基于农业生产的科学性、合理性等要求，提出项目初步设计方案；与东道国农业合作机构建立联系，交流初步设计方案，并在政策层面建立项目执行工作组，明确成员和任务分工。工作组中方成员单位一方面应征求部际联席会议各成员单位对项目初步设计方案的意见和建议，修改完善项目方案；另一方面，在国内开展初步宣传，组织相关企业和专家赴东道国开展调研，与东道国潜在合作伙伴、专家、政府机构人员进行充分磋商，对项目方案涉及内容逐一核实，明确合作产业、合作方式、合作区选址、项目主体要求等关键信息，并经工作组牵头，开展项目投资有关政策一揽子的磋商谈判。

(三)进行整体包装，形成最终可行性方案

项目工作组经过实地调研，并与东道国进行多次磋商，进一步丰富了项目方案内容，以形成完整的可行性方案。在项目主体方面，方案应明确两国合作主体的要求、责任。在合作方式方面，方案应明确项目合作的重点和分阶段的主要任务。例如，有些项目以技术合作为先导，带动后续投资贸易合作。在合作产业方面，方案应明确具体产业、产品、目标市场，并对产业链布局形成完整思路。在合作政策方面，方案应在研发、生产、加工、销售和贸易等各方面体现明确措施，体现支持项目发展的金融、税收、海关、劳工等一揽子优惠配套政策。只有明确以上各方面的内容，完整的项目实施方案才能最终形成。

(四)开展联合推介，征集合作单位

经项目工作组确认了以上步骤后，完整的项目建议书形成。项目工作组应组织有关人员在合作国分别开展项目推介，应充分利用多双边合作平台，将项目推介与展会、培训、会议、论坛等活动有机结合，

实现互为促进、互为支撑。项目工作组通过项目发布会、投资贸易促进活动等多种形式，以及邀请东道国有关人员和赴东道国宣传等双向推介，在国内寻求项目实施主体，并同时在东道国寻求合作伙伴。政府应引导大型企业强强联合，带动中小企业抱团出海，形成境外投资聚集效应，共同推进项目建设；东道国应为寻找项目合作伙伴提供有力支撑。项目工作组的统一协调，合作国双方的积极性，资源调配的优势，为项目实施提供了有效的主体保障。

（五）组建实施机构，推进项目的实施运行

在承接主体设计上，一方面，我国应充分发挥企业的主导作用，坚持"国有企业是依靠力量、民营经济是重要主体"的原则，充分发挥企业推动农业对外合作的主体作用，最大限度地调动企业积极性，可通过不同类型企业以产业园区形式完成项目全产业链布局，形成优势互补、区域联动、产业完整的发展模式。另一方面，我国应充分发挥科研机构的支撑作用。技术合作在重大项目的执行中发挥着重要作用，在一些分阶段实施的项目中，技术合作作为先导成为后续投资贸易合作的基础。核心农业发展技术在帮助东道国提高农业生产能力、帮助企业研发适合当地生产的品种方面都发挥了重要作用，因此，我国应考虑将科研单位扩充到项目执行主体中，为项目执行提供有力的技术支撑。

七、重大项目的保障

（一）机制保障

重大项目的潜在风险多、资金需求量大、利益牵涉面广，政府应

充分发挥引导、支持、保障作用,通过建立高效的合作机制,为项目的实施降低风险,提供便利。一是加强政府层面的统筹指导,建立多双边合作机制,以保障项目实施。具体包括创新多双边合作模式,由研讨交流向务实合作转型,积极谋划、主动推进重大项目的设计与建设,深化多双边农业合作层次与内容;统筹考虑重点区域与产业的关键项目建设需求,将重大项目设计与推进纳入多双边合作协议框架,实现重大项目建设的机制化、常态化,降低项目实施面临的政治风险,保障项目顺利实施。二是成立项目工作协调组,为项目全生命周期提供服务支撑。在多双边合作机制下,项目工作协调组由合作国各方政府及推动贸易投资有关机构的成员组成。工作协调组必须务实高效,能充分整合政府和企业资源,在项目全生命周期发挥管理、协调和监督作用;通过定期召开会议,统筹解决项目各个时期面临的土地供应、政策支持、生产资料及农产品进出口等一系列问题,为项目顺利实施、实现预期目标发挥重要作用。

(二)组织保障

部际联席会议机制可以为重大项目的实施提供制度保障。在项目设计之初,各成员单位可预先对项目提出完善意见。在项目执行过程中,各成员单位应充分发挥职能作用,综合运用外交、财税、金融、保险、通关、对外援助等多种措施,聚焦有限政策资源进行精准支持,解决项目发展中的难点问题,保证项目顺利开展。项目结束后,各成员单位可以对项目实施进行综合评价与考核,提出意见与建议。部际联席会议作为农业走出去的决策源,需要完善运行机制,通过各部门的主动入位,协同保障农业走出去重大项目的顺利推进,从而实现走出去战略目标。

(三)服务保障

涵盖重大项目全生命周期的多种服务保障体系包括信息咨询和发布体系、人才培训及管理体系、项目监督与评价体系、税收优惠及补贴体系、金融及保险体系，以及产品返销海关检疫管理体系等。通过不同阶段的服务保障，项目主体能全面掌握东道国资源、风险、投资贸易政策等重要信息，并培养项目推进核心人才，在项目执行中可获得金融、财税等财政支持，并在产品销售等方面获得回运、外销等海关便利性。项目全生命周期的监督评价服务，又可及时对困难和问题进行梳理和解决，保证了项目的可持续发展。

(四)平台保障

由于重大项目承载着实现多方目标、合作共赢式发展的任务，合作国双方应大力整合资源，加强政府、企业、协会、科研机构等多方的有效沟通交流，搭建合作平台，为项目执行提供平台支持。一是依据项目发展阶段性目标和产业链不同环节的重点任务，将发展合作与投资合作有机融合，通过搭建援外示范、科技合作、人文交流等多种平台，为投资贸易等实质性合作奠定基础。二是建立并利用境外农业示范区、东道国已有工业及农业产业园区等平台，将重大项目设计与执行融入园区发展中，利用已有园区发展平台，保障重大项目的实施。

第五章

项目可研是农业走出去的决策依据

随着中国经济的快速增长,企业开展农业对外投资的意愿和实力明显增强。目前,农业对外投资已遍及全球100多个地区与国家,成为实现企业经济效益及推动东道国经济社会发展的重要合作方式。但在农业走出去的推进过程中,"小散乱"现象也在一定程度上出现了,项目落地面临着提质升级的压力。这种压力不仅来自市场、资源、环境的变化,还来自对走出去项目进行的科学谋划和可行性研究(以下简称"项目可研")。

项目可研是投资决策前对投资项目是否可行而开展的方案设计、预测与评价,是决定项目能否通过行政主管部门审批立项或企业决策是否执行的关键依据,在企业开展农业对外投资项目前期发挥着重要作用。在农业对外投资中,项目可研是在对拟投资项目进行市场、资源、环境、风险、收益等要素的全面分析的基础上,对项目社会经济效益以及东道国农业产业与社会经济发展影响进行综合性评估,形成企业投资的决策参考与执行依据。因此,农业走出去中的项目可研不仅关乎企业的投资项目成败与中长期发展,也将对东道国农业产业发展、中国与东道国多双边关系产生重要影响。

一、企业开展农业对外投资的现状与项目可研的发展及挑战分析

（一）企业开展农业对外投资的现状与问题

截至 2019 年，在中国在境外设立的 934 家农业对外投资企业中，约 1/3 的企业的投资总额低于 200 万美元，近七成企业的投资总额低于 1 000 万美元，仅有不足 10% 的企业的投资总额超过 5 000 万美元。与此相对应的是，民营企业在数量上成为中国农业走出去的主力军，由民营企业设立的境外农业企业数量超过 850 家，平均投资规模不足国有企业的 1/3；非农企业也成为不可忽视的新生力量，设立的境外农业企业超过 250 家，投资流量占总流量的 1/4 以上，投资存量占总存量的 30% 以上。值得注意的是，截至 2019 年上半年，对外投资企业中有 69 家企业暂停经营、9 家企业注销。总体来看，民营企业开展的中小规模投资是农业走出去的主要模式，非传统农业企业比重在逐步提升，但部分企业也面临着发展困难。

从农业走出去的长期实践来看，以中小规模投资和民营企业投资为主的中国农业走出去，不仅面临着来自国际同行的竞争，也存在先天性的小规模、无规划的发展局限。对东道国情况了解不够、对项目前期准备不足等因素，在一定程度上导致企业投资出现盲目跟风、同质化严重、规模小、效益不高、产业链条短等问题，影响了投资项目及主体企业的稳定经营与长远发展。这种现象背后的主要原因之一是企业在投资前对项目发展目标、投资区域选择、产业及市场布局等谋划不足，这导致企业难以有效、及时、准确地把握投资项目的必要性、可行性和科学性，从而直接影响企业农业对外投资的实际成效。

(二)农业对外投资项目可研的发展与挑战

作为投资项目的重要环节,项目可研不仅是判断项目是否可行的前提,也是衡量企业实力与发展预期的重要参考。在所有工程项目(包括农业对外投资项目)中,项目可研均发挥着重要作用,不仅有助于为企业投资提供决策参考,还有助于推动企业投资项目的有序开展。农业对外投资中的项目可研,是对项目开展的必要性、科学性、合理性的论证结果,由此成为判断项目是否可行的依据。在农业走出去的多年实践中,农业对外投资的项目可研发挥了积极作用,但也面临着一些挑战。

1. 企业农业对外投资项目可研的发展历程

从中国农业对外投资现状可见,农业对外投资项目普遍属于中小型项目,且多以民营企业为主。与能源资源、基础设施建设等其他走出去行业的规模化发展进程相比,农业走出去更容易出现自发性强、规模较小、投资层次较低等"小散乱"现象,背后的问题除了政策支撑力度有待提高外,还包括忽视农业企业在对外投资中普遍存在的项目可研准备不足与重视度不够。

在2007年中央一号文件首次提出"加快实施农业'走出去'战略"前,农业走出去以企业的自发性投资为主。除部分国有企业开展了程序规范的前期可研准备外,大部分项目缺乏可研基础,甚至有一部分企业采取"自己闯""能人靠""熟人推"等方式开展对外投资,或者仅依靠东道国的资源优势启动对外投资项目,这导致大部分农业走出去企业在很长一段时间内难以实现投资回报,甚至出现项目停滞乃至破产等现象。

自农业走出去提出以来,在政策、机制、资金等多要素的整合推动下,企业开展农业对外投资的积极性不断提升,不少非农企业也积极加入。在市场需求的推动下,一批编制农业规划的专业咨询机构出现了,为有需求的企业开展农业对外投资提供相关服务。由于农业对外投资项目需要对国内外市场、资源、社会环境等多种要素进行综合分析,因此除了中粮、光明等国有企业以及新希望等大型农业企业有实力自行开展对外投资项目可研外,大部分企业都委托咨询机构开展项目可研,或在自行编制的基础上与咨询机构开展合作,这在一定程度上对规范农业对外投资行为和提升投资成效起到了积极作用。

2. 农业对外投资项目可研中面临的挑战

受东道国自然条件影响较大、投资期长、回收慢等因素的影响,农业对外投资项目面临着投资基础差、风险高、效益低等问题,因此企业在项目投资初期亟须做好方案设计与充分研判,这对项目可研提出了较高要求。

从实施企业及投资模式来看,项目可研面临如何制订针对性投资方案的挑战。在农业走出去中,以中粮为代表的大型国有企业主动对接国家产业发展需求,在投资前期就针对投资方式开展项目可研,并根据企业实际需求以新建、并购等多种方式开展农业对外投资。但由于大部分农业走出去企业是民营企业,且投资规模普遍不超过1 000万美元,如何提高中小型或民营企业对编制项目可研的认识成为首先需要解决的问题。这种认识的提高不仅需要提升走出去企业对自身优势的认识,也要提升对投资方式(如绿地投资或褐地投资)、投资环节(产业链前、中、后端)的研判能力,这样才能有效减少农业对外投资中的盲目投资、无序竞争、跟风投资等行为。

从投资产业与区域来看,项目可研面临如何解决投资方案可行性的挑战。目前亚洲是中国开展农业对外投资最多的地区,投资流量占比超过50%,企业数量达521家,占企业总数的一半以上。种植业成为主要的投资领域,开展种植业投资的企业数量占比超过 40%。同时,超过 60% 的中国企业在境外以独资形式开展运营,围绕种植业及产业链前端,并倾向于在亚洲等周边国家开展投资。这种偏好的出现主要是基于对资源要素、东道国投资环境与发展现状、产业链现状、企业自身的投资习惯等因素的判断,相对忽视了市场、风险、回报等因素的影响。这导致企业对投资前期的可行性分析准备不足。

二、项目可研是企业开展农业对外投资的重要依据

在全球经济不确定性发展以及国际公共性突发事件的影响下,作为保障我国粮食安全和重要农产品供给的有效手段,农业走出去正处于重要机遇期。面对机遇与挑战,为进一步提升国际国内两个市场、两种资源的利用水平,项目可研作为提升企业投资成效的首要环节,是在当前国际投资总体下行背景下削减投资风险、展示企业优势实力、对接国家发展战略布局的关键步骤。换言之,项目可研作为企业开展农业对外投资的第一步,不仅是企业是否以及能否开展农业对外投资的决策依据,也是对企业为什么、怎么走出去及未来走出去具体区域、产业布局所开展的探索与回应,对企业开展农业对外投资与中国农业走出去均具有重要意义。

(一)项目可研是推动投资有序进行的必要前提

项目可研涵盖了项目背景、东道国优势资源及产业、投资环境现状、国家相关产业布局或政策支持、企业产品或技术优势、企业发展战略等多方面内容,是根据不同企业在其重点关注区域及产业开展投资的项目预案设计,有助于明确企业发展目标和及时调整企业投资计划,是

落实企业开展农业对外投资项目的整体设计的重要保障和必要前提。

项目可研基于对企业优势与东道国潜力的了解，通过设计项目实施方案、编制相关技术指标、定位目标市场需求、模拟和研判投资方案可行性等步骤，推动企业战略发展目标与所在国家农业走出去布局积极对接，有助于减少企业在农业对外投资中出现盲目跟风投资、产出与市场对接错位、难以获得政策支持等问题。同时，科学合理地编制项目可研，不仅是对企业具体投资项目的可行研判，也是对企业中长期发展的趋势判断，有利于推动搭建企业承接国家重点项目或任务的合作平台。

(二)项目可研是降低农业对外投资风险的必要环节

编制项目可研需要对东道国投资现状、机遇与挑战进行充分了解与分析，通过全面挖掘企业优势与潜力、科学分析企业投资项目的收益成本，在为企业提供决策依据的同时实现降低投资风险的目的。因此，项目可研是对企业在农业走出去中"去哪里、做什么、怎么做"的综合分析和科学判断，除了对投资利好因素的综合考虑，还必须全面分析潜在投资风险并做好预案。

鉴于农业对外投资的复杂性，企业需要在投资前期对可能遇到的投资风险有准确科学的认识。科学的项目可研不仅能为企业提供包括产业、资金、技术等的应急处理方案，也能对东道国可能存在的政治、法律、汇率、环境、人口、资源等多方面风险因素进行预警，并根据不同风险提前谋划，做好预案对策，帮助企业因地制宜地开展投资，规避风险。

（三）项目可研是展示企业投资优势与实力的重要平台

企业作为投资主体，在积极做好市场分析的基础上协助编制团队制订科学的投资方案，这不仅是对如何强化利用东道国资源、市场、环境等要素进行设想，同时为合理界定项目的投资预期收益及规避风险提供了预案。在这个过程中，企业需要在市场分析、产业发展与产品方案、资源应用、环境利用等环节发挥积极作用，以确保项目可研的深入研究与充分论证。

由此可见，项目可研的编制过程作为企业进一步了解目标产业、目标市场的重要路径，是企业参与国际市场竞争的初步应对预演，也是对企业开展农业对外投资的优势与机遇及未来发展方向的总体分析，有助于企业更准确地掌握行业及产业的整体发展趋势。与此同时，项目可研的编制过程有助于厘清企业所关注的农业走出去重点产业和区域的优势，有助于明确企业农业走出去的发展方向，能为企业明确优势产业环节、重点市场目标提供参考。从这个角度来看，项目可研有助于扩大企业与其他企业抱团出海、与农业科研机构联合发展的合作潜力，在为企业搭建展示实力、开展合作的平台的同时，能推动行业内的有效沟通与良性竞争，也有助于推动企业投资项目的有效落实，进而促进农业走出去具体产业及区域合作的发展。

（四）项目可研是优化企业投资战略布局的重要方式

项目可研是基于企业优势对投资目标产业、市场、产品等方向的经营方案的科学设计，能在满足企业盈利的基础上做好与国内外农产品市场需求及产业发展要求的有效对接，有助于推动企业投资目标与国家战略目标的有机衔接。

从推动企业发展上看，项目可研是以项目为基点全面梳理和积极调整企业自身发展战略的重要参考,有助于为企业开展农业对外投资提供科学指引。从农业走出去的发展趋势上看,项目可研的编制通过对个体投资项目的分析,在一定程度上会对具体产业或产业链产生短期介入效果,有助于推动走出去企业开展联通产业链上下游和中长期发展的合作,客观上推动企业对全球市场及资源利用的积极参与,有助于企业进一步明确自身发展定位,并在一定程度上有助于优化中国农业走出去的整体布局。

三、项目可研的关键影响要素

编制项目可研应坚持以目标与问题为导向,在开展全面分析和重点了解的基础上,为企业计划开展的农业对外投资项目提供参考意见与决策依据,并为实现各类资源利用以及落实推进项目提供意见与建议,从而为企业量身打造可行性强、收益性高的项目执行计划。从具体要素来看,影响项目可研的关键要素在于与投资项目相关的市场、资源、环境、风险、收益等,因此企业要准确定位不同要素在不同项目中的作用,进而提升项目可研的科学性与可行性。

(一)市场是制定项目可研预期目标的核心要素

农业走出去是企业参与国际市场竞争的重要路径,企业开展农业对外投资首先需要遵循市场经济规律,并在形成自身优势的基础上,形成对国际市场的影响力,进而逐步占领国际市场。市场作为农业走出去的核心要素,决定了其在项目可研中明确投资导向的作用,有助于精准界定企业开展农业对外投资的预期目标。一方面,市场是投资项目的目标导向。市场决定着企业在农业对外投资中实现既有优势转化与抢占产品市场份额的总体目标，也决定着投资项目对产业链、价值链的影响力。另一方面，市场是投资项目的目标动力。市场决定着企业对外投资项目开展投资的具体模式与规模的总体定位，也决定着投资项目对国内、东道国以及其他国际市场的辐射力。

（二）资源是明确项目可研投资区域的参照指标

企业在实施农业对外投资项目的过程中，在实现经济效益的同时，也加快了东道国农业产业以及经济社会的发展。为确保投资项目的实际成效，企业应在合法合规的基础上尽可能地挖掘东道国的资源潜力与合作空间。资源作为影响农业对外投资的关键要素之一，决定着企业投资的合作产业与重点区域，直接影响着项目可研的准确性与可操作性。一方面，资源为企业选择投资产业提供指引。农业是对资源禀赋要求较高的产业之一，对相关产业发展要素的需求贯穿投资的整个流程，包括土地等自然要素和技术等产业要素。企业需要结合自身优势，进而明确在东道国能开展的产业合作范围与合作方式。另一方面，资源为企业选择投资区域提供参考。日本等国家的农业走出去的成功经验表明，资源作为实现国内外资源互补以及强化投资关系的关键要素，直接影响着农业对外投资的合作潜力以及具体投资项目的发展的稳定性。

（三）环境是关系到项目可研方案制订的外在要素

在项目可研编制的关键要素中，除市场、资金、技术等要素外，企业还需考虑东道国环境对项目的影响，包括自然环境及社会环境等。环境因素不仅影响项目的落地实施，还可能影响农业走出去的整体发展。从农业走出去的实践来看，东道国的自然环境已成为影响项目产业及区域选择、投资规模及方式的基础性条件，并对未来是否继续开展投资起到了一定的参考作用。从企业积极发挥社会责任的角度来看，东道国的社会环境包括宗教人文、风俗习惯、法律税收、投资政策等，长期对投资门槛及项目落地产生影响，还可能对企业形象乃至国家形象产生不容忽视的影响。

(四)风险是影响项目可研执行推进的决定因素

在项目可研的编制过程中，进行充分的风险分析不仅是影响投资项目是否能开展的因素，也是判断项目能否有序推动的决定要素。企业开展农业对外投资作为市场化行为，不可避免地需要考虑潜在的风险并做好应对预案。对风险要素的分析，既需要考虑投资项目所涉及的政治、经济、社会、法律、劳务等风险的影响，还需要考虑自然灾害、突发性事件等不可抗力风险的影响。从项目执行的角度来看，投资项目应根据投资的产业及区域，结合东道国的市场、资源、环境等因素带来的影响，根据项目目标明确风险等级或优先序，进行预警并推动企业完成风险应对方案。从项目推进的角度来看，投资项目应根据项目的中长期发展方案，通过风险研判找准企业在投资中面临的重点与难点问题，助力推动投资企业规避风险，确保投资项目实现有序运转以及对东道国产业及社会经济的协同带动。

(五)收益是判断项目可研执行成效的关键依据

企业开展农业对外投资不仅是主动应对全球市场挑战的积极行动，在很大程度上也是突破发展困境、提升利润与发展空间的必然选择。收益不仅是决定项目是否值得投资的重要因素，也是判断项目执行成效的终极指标之一。项目可研是对企业计划投资项目的成功率以及预期盈利比率的综合性评估，其中既包括经济性收益，也包括非经济性收益。对短期项目而言，经济性收益是决定项目是否需要开展的关键因素之一。对长期项目而言，经济性收益决定了项目是否能够开展，非经济性收益则会影响项目的投资规模、建设模式、预期目标。除对项目是否能长期开展形成影响外，经济性收益还会对投资项目所涉及的产业链以及国际市场产生影响，非经济性收益则可能对企业形象、国家形象、产业协同合作、中国与东道国多双边关系等产生深远的影响。

四、项目可研的编制建议

项目可研是企业开展农业对外投资的重要环节，编制科学合理的可研方案对企业布局海外投资版图十分重要，因此，项目可研的编制需要进行精准定位与分类对接，还需提供信息、政策等配套服务。

（一）加强人才培养，推动项目可研的专业化发展

项目可研编制团队的专业程度将直接影响方案的专业性与准确性。鉴于项目可研要整合项目背景、企业情况、市场与产业需求、技术标准、法律及税务、社会人文、环保等多方面的信息，在可研编制团队的组建方面，企业既需要发挥主导作用，也要配合专业性、市场化的可研咨询团队，并且积极争取政府、智库等机构力量，以提高项目可研编制的科学性和可操作性。由于农业对外投资项目较易受到国际投资环境的影响，项目可研需要满足国际化、全局化的编制要求，农业技术、国际商务、外语外贸、法律等专业化人才的市场化流动也需要加强，以充实可研编制专业人才队伍的力量，进而促进项目可研编制团队与国际市场的接轨与协调发展。

(二)对接编制需求,推动项目可研的精准化发展

项目可研能为企业投资项目提供决策依据,因此实现与企业需求的精准对接是编制项目可研必须遵循的准则。一是精准对接目标市场与潜在市场,结合企业战略目标制定项目预期目标。二是精准对接东道国的资源潜力与投资环境,结合企业优势全面评估投资产业与重点区域。三是综合考虑风险与收益,确保安全投资以及获得相应的投资收益。四是充分考虑东道国的营商环境,包括外资准入门槛的变化、外资审核要求、东道国社会责任要求等。五是根据企业需求实现产业的精准投资与产业链的协调发展,包括为大豆、畜产品、橡胶等重点农产品制订针对性投资预案,以及协调开展涉及不同产业链环节的合作。与此同时,项目可研的编制还应制订项目执行预案及风险应对预案,根据项目实际进展及时修正不足,并有效开展执行进度跟踪,总结经验,为以后的投资项目提供参考。

(三)完善配套服务,推动项目可研的体系化发展

农业走出去的调研表明,仍有为数不少的企业囿于实力不足难以开展项目可研,在此背景下,政府应该积极发挥作用。一是提升政府公共服务水平,积极发挥农业对外合作部际联席会议机制的作用,鼓励各相关部委和平台为企业提供农业对外投资国别环境、行业发展、产业信息、人才培养与交流、园区建设、风险防控等多方面的信息,为有实力开展项目可研的企业提供针对性的基础服务。二是加快培育专业性的项目可研机构与研究平台,鼓励有资质的机构参与农业走出去的项目可研的编制工作,为专业化的可研编制、咨询规划等中介服务机构提供平台,为更多有需求的农业走出去企业提供服务。

第六章

大型企业是农业走出去的主要力量

近年来,农业成为全球新兴的投资领域,全球性或区域性跨国公司迅速发展,已逐渐成为重要的对外投资主体,不断强化全球粮源、物流、贸易、加工、销售等全产业链布局,对资源型、战略型重要农产品的市场掌控力度加大。中国作为世界第一大农产品生产和消费大国,亟须构建一批与农业基础性产业地位相符的大型农业企业集团,发挥大型企业市场主体在保障国家粮食安全、服务国家整体外交大局和构建人类命运共同体中的主要作用。

一、大型企业的界定标准

国家统计局《统计上大中小微型企业划分办法(2017)》,明确了包括农、林、牧、渔业等15个行业门类以及社会工作行业大类的规模划分标准[1]。按照行业门类、大类、中类和组合类别,依据从业人员、营业收入、资产总额等指标或替代指标,企业可划分为大型、中型、

---

[1] 具体包括农、林、牧、渔业,采矿业,制造业,电力、热力、燃气及水生产和供应业,建筑业,批发和零售业,交通运输、仓储和邮政业,住宿和餐饮业,信息传输、软件和信息技术服务业,房地产业,租赁和商务服务业,科学研究和技术服务业,水利、环境和公共设施管理业,居民服务、修理和其他服务业,文化、体育和娱乐业。

小型、微型4种类型。其中，农、林、牧、渔业企业采用营业总收入代替，年营业总收入大于2亿元（含2亿元）的企业为大型企业；年营业总收入在500万元以上2亿元以下（含500万元）的企业为中型企业；年营业总收入在50万元以上500万元以下（含50万元）的企业为小型企业；年营业总收入在50万元以下的企业为微型企业。

由于农业对外直接投资是在市场经济条件下以企业利润最大化为目标、在世界范围内寻求资源的最优配置的企业经营活动，大型企业除了参照以上规模标准——近三年（境外）涉农年营业总收入大于2亿元以外，考虑到国家安全需求以及农业境外投资的特点，还应该满足：一是境外投资的所属行业为粮、棉、油、糖、水产、畜牧等涉及国家重要农产品供给安全的行业；二是境外农业投资地域分布在规划的重点区域，在两个或两个以上的国家建有经营实体，不管它们采取何种法律形式和在哪个领域从事经营；三是就所有制形态而言，国有企业在获取支持走出去的财政、信贷、外汇、配额等政策方面具有相对比较优势，民营企业在境外涉农投资年限和涉及的产业链环节较长，已积累了较为充足的境外涉农投资经验，有能力应付产业链上下游波动的冲击，能够保障特殊时期境外开发的农产品调得动、调得回；四是对于产值较小的农业行业，可由其境外涉农产品在国内或境外投资的市场份额大小判定其是否为大型企业；五是对于国内主营业务为非农类且涉足农业境外投资的企业，国内业务营业总收入大于2亿元则意味着有较强的资金实力支撑企业境外涉农投资；六是对于抱团走出去的联盟或者联合体，其可被视为一家企业，判定标准同上。

二、中国农业走出去企业的国际化现状与特点

(一) 中国农业走出去企业的对外投资合作格局

20世纪80年代以前，中国农业走出去大多是承担国家的对外援助项目，主要由农业科研单位和国有农业企业承担，参与主体相对单一。改革开放后，中国涉农企业才正式开启国际化投资合作步伐，尤其自2006年确立农业走出去战略以来，中国农业走出去渐成规模，特别是2014年11月成立农业对外合作部际联席会议制度后，农业对外投资合作顶层设计、政策创设、项目落实等逐见成效，中国农业走出去经历了快速增长。截至2019年上半年，中国共有710家境内企业在境外投资设立了934家农业企业，其中2018年底对外农业投资流量为25.63亿美元，存量达187.73亿美元，与2006年相比，农业对外投资流量、存量分别增长了12.85倍和21.98倍，年均增速分别达到24.29%和29.85%。中国农业走出去的对外投资相比其他行业而言保持较快增长势头，对外投资流量比重呈现上升的发展趋势，但对外农业投资存量占中国对外投资的比重始终处于较低水平，一直在0.8%~1.1%徘徊，规模相对偏小（见表6-1）。

表6-1　2006—2018年中国农业走出去的投资情况

年份	对外投资总流量（亿美元）	农业流量（亿美元）	农业流量比重（%）	对外投资总存量（亿美元）	农业存量（亿美元）	农业存量比重（%）
2006	211.64	1.85	0.87	906.31	8.17	0.9
2007	265.06	2.71	1.02	1 179.11	12.06	1.02
2008	559.07	1.71	0.31	1 839.71	14.68	0.80
2009	565.29	3.42	0.60	2 457.56	20.29	0.83
2010	688.11	5.33	0.77	3 172.11	26.12	0.82

（续表）

年份	对外投资总流量（亿美元）	农业流量（亿美元）	农业流量比重（%）	对外投资总存量（亿美元）	农业存量（亿美元）	农业存量比重（%）
2011	746.54	7.98	1.07	4 247.81	34.16	0.80
2012	878.04	14.61	1.66	5 319.41	49.64	0.93
2013	1 078.44	18.13	1.68	6 604.78	71.79	1.09
2014	1 231.2	20.35	1.65	8 826.42	96.92	1.10
2015	1 456.67	25.72	1.77	10 978.65	114.76	1.05
2016	1 961.49	32.87	1.68	13 573.9	148.85	1.10
2017	1 582.88	25.08	1.58	18 090.37	165.62	0.92
2018	1 430.37	25.63	1.79	19 822.66	187.73	0.95

资料来源：作者根据《2018年度中国对外直接投资统计公报》计算得出。

从农业走出去企业的主体构成来看，2018年，我国走出去的674家境内农业对外投资机构包括国有企业（4.6%）、集体企业（0.3%）、股份有限公司（14.4%）、股份合作企业（0.9%）、有限责任公司（69.3%）、民营企业（8.4%）、联营企业（0.2%）、港澳台商企业（0.3%）、外商投资企业（0.6%）、其他企业（1%），对外农业投资主体继续呈现多元化的发展趋势，且并购重组、合资合作、独资经营等投资方式趋于国际化，中粮集团并购尼德拉集团和来宝农业、中国化工集团并购瑞士先正达、光明集团并购西班牙米盖尔和新西兰银蕨农场，涉农海外并购井喷式增长，以中粮集团、中国化工集团等为代表的中央企业、光明集团等为代表的地方国有企业、黑龙江农垦、广东农垦等为代表的农垦企业和伊利集团、鹏欣集团等为代表的大中型民营企业的对外农业投资合作多元格局形成，其成为对外农业投资的主力军。

(二)中国大型企业农业走出去的基本特点

1. 大型企业的对外投资规模增长迅速,但与跨国集团存在差距

2018年,中国国有企业在境外设立企业74家,投资存量为82.4亿美元,占对外农业投资总额的42.08%,比2014年增长了5.19倍,单个企业的投资规模近1.1亿美元;国家级龙头企业有127家,对外农业投资存量为30.39亿美元,分别占对外投资企业总数和投资总额的18.8%和15.4%,分别比2014年增长了89.6%和3.9倍,单个企业的投资规模近0.24亿美元;国有企业和国家级龙头企业在境外设立的企业的数量分别占到总数的8.3%和26.4%,投资存量分别占到总数的41.79%和69.7%。而民营企业设立的814家企业的对外投资存量为114.2亿美元,分别占对外投资企业总数和投资总额的95.4%和57.9%,分别比2014年增长了1.9倍和4.1倍,单个企业的投资规模只有0.14亿美元。从单体投资规模来看,对外投资规模达上亿美元的企业只有30家,占对外投资企业的3.38%,低于500万美元的企业有510家,占境外企业总数的57.43%,中国对外农业投资项目的平均规模仅为220万美元,与发达国家600万美元的规模还相距甚远,尤其是对外投资合作的民营企业单体平均投资规模只及国有企业的1/8,国有企业仍是对外投资合作的重要力量,而走出去的民营企业占绝大多数,经营灵活,受限较少,也是对外投资合作的重要力量。

2. 对外投资产业齐全,但产业链整合程度低

从产业结构分布上看,当前企业对外农业投资的行业已经覆盖了种植业、林业、畜牧业、渔业和农林牧渔服务业。截至2018年底,在我国境外涉农的企业中,从事粮食和经济作物种植的企业共有382家,占比为43.02%,主要种植水稻、玉米、小麦等粮食作物和棉花、大豆、天然橡胶等经济作物;林业企业有18家,占比为2.02%;畜牧业

企业有 64 家，占比为 7.21%；渔业企业有 84 家，占比为 9.46%；农资企业有 27 家，占比为 3.04%；其他企业有 313 家，占比为 35.25%。从业务类别分布上看，企业对外投资的种植生产业务占总额的 84.1%，加工占 2.32%、仓储占 11.66%、物流占 1.55%、研发占 0.32%，对外农业投资的产业链条有所延伸，覆盖了研发、生产、加工、仓储、物流、贸易等整个农业产业链，但大多数企业以水土资源开发型、紧缺农产品寻求型为主，仍处在农作物种植和畜禽水产养殖等产业链低端环节，目前仅有 49 家企业在境外进行农产品生产、加工、仓储、物流等全产业链投资，占境外企业总数的 5.5%，且都为大型国有企业和民营企业，其他中小型走出去企业尚未全面参与上、中、下游产业链建设，对产品收储、流通、定价、销售等缺乏有效掌控，国际市场话语权和全球资源配置力仍然较弱。

3. 海外并购量额齐增，但大型企业是主体

纵观中国企业对外农业投资的发展进程，企业投资方式呈现出日益多元化的趋势，尤其是对外农业投资百强企业更倾向于以褐地投资的形式兼并收购东道国企业。据不完全统计，2010—2018 年中国农、林、牧、渔业海外并购高达 690 亿美元，其中，2018 年农、林、牧、渔业对外投资并购有 18 起，实际交易金额达 14.8 亿美元，占实际交易总金额的 1.03%，占农业对外投资流量总额的 57.74%，较 2013 年并购的实际交易金额增长了 1.5 倍，并购对象包括荷兰、美国、瑞士等国家的老牌企业，并购领域主要为种子、农药等农资研发、农产品供应链渠道和市场较强的领域，收购方式主要以股权收购为主，如 2012 年山东如意科技集团有限公司出资 16 亿元收购澳大利亚库比农场，构建了全球化的棉花供应链和产业链；2013 年双汇集团出资 71 亿美元收购美国史密斯菲尔德食品公司，拓展猪肉加工与生猪养殖业务；

2010—2016年，光明食品围绕"资源""品牌""网络"成功并购10余个海外项目，形成覆盖欧洲、澳新、东南亚三大区域的国际化布局；中粮先后并购澳大利亚Tully糖业、智利Bisquerll酒庄公司、荷兰尼德拉集团和香港来宝集团等，实现了横向、纵向农业产业链的合并与扩张，实现了在南美洲、北美洲、欧洲、亚洲等区域的整体布局；2017年，中国化工集团以490亿美元并购瑞士先正达，跻身全球农化行业第一梯队；2018年，北京三元食品股份有限公司并购法国圣修伯特企业，当年投资额为6.9亿美元，占并购投资流量总额的46.6%；2019年，联想佳沃以9.2亿美元并购智利Australis三文鱼企业，进一步坚定其"全球资源+中国消费"的发展模式。中国农业走出去企业屡创农业行业的海外并购之最，大型国有企业、民营企业的对外投资方式从直接投资转向合资、并购等模式，一批拥有著名品牌和自主知识产权、具有较强核心竞争力的大公司和企业集团形成了，并参与海外农业生产经营活动。

三、大型企业是农业走出去的主要力量

（一）大型企业是国际大宗农产品供给的操盘者

从大宗农产品供给实践来看，由于全球粮食生产资源分布不均衡，大型跨国企业日益把粮食生产和市场的控制作为维系其核心竞争力的重要途径。在国外，ADM在全球140多个国家[1]、邦吉在全球40多个国家[2]、嘉吉在全球70个国家和地区[3]、路易达孚在全球100多个国家和

1　数据来源：https://www.adm.com/our-company/procurement。
2　数据来源：https://www.bunge.com/。
3　数据来源：https://www.cargill.com/about/company-overview。

地区[1]拥有远洋轮船、港口、铁路、工厂、货仓，从事农产品买卖、运输和加工，广泛开展全产业链经营，其业务拓展涵盖金融、能源、化工等非农领域，以有效协调各地资源和市场，增强行业控制力。日本的综合商社主要通过海外屯田、收购兼并，建立全球采购、销售和物流体系，在全球范围内实现粮食的跨国流动。新加坡的丰益国际在全球 30 多个国家拥有超过 900 家工厂和广泛的分销网络，掌控全球棕榈油约 45% 的贸易量[2]，奥兰国际业务遍布 60 多个国家[3]，是世界排名前三的咖啡和大米交易商，在棉花、坚果、可可、咖啡等农产品市场贸易中占据举足轻重的地位。在国内，中粮集团于 2014 年和 2017 年分两次收购荷兰粮食贸易商尼德拉 51% 和剩余 49% 的股权，获得欧洲、北美洲、南美洲的农业生产基地和仓储物流设施、采购平台及全球贸易网络，业务涉及 140 多个国家，拥有全球仓储能力 3 100 万吨，年加工能力为 8 950 万吨，港口中转能力为 6 500 万吨[4]，突破了四大粮商在巴西、阿根廷等国家对仓储物流体系的垄断，有力推进了中粮在农粮领域"买全球、卖全球"的产业链布局。这些跨国粮商利用在资本、管理和市场渠道方面的优势，对全球大米、玉米、小麦、棉花、食糖、天然橡胶、棕榈油等大宗农产品供给形成了准垄断性掌控。据测算，以 ADM、邦吉、嘉吉、路易达孚为代表的世界跨国粮商掌控了全球 90% 以上的粮食贸易[5]，少数跨国企业掌控阿根廷、巴西和美国三个主要大豆生产国中产品价值链中除种植以外的所有阶段，中国农业走出

---

1 数据来源：https://www.ldc.com/who-we-are/。
2 数据来源：《老粮商、新粮商，国际粮商的新江湖》，https://www.oilcn.com/article/2019/12/12_70708.html。
3 数据来源：https://www.olamgroup.com/locations.html。
4 威翰林：《中粮集团的专注 70 年 国际大粮商的活力之源》，https://www.sohu.com/a/343390749_100113795。
5 James X.Zhan, Richard Bolwijn：《世界投资报告 2019》，联合国贸易和发展会议印发。

去投资存量排名前 20 和前 100 的大型企业的境外权益产能分别占中国农业走出去企业整个境外权益产能的 89.63%、92.89%[1]，大型跨国农业企业已成为国际农业资源流动与配置的操盘者。

（二）大型企业是对外农业投资合作的引领者

从企业对外农业投资发展上看，无论是从实力规模还是从作用效果上，大型企业一直是农业走出去的探索者和引领者。大型企业以其无可比拟的规模优势、资金筹措能力、先进的技术，在一国国民经济基础性和支柱性产业内处于龙头地位，产业控制力和辐射力大，对国家产业结构升级具有较强的决定力和带动力，能引领中小企业参与国际产业竞争。在 2019 年《财富》500 强企业[2]及联合国贸发会议相关文献和参考材料等得出的全球 170 家领先的跨国涉农企业[3]中，欧洲有 64 家，主要分布在英、德、法、丹、意等 14 个国家；北美洲有 61 家，56 家跨国农业企业将总部设在美国，美国的跨国农业企业数量为全球之最；亚洲有 25 家，主要分布在日本、马来西亚、中国和新加坡等 9 个国家；大洋洲有 16 家，拉美有 3 家，非洲仅有 1 家。这个分布与农业产业价值链组合方式和经济全球化的趋势基本相符，这些大型跨国涉农企业往往在世界各个大洲均有生产、研发或销售基地。欧美等发达国家的大型跨国涉农企业主要以并购、技术创新为基础，通过扩大规模效应和加工、贸易环节优势，实现农业生产、加工、流通、运输等环节一体化跨国经营。非洲、拉丁美洲、亚洲地区的跨国涉农企业在全球跨国经营体系中，从合资建厂、战略联盟、一体化生产、收购

1　数据来源：根据农业农村部企业对外农业投资信息采集系统数据分析。
2　数据来源：《2019 年全球 500 强排行榜》，https://www.maigoo.com/news/524108.html。
3　UNCTAD (WIR09). World Investment Report 2009: Transnational Corporations, Agricultural Production and Development. New York and Geneva: United Nations, P105.

兼并到设立研发中心，投资规模、进入速度不断提高，对东道国的农业生产影响力不断提升。相对而言，大型企业走出去的时间长、区域分布广、产业领域宽、实行形式多，在农业跨国资本、技术和农产品等资源要素流动中处于优势地位，已积累了丰富的海外运作经验，培养了一批国际化人才，具备进行全球业务整合、管理整合、文化整合的能力，凭借自身技术、管理、资本和人才优势，能引领全球产业链、价值链、供应链分工合作。

（三）大型企业是国际贸易话语权和定价权的主导者

从市场竞争上看，国际经济竞争说到底是大型企业间的竞争，大型企业具有较大的规模体量、卓越的盈利能力和价值创造能力、独特的"拳头技术"或"拳头产品"，竞争力强、市场价值大、国际化水平高、社会影响力广等特征。大型企业以技术创新为基础，以控制资源和经济产出的流向为手段，以产品标准和商业游戏规则的制定来保证自身的根本利益。根据联合国粮农组织数据，2009—2018年的世界农产品贸易额由10 439亿美元增长到15 488亿美元，农产品国际贸易年均增长率达到4%[1]，全球粮食生产贸易呈稳步增长趋势，供应端不是问题，市场粮食价格波动及危机在很大程度上是"控制市场力量的力量"作用的结果，背后的实质是发达国家和世界粮食巨头通过不合理的"规则"强化了贸易保护主义，不仅增强了自身攫取他国农业资源的能力，也实现了向低收入国家转嫁经济危机的财富掠夺。纵观世界上真正强大的国家，其都是粮食生产和贸易强国，都有自己的知名跨国粮商，美国有ADM、邦吉、嘉吉，法国有路易达孚，德国有拜瓦集

1　数据来源：UNcomtrade农产品贸易数据。

团，日本有丸红、伊藤忠、住友、三井物产、全农，新加坡有丰益国际和奥兰国际。发达国家依托其跨国公司自身强大的资本和市场运作能力，不断强化对全球粮源、加工、物流、贸易全产业链的布局，形成上下游技术、市场等"集成优势"，对资源性、紧缺重要农产品市场的掌控力度进一步加大，主导国际产业分工、国际经济规则制定，影响广大发展中国家的农业产业体系、生产体系和经营体系甚至国际经济规则。

四、大型企业的构建原则与模式

（一）构建原则

1. 聚焦国家发展，梯次推进布局

企业的战略使命和核心业务应与国家农业走出去及"一带一路"农业合作愿景紧密结合，聚焦国家粮食安全和重要农产品有效供给，服务乡村振兴战略和构建人类命运共同体目标。国家应围绕粮棉油糖、肉蛋奶等行业构建一批具有国际竞争力的大型企业和企业集团，使其参与国际农业投资合作，按照"重点国别—重点区域—全球化"梯次推进，构建全球战略支点和一体化运作体系，提高两个市场、两种资源的统筹利用能力。

2. 内生外延并举，增强跨国经营

国家应加强不同区域、不同领域、不同类型企业的混合所有制改革和农垦改革，完善现代企业法人的治理结构，盘活存量，做好增量，增强国有企业和民营企业构建大型跨国农业企业的内生发展动力。企业应通过并购重组、合资经营、股权置换、融资租赁等方式，开展跨地区、跨国别、跨领域的投资合作，不断外延拓展产前研发、产后加

工、仓储物流和销售等产业链关键环节的投资布局，打造产业链、培育供应链、提升价值链，形成"买全球、卖全球"的跨国经营格局。

3. 尊重市场规律，优化政策支持

国家应遵循企业的内在成长规律和市场经济发展规律，充分发挥市场在两种资源配置中的决定性作用，突出大型企业在重点区域、重点项目的市场运作和经济可行性，全面参与全球产业链、供应链和价值链建设，并突出重点、分门别类地实施发展本土大型跨国企业的"规模型"激励政策和成长型企业跨国经营的"增速型"扶持政策，加大政府政策的扶持力度，支持企业参与国际竞争和做大做强。

（二）构建大型跨国农业企业的几种模式

1. 并购重组型发展模式

并购重组是企业通过社会资源有效配置实现做大做强的重要举措，也是加快推动农业走出去和国际化进程的主要方式，具有使企业资本快速增长、降低进入和退出市场壁垒、提高资源配置效率等优势。大型企业通常是推进并购重组的主要力量，企业在实施并购重组的过程中，多数都以强弱联合的方式进行并购。其实质是资本实力雄厚的大型企业通过收购其上游和下游的企业或跨行业并购重组，通过协同效应实现范围经济和管理效率的提高，实现对农产品生产、流通、贸易和销售等全过程的控制和业务多元化布局。这样不仅使弱势企业在市场中的地位获得了提升，也促使资本较为雄厚的企业提升了市场竞争力。纵观四大粮商上百年的发展历程，并购是其进行全球化扩张、拓展经营业务范围、增强垄断能力的主要方式。当前，大型跨国农业企业的对外投资呈现大规模兼并和集中化的趋势，跨国并购达到了相当活跃的程度，许多跨国农业企业在全球范围内通过并购等方式来逐步实现对整个大宗农产品供

应链的控制。如陶氏化学与杜邦合并为陶氏杜邦，德国拜耳收购孟山都，中国化工收购先正达，中粮并购来宝、尼德拉，光明食品围绕"资源""品牌""网络"并购了10余个海外项目。并购重组让内涵式增长与外延式扩张同步发力，成为企业在短时间内获取技术和营销渠道，扩大市场份额，降低生产成本，获得超额利润和较强市场控制力的有效手段，是推动企业做大做强的重要举措。

2. 混合所有制发展模式

混合所有制是我国基本经济制度的重要实现形式，也是实现农业走出去市场主体中国有企业和民营企业等不同所有制企业优势互补的一种有效方式。大力发展国有资本、集体资本和非公有资本等交叉持股、相互融合的混合所有制，对于促进不同所有制企业市场空间、经营机制、金融资本以及生产要素等合理有序的互动，解决国有企业境外审查严格、管理体制机制僵化等问题，优化不同所有制企业资源配置、转换经营机制、增强国有企业经济活力、控制力和影响力都具有重要意义。当前，中央企业、地方国有企业推进的混合所有制改革一方面以增资扩股、减资转让或者收购兼并等方式引入各类投资者，完善企业产权和治理结构，建立适应市场经济的现代企业制度，促进各种资本优化重组，放大资本效益；另一方面以打造利益共同体为目的，大力实行员工持股制度，打造资本所有者和劳动者的利益联合体，充分调动投资者和劳动者双方的积极性，开发员工的潜在能力，避免人才的流失，实现企业的长远发展，将社会进步与经济体制改革融合发展。

3. "战略联盟"发展模式

战略联盟介于"合并"与"各自独资"的形式之间，是指两个或两个以上的市场经营企业或主体为实现某一战略目标仅就部分资源加以整合，通常以契约协议的方式建立互相协作、互为补充的合作关系，促进合作生产和营销、共同研究和开发、产业协调发展，从而实现对各方都有利的合作方式。从根本上讲，战略联盟是企业迫于全球化市场竞争而设计的特殊安排，往往是出于资源共享需要或因存在并购障碍而产生的结果。建立战略联盟的伙伴关系一般只局限在某一个或者某些特定领域，战略联盟的伙伴在合作中的地位是平等的。加入联盟的企业通过对等购买对方股权或者签订两面协议，共担风险，共享利益。在协议以外的领域，企业仍保持在经营管理和竞争上的独立性。这种模式的突出特点是以某个优势大型企业为切入点，以契约、股权合作等形式搭建联盟平台，吸引一批国内企业走出去，最终在海外形成企业群，整合企业的市场资源、金融资源和信息资源，实现合作区企业间的信息共享、优势互补、强强联合，降低了生产成本和风险，提升了企业的竞争地位，为战略联盟企业发展注入了强大动力。比较有代表性的是安徽农垦集团在津巴布韦进行农业投资，牵头成立"皖企赴津巴布韦合作开发联盟"，采用承包、租赁、控（参）股等多种灵活的合作方式。40余家企业加入了联盟，实现了跨行业、跨地域企业抱团投资，牵头企业为加盟企业提供法律、信息等服务，强化加盟企业的谈判能力，为其争取了一定的政策优惠和基础设施条件，使其迅速而有效地进入了当地市场，进而寻求市场销售网络和市场份额，提高生产效率，实现互利共赢。

五、大型企业推动农业走出去的目标定位与路径

（一）大型企业走出去的目标定位

1. 着力优化全球农业资源要素配置

大型企业应大力开展境外农业研发、生产、加工、储运、贸易等

全产业链环节合作，在更大范围、更广领域、更高层次上促进生产要素的优化配置，建立持续、稳定、安全的全球农产品供应网络，提升我国在国际市场上的资源配置能力，更好地服务国内农业供给侧结构性改革、保障国家主要农产品的有效供给和世界粮食安全。

2. 着力提升全球农业国际竞争能力

大型企业应全面参与全球产业链、供应链和价值链国际化建设，优化在重点区域、重点市场、重点技术、重点产品等方面的投资合作，发挥比较优势，参与国际分工与协作，推动农业优势产能合作，引进国外先进技术、管理模式，优化国内发展空间，带动国内产业提档升级和实施乡村振兴战略，提升主动参与国际合作与竞争的能力。

3. 着力构建"买全球、卖全球"的市场格局

大型企业应聚焦前端技术研发、后端分销集成网络等关键环节，通过并购重组、合资合作等形式，实现农业产业核心技术、标准、品牌和渠道建设的重点突破，建设一批农业研发和生产基地、港口码头物流设施、购销网络，形成"买全球、卖全球"的市场格局。

4. 着力推动国际农业投资贸易互利共赢

大型企业应充分结合东道国各国资源禀赋和发展诉求，深化全球农业领域的投资、贸易、科技、援助合作，增强粮食主产国、受援国的农业综合发展水平，积极参与国际农业投资贸易规则的制定，推动互利共赢、平等合作、安全高效的农业合作新格局的形成，为构建人类命运共同体贡献中国方案。

(二)大型企业推动农业走出去的路径

1. 横向式同业间合并重组推动农业走出去

横向式同业间合并重组双方的生产要素融合与优化组合速度快，

可以大幅度降低并购风险，迅速降低企业生产经营成本，加快业务、管理、技术、人才、市场资源等方面的全面整合，提高行业集中度，放大重组效能。根据中国农业走出去企业整体规模不经济、生产能力利用不充分、盲目投资和重复建设所形成的区域产业结构严重趋同的现状，国家应鼓励和引导具有相近性、互补性、融合性的企业开展同业间合并重组。这既包括央企、国企、民企间的"强强联合"型合并重组，提高集中度，发挥规模效应，化解过剩产能，在较短时期内形成能与世界大型跨国企业对等竞争的世界级跨国大企业集团，也包括企业间"强并弱"型合并重组，促进国有资本进一步向符合农业对外合作发展规划的重点行业、关键领域和优势企业集中，实现产品、技术、产销等方面的相互衔接和特定资源的优势互补。

2. 纵向式产业链上下游合并重组推动农业走出去

当今的国际市场已由单个企业竞争转向整个产业链和价值链的竞争，跨国农业企业可利用资本运营公司推进跨行业合并、企业间重组，突破农业领域国有经济和民营经济相互对立的思维误区，发挥国有企业资本密集、技术密集优势与民营企业经营灵活、接近市场的协同作用，提升育种、种植技术、生产技术装备、粮食加工和购销及储运、港口码头等方面的服务能力，形成全球种子—基地—仓储—加工—物流—消费市场的全产业链互补格局，实现产销一体化。

3. 区域、产业战略联合体推进农业走出去

国家应鼓励跨地区、跨所有制企业组建多种形式的联盟平台，抱团出海，实施全产业链基础上的专业化分工与协作，避免恶性竞争。具体包括共建共享的新组建方式，即以资本为纽带，探讨推进天然橡胶、棉花、水产、畜牧、种子、化肥、农药等行业的发展，开展合资新设、股权投资，构建跨区域的、中央与地方联合的、产学研相结合等行业性跨国农业企业，盘活存量，减少同业竞争和重复建设，优化国有资本的布局与资源配置，提升企业跨国竞争力；深化与世界主要粮商和其所在国农业企业的联营合作，建立本土化的代理商体系，助力企业与东道国之间的文化融合，降低企业经营风险，优化资源配置、一体化经营的全球布局，提升企业的跨国经营能力。

4. 不同性质企业的混合所有制改革增强农业走出去的国际竞争力

一方面，国家应借助农垦改革的历史机遇，把农垦全面深化改革作为构建国际大粮商的着力点和突破口，深入推进产业化、集团化和股份化改革，探索推进光明食品、北大荒、天津农垦、广东农垦、云南农垦、海南农垦等产业整合，构建国际大粮商联盟。另一方面，国家应通过股权转让、增资扩股、合资新设、基金投资等多种方式，引入具有资金、技术、管理、市场、人才优势的战略投资者，将部分企业股权释放给国有资本和非国有资本，以市场化为导向改变农业走出去企业家族式、作坊式商业模式，建立现代企业制度和企业治理机制，聚焦企业主业，促进产业结构升级，增强企业跨国经营能力，全面提高企业核心竞争力和创新能力。

第三篇

国家推动

农业走出去本身是市场行为，但其作为国家战略，在宏观层面需要国家力量即政府的有效推动。也就是说，政府既要充分发挥市场机制在资源配置中的决定性作用，也要更好地发挥自身的作用，推动农业走出去的高质量、可持续发展。

农业走出去面临错综复杂的国内外形势，需要国家层面整合力量、协调资源，提供全面系统的引导、支持和服务。国家层面掌握的行政资源、政策资源、外交资源，以及高效整合这些战略性资源的特殊优势，是对市场主体优势的有效补充，能够在更大范围内激发农业走出去的潜能，为农业走出去加快步伐、提升质量提供持续稳定的动力和保障。

国家层面推动农业走出去的渠道和路径，主要体现在体制机制和职能保障方面，即通过整合部门力量强化走出去的宏观指导和公共服务，通过整合政策资源加快走出去的战略谋划和战术推进，通过整合外交关系为走出去营造环境、搭建平台。本篇论述了部际联席会议、政府部门、多双边机制、对外援助在农业走出去中的定位、任务和作用，具体内容详见各章。

第七章

政府部门是农业走出去的职能保障

　　政府是推动农业走出去的宏观主体，政府职能的有效发挥对农业走出去的实施成效至关重要。党的十九届四中全会提出，要优化政府职责体系，完善政府经济调节、市场监管、社会管理、公共服务、生态环境保护等职能，实行政府权责清单制度，厘清政府和市场、政府和社会的关系，创新行政方式，提高行政效能，建设人民满意的服务型政府。从本质上说，政府部门推动农业走出去的过程是政府和市场关系的互动过程，是"看得见的手"和"看不见的手"作用的有机统一、相互补充、相互协调、相互促进，以保障农业走出去不断取得新进展，实现高质量发展。

一、政府部门推动农业走出去的进展综述

　　政府是国家公共行政权力的象征、承载体和实际行为体，广义的政府包括立法机关、行政机关和司法机关，狭义的政府是指国家行政机关。推动农业走出去的政府部门属于行政机关，横向层面分为农业部门和非农业部门，纵向层面分为中央部门和地方部门。

（一）政府部门在农业走出去中的作用

农业走出去本身是市场行为，政府部门推动农业走出去要站在使市场在资源配置中起决定性作用、更好发挥政府作用，实现更高质量、更有效率、更可持续发展的高度。因此，政府部门主要扮演农业走出去战略的制定者、引导者、培育者、提供者和护航者角色。

1.顶层设计的制定者

政府部门从宏观上引导走出去国家战略的方向，根据国内外农业发展变化，按照客观经济规律，对农业走出去重大问题做出战略规划与宏观决策，从国家整体利益和农业发展长远利益出发，进行有目的、有计划的引导和调控，从宏观层次和全局发展上配置重要资源，做好顶层设计，为系统开展走出去工作奠定理论基础和指导依据。

2.实践探索的引导者

农业走出去涉及两个市场、两种资源，政府部门既要在战略层面谋篇布局，也要在战术层面排兵布阵，从宏观、中观、微观层面指导、协调各项工作，确保农业走出去目标明确、措施对路；抓住关键环节和重点项目集中推进，统筹各类资源力量，发挥带动示范作用。

3.市场主体的培育者

政府部门联合运用多种措施，以培育大型跨国企业为目标，集中有限资源进行精准支持，打好服务走出去企业的组合拳；支持市场主体开展境外投资合作，创设良好的发展环境和支持政策，推动谈判磋商，有效利用多双边机制、对外援助等平台发展壮大走出去企业。

4.公共服务的提供者

政府部门推动农业走出去的举措主要体现在重大项目实施、重点任务跟进、重要举措出台、机制平台搭建、信息支撑服务、人才队伍建设等方面。各类资源经过集中整合、分类施策，从财税、政策、信息、咨询等角度，发挥政府作用，提供支持保障。

5. 战略落地的护航者

政府部门具备横纵联合、内外结合的优势。对内协调各部门、对外协调各区域，横向发挥部际联席会议成员单位资源优势，纵向统筹中央到地方上下一条线，统分结合、互为支撑。全国一盘棋的立体网络架构可以协调各方共同实施战略项目，出台配套政策，支持农业走出去的工作。

（二）相关工作进展及成效

农业走出去是国家战略的一部分，农业部门是推动农业走出去的主管部门，通过针对性措施集中发力；而非农部门主要通过普适性政策覆盖农业走出去领域。在实践层面，中央部门宏观指导定方向，地方部门落实战略出举措，由于地域不同，地方自主权和灵活性各异，特色创新模式不断涌现。

1. 非农部门多措并举，创造走出去发展环境

政府各部门在"走出去"领域出台了多项改革措施，重点围绕简政放权，将对外投资的核准制向备案为主、核准为辅转变，各部门从激励、服务、监管、协调等方面进一步完善我国"走出去"的政策体系，以"一带一路"建设为抓手，逐步执行改革措施。

第一，全方位构建"走出去"协调体系。政府通过推动多边贸易谈判进程，促进多边贸易体制良好发展，推动我国同更多国家签署高标准双边投资协定、税收协定、互免或简化签证手续；通过二十国集团领导人峰会等高层论坛，加强同各区域交流合作，不断扩大走出去范围。外交部以全面战略伙伴关系、面向未来的新型合作伙伴关系、创新全面伙伴关系、创新战略伙伴关系、战略伙伴关系、全方位合作伙伴关系为走出去构建良好的国际协调关系。

第二，加强对外投资规范引导。2017年，《关于进一步引导和规范境外投资方向的指导意见》和《民营企业境外投资经营行为规范》相继发布，对境外投资领域做出明确规定，提出实施分类指导、完善管理机制、提高服务水平、强化安全保障等政策措施，并从完善经营管理体系、依法合规诚信经营、履行社会责任、注重资源环境保护和加强境外风险防控等方面对企业境外投资经营进行引导和规范。

第三，借力"一带一路"建设推动投资合作。2014年以来，我国以"一带一路"建设为走出去的重要抓手，探索与沿线国家建立以企业为主体、以项目为基础、各类基金引导、企业和机构参与的多元化投融资模式。商务部建立了"走出去"公共服务平台，以服务沿线国家为重点，提供国别投资合作指南、统计查询、安全风险防范等服务，并通过认定境外经贸合作区推动国际产能合作，发挥辐射集聚作用。

第四，提升监管体系的便利化与安全性。自2014年起，国家发改委、商务部、国家外管局简化了境外投资、并购和对外工程承包的审批、备案和登记程序，下放审批权限，加速了我国走出去的规模和步伐。同时，外管局强化银行的培训指导和事后监管，加强对走出去外汇情况的监测。国资委加强对国有资产走出去的监管，更强调战略规划引领、聚焦主业、境外风险防控和境外资产安全。

第五，多角度完善"走出去"服务体系。商务部、财政部出台关于对外直接投资、对外劳务合作业务的统计制度标准和风险处置备用金制度，构建多种方式的监测渠道和保障措施。各部门从财税、金融、优惠贷款、保险等方面陆续出台配套政策，提供境外投资的风险预警、投资促进、权益保障等便利服务，提高海外安全保障的能力和水平，强化涉外法律服务，并注重发挥行业协会、中介组织的作用。

第六，借助对外援助创新"走出去"模式。商务部于2014年明确提出，我国对外援助的方式包括成套项目、物资项目、技术援助项目、人力资源开发合作项目、志愿服务项目。对外援助在帮助其他国家发展的同时，也促进了中国装备、技术、产业、企业、人才及模式的走出去，拓展了援助模式，丰富了走出去内涵。

2.农业部门全力推动农业走出去提质增效

以农业农村部为统领的全国农业系统，从战略布局、协调机制、服务体系、主体培育等方面实施了一系列举措，通过多双边机制建设、国际交流、发展援助等途径推动农业投资、贸易和科研合作，不断搭建走出去平台，明确走出去的重点方向和模式，推进与重点区域的战略互信和投资经贸合作，努力开创农业对外合作的新局面。

第一，农业国际合作机制日益健全。截至2019年底，我国已与全球140多个国家建立了长期稳定的农业合作关系，与60多个国家建立了稳定的农业合作机制。在多边机制方面，我国与联合国粮农组织、联合国世界粮食计划署、世界动物卫生组织、国际农业发展基金、世界银行、非洲联盟等组织建立了长期稳定的农业合作关系。农业合作成为领导人出访、高层互访的重点关注、重要议题，成为"一带一路"建设的重要内容和基础支撑，成为新型大国关系的重要组成部分，成为改善外交关系的重点领域，成为与新建交的国家的优先合作领域。

第二，农业对外投资初见成效。走出去企业的投资范围遍布全球近百个国家和地区，重点区域主要集中在欧洲和亚洲。产业结构涵盖粮棉油糖胶、畜牧渔业、农资农机等多个类别，产业链涉及科技研发、生产、加工、流通、贸易等各个环节。投资方式日趋丰富，对外并购投资较为活跃。截至2019年上半年，中国农业对外投资存量达205.3亿美元，较2003年底增长了22倍；中国在境外投资设立了

934家农业企业，平均投资规模超过2 000万美元；中国累计雇用参与国员工超过10万人，在东道国缴纳税金近4.7亿美元，社会效益明显。

第三，农产品贸易快速发展。入世后，我国成为全世界最开放的农产品市场之一，随着市场开放度的大幅提升，农产品贸易快速发展。2019年，我国农产品贸易额达到2 300.7亿美元，已成为全球第二大农产品贸易国和第一大农产品进口国，是谷物、棉花、大豆、猪肉、羊肉最大的进口国，蔬菜、水产品最大的出口国。粮棉油糖等大宗农产品的进口弥补了国内不足，畜产品、水产品等进口丰富了农产品市场供给，特色优势产品出口带动了国内产业的提质增效和农民的就业增收。

第四，农业科技合作成果突出。科技支撑是推动农业走出去的核心要件。近年来，我国农业科技合作范围不断扩大，农业技术和产品遍布亚、非、美、欧150多个国家和地区，育种、植保、畜牧医药、农机等领域的多项新技术和新产品实现了走出去。我国在帮助目标国实现农业技术进步的同时，促进了农业先进适用技术、农业技术装备、农业科技服务的输出与产能合作，进一步开拓了农业生产技术和农产品国际市场，促进了农业科技创新要素的跨境流动。

第五，农业走出去外溢效应明显。农业走出去有效促进了我国农业先进品种技术、优势产能与合作国农业资源的有机结合，带动了当地粮食、经作、畜牧、农产品加工等产业的发展。与投资相关的农业技术试验示范、培训推广等工作普遍受到当地欢迎。农业走出去在服务当地社会稳定、经济发展的同时，增进了民心相通、政治互信，为改善发展中国家农民生活、实现粮食安全和农业可持续发展做出了积极贡献。

（三）存在的问题

一是走出去发挥多双边机制作用不显著。中国需要与各国，尤其是"一带一路"沿线国家通过条约、国际组织、多双边协定建立国际合作体系，为走出去构建紧密的支撑保障网络。国家有关部门出台的走出去促进政策，大多数偏重于经济合作领域，参与经贸规则制定、构建新型国际关系还有待补足。现有多双边机制对于农业投资合作的实质内容较少涉及，支撑保障力度较弱。

二是走出去顶层设计与东道国战略对接和文化相融不充分。当前走出去主要侧重产能和资本输出，但"一带一路"沿线国家有不同的宗教信仰和自身发展战略，尤其农业产业是各国的基础性产业和战略产业，单纯从经济效益和产业优势角度进行投资，而忽略与东道国农业发展战略及社会文化的融合，会直接影响投资效益及企业发展，亦无法实现共建、共享、共融的合作目标。

三是走出去目标与国内农业农村经济发展协同不深入。走出去的方式和途径多种多样，但主要目的应是更好地保障国内农业农村经济发展。当前农业走出去对国内农业农村的保障作用不明显，未充分衔接国内发展战略，包括粮食安全新战略、乡村振兴战略、质量兴农战略等。根据2018年的统计数据，走出去企业掌控的重要农产品返销国内量仅占总进口量的不到1%，对保障重要农产品有效供给起到的作用微乎其微。

四是政府部门之间协调配合和内部联动均不充分。农业对外合作部际联席会议成员单位各自在保障重要农产品供给、维护国家粮食安全、推动企业对外投资方面拥有很多资源，并出台了系列举措，但部门之间缺乏信息共享和政策协同，综合型支持体系还不完善，促进农业对外合作的组合拳尚未形成。此外，农业部门内部各单位之间尚未形成合力,难以提升走出去的工作成效。

五是走出去缺乏丰富手段和得力举措。我国虽有战略规划和顶层设计,但重点任务推进慢、保障措施落地难、政策创设瓶颈多。对国家战略意图的宣讲的不到位,对企业的主动服务和政策引导的不足,导致走出去主体行为与国家战略出现错位。走出去企业的全产业链布局能力有限,对关键环节、关键资源的掌控能力不足,大型涉农主体的培育成效不显著。政府部门落实国家战略推进农业走出去的思路和能力有待进一步提升。

二、政府部门是农业走出去的职能保障

政府职能也叫行政职能,是指行政主体作为国家管理的执行机关,在依法对国家政治、经济和社会公共事务进行管理时应承担的职责和所具有的功能,主要包括运行职能、决策职能、组织职能、协调职能、控制职能和监督职能。它体现出公共行政活动的基本内容和方向,是公共行政本质的反映。政府部门推动农业走出去,是要充分发挥政府职能,处理好政府和市场的关系,推动走出去的高质量发展。

(一)政府部门职能转变为农业走出去主体创造良好环境

政府部门是行政体制改革和经济体制改革的执行者,涉及政府权力结构变革、政府组织机构调整、政府职能转变、行政管理制度以及行政手段创新等。核心问题是使市场在资源配置中起决定性作用和更好地发挥政府的作用。农业走出去不单是市场行为,还涉及国家战略实施,政府部门职能作用的有效发挥。因此,政府部门推动农业走出去要从提供服务、提高效能、落实责任、创新手段、管理现代等方面

入手，更好地发挥自身在保持宏观经济稳定、加强和优化公共服务、保障公平竞争、加强市场监管、维护市场秩序、推动可持续发展、弥补市场失灵等方面的作用，从而创造有利于走出去主体发展的良好环境，激发市场主体活力。

（二）政府部门的支持是农业走出去发展壮大的背后推手

纵观发达国家的市场经济，不论是以美国为代表的"自由市场经济模式"、以日本为代表的"政府主导型经济模式"，还是以德国为代表的"社会市场经济模式"，政府都一直深深地"嵌入"社会经济生活的诸多方面，从而为经济成功奠定基础。中国实践也表明，要实现经济的长期稳定发展，必须构建政府与市场相互嵌入、相互增进的互融共荣的新型关系。农业走出去不能让市场主体孤军奋战，政府部门掌握的丰富资源和综合工具，是推动走出去长远发展的强有力推手。在市场机制功能发挥的基础上，政府作用与市场融合互动，政府部门通过战略规划、顶层设计、布局引导、信息服务、支撑保障等措施，提高走出去市场主体的整体实力和全球竞争力，有效落实国家战略，提高动态资源配置效率，使市场主体有目的、有选择、有针对性地走出去。

（三）市场经济规律要求政府部门的职能作用与走出去的市场机制融合发展

推动农业走出去是社会主义市场经济体制的有力实践，政府与市场二者的关系决定了政府部门职能发挥的空间和作用点。政府这只"看得见的手"，与市场这只"看不见的手"，通过不同的方式发挥作用。政府部门作为公共权力的行使者、社会经济活动的管理者，在推动农业走出去的过程中，主要根据走出去大局和国家战略需要，依靠行政权力和体制机制，进行重要资源配置，调节重要利益关系。政府部门可以有效促进两个市场、两种资源的平衡发展，协调农业产业结构和优化生产力布局，为各类主体提供公共产品和公共服务，保障农业对外投资安全，创造有利的营商发展环境，加强农业生态环境保护等，发挥市场机制不具备的重要作用。

（四）政府治理现代化要求政府部门提高服务走出去的能力

推进国家治理现代化涉及社会主义市场经济条件下政府与市场、政府与社会、中央与地方、治理体系与治理能力、效率效益与公平正义等多方面的关系。十八大以来，党中央以深化"放管服"为重点，推进政府治理现代化。在"放"上做简政放权的"减法"，在"管"和"服"上做监管的"加法"和服务的"乘法"，目的是有效激发企业和市场活力，为经济新常态下的稳增长、促改革、调结构、保就业、惠民生、防风险发挥积极作用。政府部门推动农业走出去，就是在农业对外合作中，有效发挥政府职能作用，深入贯彻"放管服"要求，形成政府、企业、社会组织多主体的共同发展模式，构建"一元主导、多方参与、协同发展、交互作用"的基本格局和体系结构，提升相关主体的发展能力，保障农业走出去往深、往实走，取得长远进展。

三、政府部门在农业走出去中的职责和任务

习近平总书记指出："更好发挥政府作用，不是要更多发挥政府作用，而是要在保证市场发挥决定性作用的前提下，管好那些市场管不了

或管不好的事情。"[1] 从政府职能及政府部门定位来看，推动农业走出去要求政府部门做好引导、监管和服务，激发市场主体活力，使市场行为目标与国家战略目标有机结合，服务经济社会的健康可持续发展。

（一）政府部门的主要职责

1. 把握发展方向，加强统筹指导

政府应制定农业走出去国家战略，完善境外投资中长期发展规划，加强对走出去的统筹规划和指导；依托重要产业，聚焦重点区域、重点国家，设计重点项目，加强政企统筹，充分利用两个市场、两种资源，坚持互利共赢、合作发展，坚持内外联动、以外促内，抓住发展这个最大公约数，切实推进战略规划的落实，促进关键项目的落地。

2. 强化制度创新，建立协作机制

政府应在国家战略规划的指导下，健全财政、货币、产业、区域等经济政策协调机制，构建政府引导、企业管理、市场运作、体制保障、民间促进的农业走出去合作机制；注重优化产业结构，转换投资模式，培育要素市场体系，加强事中事后监管，建立与国际高标准投资和贸易规则相适应的管理方式，健全保障农业对外投资安全的体制机制。

3. 搭建合作平台，促进要素流动

政府应利用多双边合作机制，搭建多层次交流合作平台，通过确定合作原则、明确重点领域、支持交流互动等形式，促进农业生产要素的有序流动、市场资源的高效配置；积极开展农产品贸易、南南合作、境外农业技术试验示范、人力资源开发、国际农业展览等活动，

---

[1] 人民日报. 主动适应、把握、引领经济发展新常态 [EB/OL].(2016-05-03).http://www.xinhuanet.com/politics/2016-05/03/c_128951454.htm.

推动农业经贸、科技、人才、信息等领域的交流与合作,为走出去主体架设多种渠道、丰富多样的对外合作桥梁。

4. 推动投资便利,激发主体活力

政府应推进境外投资便利化,完善境外投资法规,支持企业以绿地投资、并购投资、证券投资、联合投资等方式进行投资合作,鼓励有实力的企业采取多种方式开展境外基础设施投资;创新境外经贸合作区和农业示范区发展模式,支持优势产能和先进适用农业技术与标准走出去;引导企业编制中长期国际化发展规划(与国家战略、东道国发展战略相结合),在境外依法经营,履行社会责任,树立良好形象。

5. 完善公共服务,健全政策保障

政府应加强农业走出去的公共服务信息平台建设,提升信息服务国际化水平,提供高附加值的政策支持和投资促进咨询;健全对外投资政策和服务体系、对外开放安全保障体系、海外利益保护和风险预警防范体系,加快同有关国家和地区签署投资协定,完善领事保护制度,维护海外同胞的安全和正当权益,保障重大项目和人员机构安全;发挥中介机构作用,培养一批国际化的设计咨询、资产评估、信用评级、法律服务等中介机构。

(二)政府部门的重点任务

1. 提高农业开放发展水平

政府应通过完善多双边机制,推动贸易和投资的自由化、便利化,推进引进外资与对外投资的有机结合,发挥我国农业技术优势,促进其他国家和地区农业生产能力的提高;通过各类投资合作机制和国际组织平台,分享我国农业发展的成功经验,推动有关国家营造良好的投资环境，从而提高双向开放水平。

2. 增强企业国际竞争力

政府应创新农业对外投资方式，促进国际产能合作，形成面向全球的贸易、投融资、生产、服务网络，构建农业对外投资全产业链、全球农产品供应链、农业合作价值链体系，积极建设"一带一路"农业国际合作新平台，增添共同发展新动力。

3. 拓展改革发展新空间

政府应建立市场配置资源新机制，形成政府与市场之间互融共荣的新型关系；推动引进来和走出去更好结合，促进国际国内要素有序自由流动、资源全球高效配置、国际国内市场深度融合；提升参与和引领农业国际经济合作的竞争力，服务国内农业供给侧改革，保障国家粮食安全。

4. 形成国际合作竞争新优势

政府应以正确义利观推动我国与世界各国共同发展，构建互利共赢、多元平衡、安全高效的开放型经济新体制；加速培育产业、区位、营商环境和规则标准等综合竞争优势，协助广大发展中国家提高粮食生产能力，推动解决全球粮食安全，建设合作共赢的开放型世界经济。

（三）农业部门的牵头责任

1. 建立重要机制

农业部门牵头组建农业对外合作联席会议制度，要建立定期联络机制和协调会商机制，确定年度工作要点，落实各部门分工方案，有针对性地开展工作，进一步统一共识、明确思想；对农业走出去重大问题和重要举措集中会商、联合攻关，推动形成步调一致、力量汇聚、同频共振的良好工作局面。

2. 搭建协同推进网络

农业部门作为牵头部门，在横向层面统合外交、财政、商务、发改、海关、金融等各部门力量，协同推进农业走出去；在此基础上，在纵向层面引导各成员单位将推动农业走出去作为工作内容之一，在联席会议制度框架下，打造服务国家战略实施、加快推动农业走出去的"上下+横纵"两个联合，构筑推动农业走出去的基本保障格局。

3. 推动改革创新先行先试

农业部门要依托联席会议整合各部门职责，在推动农业走出去各领域中发挥主导作用，真正推动信贷、融资、检验检疫、税费、进出口目录、配额等有关疑难问题的解决或便利化；针对重大项目或目标区域开展整体的创新试点，将先行先试经验和政策集成推广应用，以推动整体突破性进展。

4. 推进重大项目实施进展

农业部门要与各部门积极探索、联合行动，根据顶层设计和战略规划，组织重大项目实施，支持市场主体发展，聚焦重要产业、重要农产品、重大战略项目，在税收、海关、财政等方面，制订针对性强、可操作的实施方案；制定监督考核机制，密切跟踪重大项目的工作进展，提升执行力和公信力。

5. 营造良好的外界参与氛围

农业走出去需要各方支持，农业部门应加强对外宣传推介力度，不仅要将农业走出去上升到国家战略，还要深入基层对外合作战线，营造全社会积极推动农业走出去的良好氛围；积极利用区域交流合作机制，有效推介农业对外合作项目，强化政府间合作协议对农业双向投资合作的保障作用，打造对外合作的最大公约数。

四、政府部门推动农业走出去的举措建议

党的十九大提出，对外开放的总目标是"以'一带一路'建设为重点，坚持引进来和走出去并重，遵循共商共建共享原则，加强创新能力开放合作，形成陆海内外联动、东西双向互济的开放格局"。当前，农业对外合作已成为"一带一路"建设的重要领域，是沿线各国打造命运共同体的最佳结合点之一。政府部门推动农业走出去要深入贯彻五大发展理念，进一步转变政府职能，优化管理制度，创新手段方式，推动新时期农业走出去的更好更快发展。

（一）着眼互利共赢，加快重点产业、重点区域布局

政府应从资本输入国思维转向资本输出国思维，依托陆海商路等关键战略通道及重大基础设施建设，将农业走出去与国内开发开放、军民融合发展和农业对外援助相结合，加快重点产业、重点区域布局；选取具有农业开发潜力的区域，充分对接目标国发展战略，找到各方利益交汇点，支持企业根据不同区域国别，采取联合经营、订单生产、收购农业企业和设施、购买或租赁土地及农场等多样化投资方式，构建完整农业全产业链，培育具有国际竞争力的跨国涉农企业集团。

（二）实施差异战略，创新农业对外投资方式

政府应针对发达市场与发展中市场的差异，有选择地确定农业走出去的方式，实现内外部要素的互补互利。对于发达国家，政府应重点引导和扶持农业技术贸易和服务贸易，带动国内农业技术进步和产业升级；以企业并购、专利品牌购买、营销网络建设等形式进行投资，推动大型走出去企业进入高端消费品和现代服务业。对于发展中国家，

政府应引导和扶持企业积极开展农产品货物贸易，即以生产、加工、流通和适用技术转移进行实体投资，建立产业链关系，带动其经济发展，实现互利共赢。在金融领域，政府应将外汇储备更多地转化为国际投资资本，壮大我国对外资本实力，带动国内农产品、技术、人才和服务走出去，推动资本账户的开放和人民币的国际化进程。

（三）深化政府机制，为农业走出去争取外部环境

政府应注重友好合作，通过签订经济合作和自由贸易协定建立合作关系，通过双边、多边关系及国际秩序、规约的建立和完善，争取对外投资贸易的便利化条件，将农业双向投资作为政府间协定的重要内容；主动参与涉农国际规则标准的制定，加强国际粮农事务和农业政策协调，为企业营造公平、宽松的海外投资环境；加快国内自由贸易区建设，为我国企业参与国际竞争积累更多经验，创造更加便利的条件；加快国际自由贸易区谈判，为走出去企业寻求更为广阔的发展空间，不断提升我国农产品贸易和农业对外投资的水平。

（四）理顺工作机制，充分发挥联席会议作用

联席会议是政府部门目标协同、政策协同的重要载体。政府要不断完善农业对外合作部际联席会议制度，进一步理顺工作机制，建立健全会议制度、协商制度、信息交流共享制度，以及重大问题研究、集中决策和政策评估调整机制，提高成员单位的参与感和主动性；以问题为导向建立台账制度，持续督促各部门推出更有针对性、更接地气的创新举措，积极构建农业走出去规划体系、支持政策体系、企业信用评价体系、人才队伍体系和公共信息服务体系等五大保障体系，集中力量推动重大战略项目落地，为农业走出去提供全方位的立体支撑。

（五）培育社会力量，构建政企社三方协作模式

政府应发挥宏观的跨域协同作用，构建与企业、社会组织相互协同、相互合作的网络治理新格局；通过协力、参与、伙伴、契约等方式，整合金融机构、研发机构、社会组织等多种资源，运用财政、金融、税收、保险等支持工具，为农业走出去提供资金支持、通道支持、技术支持等；依靠智囊团队和社会团体组建专家咨询委员会，为农业走出去发展战略和政策创设提供意见与建议，从而形成智库储备；支持协会、联盟等社会团体发挥第三方机构对于走出去企业的组织、规范、引导等作用。

（六）完善公共服务，提升走出去的支撑保障能力

政府应创新保险、财税、金融服务体系，针对不同国家和地区的投资风险制造差异化产品，在境外园区平台上搭建金融服务平台，通过金融衍生品业务、同业拆借业务、国际外汇市场等打通金融业和非金融业协同走出去的途径；完善走出去的公共信息服务平台、重点项目储备体系和走出去企业资信评价体系，搭建企业走出去的风险评价平台，针对不同地区打造风险评估体系，建立定期风险评估机制，设立企业走出去标准合同流程，提供订立合同风险指引；强化农业走出去的法律、税收、投资咨询中介组织的培育，进行科学的投资调查、可研评估与决策分析，以中介市场服务促进农业资本更好地走出去。

第八章

多双边合作是农业走出去的稳定器

习近平总书记指出："我国必须积极发展全球伙伴关系，扩大同各国的利益汇合点，不断完善我国全方位、多层次、立体化的外交布局，打造覆盖全球的'朋友圈'。"[1] 这些都是对当前多双边合作提出的工作方向和明确要求。我国正通过多双边合作提高在各领域的话语权，成为国际政治经济新秩序的引领者。农业走出去既是多双边合作的重要内容，也是多双边合作机制的重要服务对象。当前，农业走出去面临着诸多困难和挑战，需要多双边合作机制发挥稳定器作用。

一、多双边合作机制

（一）有关概念

国际合作机制这一概念目前还没有统一的定义。根据实践探索，我们认为，国际合作机制是指为适应各国自身发展的需要，政府或相应主体之间在调整政府对外合作关系中通过一定程序形成的，旨在规划政府合作行为、协调不同利益与汇合共同利益、促进合作的一系列

---

[1] 中国共产党新闻网．十七、构建人类命运共同体 [EB/OL]. (2019-08-14). http://dangjian.people.com.cn/n1/2019/0814/c117092-31293566.html.

有机联系的正式制度安排。国际合作机制是一种主动、人为设计的专业化制度安排，以通过一定程序达成的协议为载体，体现了主体之间的共同意志，构成对外合作不可或缺的"游戏规则"和制度环境。国际合作机制具备一般机制的4个要素：相关性、互动性、规程性、功能性。为有效确定国际合作机制的界限，本文将是否签订了相关的规程性文件作为主体间是否建立国际合作机制的依据。

根据参与的主体数量，国际合作机制可分为多边合作机制和双边合作机制，本文将其合称为多双边合作机制。为研究之便，本文所称多双边合作机制均为中国对外建立的国际合作机制。多边合作机制是指中国与两个及两个以上的国家，或者中国与有关国际、地区组织建立的合作机制，可以分为全球性合作机制和区域性合作机制，中国与国际组织、其他国家的合作也是其形式之一；机制的公开性和包容性强，来自国际社会的监督和约束使机制运行更加稳定，很难被轻易废除，但一致性意见较难达成。双边合作机制是指中国与另外单一国家建立的合作机制，参与机制的主体为两方；私密性强，谈判和交易成本低，但包容性低，稳定性差，撕毁合约的可能性大。

（二）多边合作机制与双边合作机制的关系

多双边合作机制是我国开展对外合作的重要平台，它们之间相辅相成、相互促进。多边合作机制是我国主动融入相关国际领域，参与规则制定，实现话语权的重要舞台，多边合作机制下工作的顺利开展为开拓新的双边合作机制、巩固已有双边合作机制提供了良好的外部条件和准备。以东盟与中、日、韩的合作机制为例，该机制不仅是中国融入东盟发展的重要平台，也为中国与东盟内部的一些国家加强双边合作提供了机会；2019年，该机制下的第19届东盟与中日韩农林部长会议在文莱召开，促进了双方农业部门高层领导之间的直接深入交流，双方决定成立双边工作组以推进相关工作。双边合作机制是我国与目标国之间开展有针对性的、具体务实合作的重要渠道，双边合作机制维护得越好，越有利于我国与目标国之间达成更加深入的合作"默契"，也越有利于多边场合下我国有关行动或倡议得到更多支持。例如，中国与非洲半数以上的国家开展了农业交流合作，并与其中20多个国家建立了长期、深入、多层次的合作机制，这些都为中非农业合作论坛等多边农业合作机制的建立奠定了坚实的基础。

二、发展历程与现状

新中国成立以来，与我国自身发展阶段和对外交往的利益诉求相适应，我国的多双边合作机制建设大致以新中国成立初期、改革开放、十八大为时间节点，可分为3个阶段。新中国成立初期的30年间，中国的外交重点在于维护以国家主权和领土完整为核心的国家政治利益；改革开放以后，中国的外交重点转为服务于中心工作和国家现代化建设，突出维护国家经济利益；十八大以后，中国开始注重国家治理现代化与全球治理再平衡相结合，即以"一带一路"等为重点，坚持引进来与走出去，坚持共商共建共享原则，主动参与和推动经济全球化进程，推动形成全面开放新格局。

目前，我国对外合作机制架构逐步从以双边合作机制为主向多双边合作机制并重并相互补充转变，参与主体多元化，合作领域和范围不断拓展，合作模式不断创新，机制体系不断完善。在与农业走出去有关的领域，国内主体以中央农业部门为主，横向上还包括投资促进部门、税务部门、发展援助管理部门、技术部门等其他中央政府部门，纵向上还包括省（自治区、直辖市）级及以下地方政府部门。这些部门互为补充，共同推动了农业走出去。

（一）农业部门多双边合作机制的发展历程与现状

作为世界上最大的农业经济体之一和最大的农产品消费市场之一，中国一直视农业为开展对外合作的重要领域。从20世纪90年代开始，中国的农业双边合作机制开始蓬勃发展，先后与印度、以色列、泰国、沙特阿拉伯、埃及、肯尼亚等亚非国家建立了双边合作机制。截至2020年3月，中国已与106个外国政府建立双边合作机制（见附录1），其中亚洲32个、非洲20个、欧洲30个、美洲17个、大洋洲7个，并通过与东南亚国家联盟（东盟）、非洲联盟、阿拉伯国家联盟（阿盟）、南太平洋岛国论坛、上海合作组织（上合组织）等地区组织与另外42个未建立双边合作机制的国家保持农业交流和往来。此外，中国还与日本及韩国、金砖国家、大图们区域国家、澜沧江-湄公河区域国家、二十国集团成员、亚太经合组织成员，以及联合国粮农组织、世界粮食计划署、国际农发基金、世界动物卫生组织、国际植物保护公约组织等国际组织建立了数十个多边合作机制（见附录2）。规模最小的多边机制仅涉及3个国家（如中日韩农业合作），最大的则涉及20多个国家（如亚太经合组织农业合作）。

农业双边合作机制的形式多样，有工作组、联合委员会（有的称为执行委员会或混合委员会），级别在司局级、副部级、部级不等。机制活跃程度也不等，有的根据计划每1~3年举行一次会议，讨论机制下的合作计划或具体事宜，比如中苏农业合作执行委员会自建立以来，每3年举行一次会议，有时甚至因为建立合作中心等特殊事宜需要讨论而不到3年就举行一次会议；有的会议则因为合作双方中任何一方的原因而不能定期举行，比如中日之间的副部级合作委员会会议因中日之间外交关系的变化而受到一定的影响。与联合国粮农组织等国际组织的合作是我国参与国际粮农治理的重要方式，不论是常规性缴纳会费还是提起项目倡议，都可以覆盖较广的范围。另外，有些多边合作机制设立在两国政府间建立的合作机制大框架之内，农业领域是其中的具体合作领域之一，中方在农业领域的话语权也与整体机制相当，如在上合组织合作、澜沧江-湄公河区域合作等由中国发起成立的机制中，中方明显有更多话语权和主导权，也给予了更大的政策和资金支持力度，这更有利于提出具体合作倡议。

随着农业走出去方兴未艾，农业多双边机制拓展了其作用空间，在以往的对外交往、科技交流、经贸合作内容之外，增加了服务农业走出去的功能，并通过争取优惠政策和条件、搭建平台、引导投资方向、防范风险、打通渠道等途径，为农业走出去发挥了稳定器作用。

（二）其他中央部门多双边机制发展历程与现状

截至 2020 年 1 月，我国已同 180 个国家建立了外交关系（见附录 1），同其中部分国家和有关国际组织建立了 112 个伙伴关系[1]，加入了 100 多个政府间国际组织，签署了 500 多个多边条约[2]，构建起全方位、多层次、立体化的外交布局。除农业农村部外，其他中央部门按照各自职能开展多双边合作，不断解决走出去企业面临的资金结算、投资准入、投资保护、投资待遇、争端解决等方面的问题，农业作为具体的行业领域，也从中获益良多。

---

1 其中亚洲 38 个、非洲 16 个、拉美 17 个、欧美 28 个、大洋洲 8 个，以及欧盟、东盟、非盟、阿盟和拉共体 5 个地区组织。
2 具体可见中华人民共和国-条约数据库，http://treaty.mfa.gov.cn/Treaty/web/index.jsp。

投资便利化是构建中国企业走出去良好外部环境的重要内容。我国通过"一带一路"互联互通，已经在区域层面初步构建了投资便利化国际合作框架，并在二十国集团、金砖国家、世界贸易组织和双边投资协定 4 个层面引领投资便利化国际合作。与国际贸易领域不同，国际投资领域中并不存在全球性协定。我国于 1990 年成为国际投资争端解决中心成员。作为缔结双边投资协定最多的国家之一，自 1982 年与瑞典签订第一份双边投资协定之后，截至 2020 年 3 月，我国已与 120 个国家签订了相关的双边投资协定[1]（见附录 3，占 188 个境外投资国家与地区总数的 70%），其中包括 56 个"一带一路"国家，并积极寻求同美国、欧盟[2] 在投资领域取得相应进展；与 44 个国家建立了投资合作工作组，与 22 个国家建立了电子商务合作机制，与 14 个国家签署了第三方市场的合作文件。此外，我国已与全球 25 个国家和地区签署了 17 个双边自由贸易协定（见附录 4），与 8 个国家建立了贸易畅通工作组，大大推进了贸易自由化的进程。

我国在金砖国家新开发银行、亚洲基础设施投资银行等多边合作机制下开展本币合作（本币授信、本币结算）、信用证保兑、信用评级等合作，参加东亚及太平洋中央银行行长会议组织、货币与金融稳定委员会等多边磋商机构的会议；推行人民币国际化，在一些国家设立人民币清算行，为当地使用人民币提供便利和支持。在《清迈倡议》的框架下，双边货币互换协议网络的构成实现了清迈倡议多边合作机制。部分金融机构在境外推行或参与的经济特区项目，有利于排除当地大环境的不利因素干扰，为充分发挥中国投资者的主动性创造出较

---

[1] 商务部公开数据为 131 个国家（2019 年 4 月），但其网站公布的数据和其他官方渠道公布的数据为 120 个国家。
[2] 中欧双方已于 2020 年 3 月 2—6 日举行了第 27 轮投资协定谈判，已进入文本和清单谈判环节。

好的小环境，从而以此为平台，吸引更多中国企业的投资。截至2018年，我国已与境外38个国家和地区的中央银行或货币当局签署了双边本币互换协议，总额度达3.67万亿元；与有关国家签署贷款协议（比如加纳），进行银团贷款、合作融资。

自20世纪80年代以来，中国就与经贸往来比较密切的国家和地区签订了以避免双重征税为主的国际税收合作协议，其为中国企业进行国际贸易和跨国投资提供了一定的便利。1983年，中国与日本签署了第一个避免双重征税协定。截至2018年底，中国已经与全球107个国家签订了避免双重征税协定（见附录5）。中国还与25个"一带一路"沿线国家建立了国际税收合作协商机制，构建了常规性的对话平台，这为中国企业对外投资创造了一个良好的税收环境，有助于保障中国企业的利益。2017年，我国加入税基侵蚀和利润转移行动计划，主动提出将"一带一路"沿线及其他发展中国家的诉求融入国际税收新规则。

（三）地方部门多双边合作机制的发展历程与现状

地方部门的对外合作与国家整体对外合作同频进行，其合作形式以双边为主。近年来，全国31个省（区、市）均加快了推动农业走出去的步伐，通过组建地方联席会议、开展投资促进活动等方式为农业走出去提供助力，其中更有河北、辽宁、黑龙江、浙江、安徽、江西、山东、湖北、湖南、广西、海南、云南、新疆等重点省份、自治区与国外农业部门或政府部门签署了多个农业合作协议（或备忘录），目的是与合作方建立长期的友好关系，开展多方面的农业国际交流与合作。如2017年海南省与乌干达签署合作协议，开启了我国与非洲热带国家的合作进程。

地方农业外事外经系统还参与当地政府建立的国际合作机制。2002

年，中国与东盟签署了全面经济合作的框架协议，启动了自由贸易区的建设进程，广西凭借其地理优势成为中国-东盟博览会的永久举办地，该博览会从2004年开始，迄今已举办16届，广西农业部门每年在该博览会期间组织农业领域的合作活动；广西与缅甸仰光省建立合作关系，并将缅甸试验站建设写入工作会议纪要。云南省建立了"云南-老挝北部合作工作组机制""云南-泰国北部合作工作组机制""滇越五省经济合作协商会""孟中印缅地区经济合作论坛""滇缅商务合作论坛"等多项合作机制，云南农业部门在上述机制下开展对特定地区的农业合作。

地方部门多双边合作多立足区位资源优势、企业自发走出去形成的优势或者实施援外项目的经验，与特定的合作对象形成了特定的合作方式，范围广、内容实，切实推动了区域内的农业走出去。比如，新疆、东北三省、海南、广西、宁夏等地立足区位资源优势，分别积极开发与中亚、东北亚、非洲、东南亚和阿拉伯国家的合作关系，通过政府部门双边对接、组织商务考察团等途径，为省内企业面向特定地区的投资创造了良好环境；河南企业自发对塔吉克斯坦等国进行投资，这为该省构建与相关国家的双边机制奠定了基础，机制的构建也进一步促进了投资；山东、四川、湖北、江西等省依托域内企业在苏丹、乌干达、莫桑比克、多哥等地承建的对外援助项目搭建了对外合作平台，引导省内企业"抱团出海"。

三、多双边合作机制推动农业走出去的成效

（一）主要成效

经过几十年的发展，我国的多双边合作逐渐进入了机制化、常规化轨道。在机制框架下，围绕国家整体外交和农业农村发展，我国在

区域合作机制中有效发挥了牵头作用，积极开展农产品贸易、"农业南南合作"、境外农业技术试验示范、农业人力资源开发、国际农业展览等切实有效的活动，推动了农业经贸、科技、人力资源、信息等领域的多双边交流与合作。尤其是2013年"一带一路"倡议提出以来，截至2020年1月底，已有138个国家和30个国际组织与中国政府签署了200份共建"一带一路"合作文件，这为农业领域多边合作开辟了更大的空间。多双边合作机制作为政府层面对外合作的平台，通过以下各种途径，促进了农业走出去。

1. 与部际联席会议互为补充，内外协调

农业对外合作部际联席会议是走出去工作的内部协调机制，多双边合作机制则通过统一对外窗口实现了外部对内部的促进。多双边合作机制下掌握的问题，反馈到部际联席会议，由其内部协调解决，部际联席会议机制下创设的政策、设计的项目则通过多双边合作机制实现真正的落地。2012年6月的"上海合作组织"北京峰会期间，作为会议的一项内容，中国国家开发银行（以下简称"国开行"）与吉尔吉斯斯坦农业银行正式签署额度为150万美元和1 200万元的融资贷款合作协议，按照协议，国开行提供至少150万美元和1 200万元的贷款，吉尔吉斯斯坦银行将利用这笔贷款，采用融资租赁的形式，帮助本国农民购买由一拖股份生产的东方红大轮拖；在国家电网巴西美丽山特高压输电项目中，巴西开发银行提供雷亚尔贷款，国开行为该部分融资提供融资性保函；国开行向俄罗斯外贸银行提供不超过120亿元的授信，用于支持具有"中资因素"的中俄企业贸易融资；2009年，国开行与美洲开发银行签署合作备忘录，开展多领域合作。

2. 结合目标国需求，积极引导

很多合作机制在宏观的科技合作协定、自由贸易协定或框架性的合作谅解备忘录基础上不断深入，使更加务实详细的动植物检验检疫协定、产业园区建设协定等陆续达成，这些协定与目标国实际需求的结合程度更加紧密，在企业投资方向上起到了一定的引导作用。东帝汶将实现粮食自给作为国家战略目标之一，袁隆平农业高科技公司从承担水稻援助项目出发，实现了杂交水稻在当地从无到有再到高产，2014年，中国和东帝汶发表《关于建立睦邻友好、互信互利的全面合作伙伴关系联合声明》，该声明高度评价两国在杂交水稻技术领域的合作；安徽丰原集团在匈牙利的柠檬酸项目和在巴西的玉米项目均切合当地实际，在国家领导人访问期间与当地政府或合作伙伴签署合作协议，保障了项目顺利落地和运营；新疆维吾尔自治区支持利华棉业股份有限公司在塔吉克斯坦进行农业投资，帮助塔吉克斯坦恢复农业经济，投资建设"国家级中塔现代化高产农业种植推广及产业园区"项目，利华棉业成为塔吉克斯坦农业投资最大的外方企业。

3. 搭建交往对接平台，创造条件

政府间通过多双边合作机制举行的很多活动，比如部长级会议、高层论坛、境内外展会、投资促进会、合作研讨会、商务考察等活动，搭建了交往对接平台，为企业找到目标国的投资伙伴创造了条件。近年来，在多边合作机制下举行的论坛活动既有中国国际进口博览会、中国国际投资贸易洽谈会、中国-东盟博览会、中国-亚欧博览会、中国-阿拉伯国家博览会等国家级大型展会，也有中国国际农产品交易会、江苏-澳门·葡语国家农业合作对接会等专业性及地方性活动[1]。在

---

[1] 其他例子还有金砖国家工商论坛、中国-亚欧博览会优质农产品贸易促进活动、中国-东盟国际合作展、中国（广西）-东盟蔬菜新品种博览会、中国（海南）国际热带农产品冬季交易会、西部（重庆）国际农产品交易会、敦煌"一带一路"农业合作国际论坛、中国国际有机博览会、中国国际调味品及有机食品展以及中国国际薯业博览会等

双边层面，依托各级双边机制搭建的平台覆盖多个国家[1]，其中包括中苏（丹）投资促进会、中意农业食品论坛、江苏-以色列农业企业合作对接会、俄罗斯伊尔库茨克-中国内蒙古商品展览会及德国科隆国际食品展、法国巴黎国际食品展、美国夏季优质食品展等；重庆投资1 000万元在坦桑尼亚建立"重庆农产品展示中心"，展销面积达4 000平方米，入驻企业有53家，在坦桑尼亚的6个省市建立了销售网点。

4. 开展科技交流合作，间接支持

各级各部门在多双边合作机制下开展的科技交流、人员往来、联合实验室和研究培训中心建设等，将我国的技术优势与目标国的资源优势与技术需求相结合，宏观上解决了当地的技术难题，为产学研融合奠定了基础，微观上便利了走出去企业寻找技术支撑。科技部以及各省科技厅设置专项资金支持有关科研机构与外方建立联合实验室或联合研究中心，比如中拉农业科技联合研究中心、中国-东盟农业科技创新联盟等。面向特定区域的多边科技合作为企业走进当地提供了契机。内蒙古农牧业科学院与蒙古国立农业大学合作开发当地天然药物资源，这为企业进入蒙古国市场开展兽药制造和销售开辟了道路；广西在越南建立了"农作物研究中心"，初步形成集品种研发、试验示范、种子生产加工、粮食生产加工于一体的现代种业产业园，吸引了更多种业相关企业入驻。

5. 部省联动一盘棋，共同推进

地方部门利用自身优势积极参与国家级的多双边合作，很多省份甚至成为一些合作机制的正式成员，参与或牵头开展各类活动，如浙江参加了中日农业交流促进委员会会议，山东参加了中国-苏丹农业合

---

[1] 包括德国、英国、以色列、韩国、俄罗斯、瑞典、匈牙利、荷兰、意大利、西班牙、加纳、乌克兰、乌兹别克斯坦、印度、阿联酋等。

作执委会会议，湖南参与了中国-乌干达经贸联委会机制和中国-安哥拉经贸合作指导委员会等国家级双边合作机制，河北省与美国艾奥瓦州开展农业合作项目对接。在农业农村部的推动下，某些省份与有关机构加强联系，有针对性地促进了省内的农业走出去，如安徽与农业农村部、世界粮食计划署共同签署了"金寨县猕猴桃价值链产业扶贫项目"协议，浙江协助世界粮食计划署与阿里巴巴签订了合作协议。地方部门也是积极履行和落实国家整体外交战略的重要支撑力量。湖南近年来乘着中非合作论坛的东风加强了与非洲的经贸合作，成为此类工作的典范。2015年以来，湖南先后举办了非洲国家驻华使节湖南行、湖南·非洲国际产能合作对接会、湖南·非洲地方产业合作对接会等大型经贸活动，开启了在非设立境外合作经贸园区新模式——埃塞俄比亚·湖南工业园，成功对接和推动了涵盖农业领域的对非合作项目。

（二）进一步通过多双边合作机制推动农业走出去

截至2018年底，农业对外直接投资在我国对外直接投资存量中的比重仅为0.9%，农业在行业领域内的弱势地位可见一斑。目前，国家级农业多双边合作机制覆盖的国家数量已占到全部已建交国家的81%，各级各部门也遵循一定的规律开展机制下的活动，但在推动农业走出去方面的作用还有待进一步发挥，这主要体现在以下几个方面。

1. 系统规划有待提高

我国在建立双边合作机制方面求多求全，为配合整体外交形势建立的机制多，主动根据我方需求建立的机制少；多边合作机制的数量和总体结构渐趋稳定，但在话语权和活跃度方面各有不同。总体来讲，我国对不同机制间的重要程度、主次地位研究不够，缺少对整个多双边合作机制体系明确的、系统性的规划和布局，与走出去的整体规划布局对接较少，从而产生了一定程度的脱节。

2.可操作性需要增强

目前，框架性机制较多，实体性和程序性保障机制较少，机制活动的开展多以举行政府部门间会议为主，成果以会议纪要、备忘录等形式为主，农业机制下的多数成果是科技、信息和人力资源合作开发的内容，涉及市场准入、投资环境、贸易、税收等实质性磋商谈判的协议不多。有些机制成果仅能为相关单位争取项目时提供依据。整体来看，现行多双边合作机制的形式重于实质，可操作性不强，对走出去的实质性指导和帮助不够。

3.落实机制有待巩固

各部门建立的很多机制仅为部门内部所知，既不为外界所知，也不在相关部门的重要业务考核范围之内，这导致机制工作的开展缺少约束力。机制下所签署的协议、纪要等，欠缺相应的落实手段，有很多机制协议没有通过组建联委会或工作组来落实，长期处于休眠或半休眠状态，也有一些机制协议到期后没有完成修订或者续签。相关部门仅在机制开展会议活动时收集相关材料并落实情况，具有随意性。机制的落实与走出去工作或隶属于不同的主管部门，或缺乏对应，不能在走出去协调工作中发挥重要作用。

四、多双边合作机制发挥稳定器作用的路径

多双边合作机制是相关政府部门通过交流、磋商、协调后形成的、双方或多方认可的固定合作框架和制度性安排，可在多个方面促进农业走出去"稳定器"作用的发挥。

（一）争取政策和条件

双边合作机制的顺畅沟通有利于双方尽快签订双边投资协定、自由贸易协定、金融协定、税收协定等机制性文件，争取目标国的优惠政策和条件。双边投资协定的内容主要以负面清单、准入前国民待遇、投资争端解决、规避征收风险等为主；中国与一些国家也单独签订了使投资便利化的双边协定，以便解决投资过程中面临的技术性问题。签署自由贸易协定可以消除双边之间大部分货物贸易的关税或非关税贸易壁垒，也能够降低部分产业的市场准入门槛，更好地推进投资便利化，保证资本、技术等生产要素在双边自由流动。金融合作有效避免了经贸投资中的外汇风险，并利用其他国家贷款解决境外投资的融资问题。税收协定一方面通过规范税收管辖权以及明确受益所有人避免对纳税主体双重征税，另一方面规定了股息、利息、特许权使用费等预提所得税税率，这些低于目标国国内所得税税率的协定税率可以减少跨国企业的税收负担，从而对企业的对外投资活动产生积极影响。

（二）创造环境搭平台

多双边合作机制下设立的中国国际进口博览会、中国国际投资贸易洽谈会等国家级大型展会是为全行业领域创造良好的投资合作环境的平台，农业领域也单独组织了许多专业性会议、论坛、展会等，它们既为企业提供了服务，又降低了企业市场开拓的成本。针对俄罗斯、东盟、澳大利亚等农业走出去的重点国家和地区[1]，以农业农村部为主的中央和地方部门通过多双边合作机制采取了编制共同开发规划、积极融入区域经济体、构建产学研链条等方式，进一步推动了上述地区

---

1 截至2018年底，我国在上述地区的农业投资存量占在该区域投资总额的比重远远大于0.9%的平均值，分别为21.3%、4.8%和2.9%。

的农业走出去。园区建设也是搭建走出去平台的重要途径。商务部通过考核确认了国家级境外经贸合作区争取免税、免进出口登记许可、投资成本核减等优惠条件，比如免征埃及苏伊士运河经济特区内的企业经营所需的各种材料和设备的关税、销售税和其他税费；2017年，埃及本地颁布的《投资法》规定，该特区可享受投资成本核减50%的优惠政策。

（三）引导方向防走偏

企业制定走出去战略通常是在自身发展的基础上，从市场、技术等方面考虑之后做出的决策，主要是微观层面，且集中于自己熟悉的领域，比如原来从事的产业领域或者产业链的上下游。但是对于宏观层面上哪些领域、产业是走出去目标国重点发展的领域和产业，哪些是中国与该国合作的重点方向，哪些是不鼓励的甚至禁止的领域，企业不易及时、准确掌握，因此，通过多双边合作机制从政府间的高度来为企业明确发展方向，可以防止企业因不熟悉目标国政策而遭受损失。国家发展改革委、商务部、人民银行、外交部联合发布的《关于进一步引导和规范境外投资方向指导意见的通知》中提出，深化国际产能合作，加强与境外高新技术和先进制造业企业的投资合作，鼓励在境外设立研发中心；着力扩大农业对外合作，开展农林牧副渔等领域互利共赢的投资合作，此为正面鼓励的领域。此外，为了规避境外投资风险，国家还设置了限制和禁止投资领域。

（四）保护投资避风险

政府间签订的投资协定、自由贸易协定、税收协定本身是一种符号，作为国家间的法律，具有法律约束力和强制力，体现了缔约双方国家促进投资的意志，相当于为企业提供了国家层面的投资保护，并通过免征收条款、损失补偿等约定从宏观上为投资提供了普适规则，起到保护投资、避开风险的作用。一些中小企业的灵活性强，投资决策快，往往能够在短期内履行投资决策、投资落地等步骤。但是投资落地后，企业也经常会面临一些原先预想不到的困难。这时企业通常会想到向政府机构寻求帮助，形式之一便是希望将投资项目纳入相应的合作机制。合作机制一般不会为这些项目提供资金，但是，纳入合作机制意味着企业增加了一份保障，在目标国政府部门层面多了一些辨识度，有助于企业提高安全感，继续深入投资运营。此外，多双边条约或协议规定了敏感国家和地区，双边合作机制有助于掌握目标国的相关标准，国内的审批和备案手续可以限制企业赴敏感地区进行投资，明确要求不得使用不符合目标国技术标准要求的落后生产设备以及不得违反目标国环保、能耗、安全标准等，这起到了减少风险的作用。

（五）协调推进通渠道

企业走出去的过程涉及与国内外多个政府部门打交道，比如海关、质检、投资管理部门等，与这些部门一一交涉是一件费时费力的浩大工程，很多企业甚至被卡在其中的某一关。多双边合作机制的建立一般是在相关国家的特定部门之间首先建立连接，随着机制的发展和成熟，其他相关部门也加入了，最终形成了统筹协调的多部门联动，打通相关国家之间的合作渠道。比如重点项目可以通过专项合作协议得到统筹推进。此外，多双边合作机制也可以通过开展服务的方式为走出去企业打通渠道。单个企业开展走出去所需的人才培训、政策咨询、信息搜集、市场分析、风险防范等工作的成本高、效率低，只有当特定部门从公共利益出发以"打包""批发"方式提供这些服务时，规模经济才能实现。例如，将培训、咨询、信息等服务纳入相关合作机制中，由国内外相关部门统一提供多维度服务，既为企业降低了成本，也实实在在为企业解决了后顾之忧，让企业的走出去更深、更稳。

五、多双边合作机制发挥稳定器作用的保障

建立和维护多双边合作机制，涉及国内外多个部门和机构。以促进农业走出去为出发点，完善多双边合作机制应坚持以下几个做法。

(一)加强规划，提高多双边合作机制推动农业走出去的系统性

在当前实际工作中，多双边合作机制和走出去分属不同部门管理，在内容设置、项目安排、效果评价上还存在不同程度的分割和断裂。有关上级部门应高度重视多双边合作机制对走出去发挥的重要稳定器作用，将分属不同部门的多双边合作机制建设和走出去工作高度融合，通盘考虑。我国应加强部门间的横向情况沟通和信息共享，如新机制建立时设计更加针对走出去的内容条款，旧机制开展活动或者进行修订时增加走出去的内容；将不涉密的多双边合作机制信息通过多个渠道对外公开发布，提高走出去主体对机制内容的了解程度，以达到"文尽其用"的效果。在建立新机制方面，我国应主动思考，着眼长远，循序渐进。未来5到10年，我国在清晰定位国际农业治理体系中的角色的基础上，开展多双边合作机制的中长期规划，我方需要、可以发挥积极作用的机制应及时建立，我方暂不需要、作用可能不大的机制，则应从长计议，不应求多求全。在维护现有机制方面，我国应根据目标国资源禀赋特点、我方产业需求和走出去企业的优势与能

力，分析确定不同区域、不同国别的多双边合作机制的战略重要性、合作难易程度，实现广覆盖、多层次、有侧重、分主次的多双边合作机制体系。

（二）立足当前，提高多双边合作机制内容的实效性

我国应遵循互利共赢的要求，兼顾各方利益和关切，寻求利益契合点和合作最大公约数，把各方优势和潜力充分发挥出来；加强与目标国合作，将合作纳入有关国家和地区的总体规划，充分发挥现有多双边高层合作机制的作用；在目前的合作大框架的基础上，应主动设计，与合作方协商编制出因地制宜、因地而异的合作内容；明确重点合作产业领域，为该领域合作提供政策、方向上的指导；提出有针对性、符合双方需求、具有可操作性的核心项目，将项目设计与推进纳入多双边框架，实现重大项目建设的机制化、常态化，降低项目实施面临的政治风险；既要虚实结合，又要长短结合，促进企业实践与政府服务实现有效对接。通过调查研究，政府应尽可能全面地收集、梳理、掌握企业在目标国对外投资贸易过程中普遍存在的对于通关政策、质量检验、当地市场准入政策等各方面的诉求，并在机制文件中纳入企业的普遍诉求，必要时在机制设计和谈判环节引入专家意见；利用多双边合作机制形成农业走出去的拉力，为一般项目落地争取目标国的政策、条件和支持。这些工作的开展既有助于已进入目标国的企业更加便利地开展工作，解决其经营过程中的部分问题，也有助于尚未进入的企业进一步树立信心，加快走出去步伐。

（三）兼顾内外，提高多双边合作机制活动的参与度

在机制组织方面，我国应做到内外兼顾。对内，我国应本着开放

包容的原则，发挥农业对外合作部际联席会议制度的作用，将目前部际联席会议的概要性内容做实、做细，探讨从某一具体方面创设针对农业走出去政策条件的可能性；除发挥政府部门的作用外，我国可以在深入调研的基础上，将商会、协会等社会组织和重点企业纳入机制中，在有关机制活动中体现企业的诉求；开展机制下的展会、培训、会议、论坛时，配合组织形式多样的企业对接活动、投资推介活动等，实现相互促进、互为支撑，切实通过机制为企业走出去搭建平台。对外，我国应将双边投资协定与区域自由贸易协定进一步融合，在双边投资协定中补充准入后国民待遇及最惠国待遇条款；与更多目标国单独签订涵盖一揽子投资便利化措施的双边协定；与目标国就相关产业现状、市场资源条件等共同开展调查研究，掌握农业产业布局和生产要素的分布，明确目标国重点鼓励的农产品类别、农业产业链环节和对引入外资的投资方向要求，协调目标国提供农业领域负面清单，并将上述内容纳入多双边合作的相关文件中，以文字形式明确下来，并在特定范围内予以公布，便于有效引导走出去企业在目标国保持正确的投资方向，减少方向不明确或者与目标国不匹配带来的不必要的麻烦。

（四）注重落实，提高多双边合作机制成果的实现度

注重落实是真正实现立足当前现实情况、经过细致规划、兼顾内外诉求的多双边合作机制成果的唯一路径。除提高思想认识外，确保落实的有效途径是逐步构建一套对多双边合作机制成果进行评估的体系。以农业农村部为例，具体做法是为本部门已有机制建立详细档案，确定具体负责部门，梳理机制下已开展的活动、取得的成果以及存在的问题等，在今后新项目立项、其他部门项目推荐等环节保持与机制

的关联性，主要推动重点机制下的项目；加强对相关项目的管理，定期更新机制下活动的开展情况，对于推动作用不明显的项目，查找原因，必要时停止为其提供资金支持；认识到农业对外投资在整体对外投资中的弱势地位，发挥本部门在农业对外合作部际联席会议中的牵头作用，梳理其他成员单位所创设的与农业走出去相关的多双边合作机制，增强对此类机制的掌握和应用能力，利用牵头身份增加相关机制和条款下的对农业有利的内容，并真正做到当农业走出去企业需要时可为其提供投资准入、争端解决、商品检疫等环节的特定服务；建立农业走出去相关国家级评估机制，对工作开展得好的机制加大支持力度，通过增加预算、增设项目等形式进行实质性推动。

第九章

对外援助是农业走出去的资源协同

十九大报告提出"加大对发展中国家特别是最不发达国家援助力度,促进缩小南北发展差距",这既是我国团结发展中国家的外交政策,也是我国履行大国责任、助力联合国可持续发展目标实现的重要途径。《中国的对外援助》白皮书将促进受援国农业和农村发展成为我国对外援助的优先领域,不断加大对受援国在农业和粮食生产领域的援助力度,旨在消除贫困和饥饿,推动受援国民生改善,打造人类命运共同体。改革开放以来,随着我国外交政策的调整、对外援助内容和深度的拓展以及受援国诉求的改变,我国的农业对外援助逐步从单向无偿援助的初步阶段,过渡到无偿援助、优惠贷款、技术及投资合作等多种互利合作形式的探索阶段,并且逐渐显现出对农业对外投资的协同作用以及在加快农业走出去方面的巨大潜能。

一、我国农业的对外援助

我国农业的对外援助始于20世纪50年代,在致力于自身发展的同时,始终坚持向经济困难的其他国家提供力所能及的援助,传播我国农业农村发展的经验、技术,提供人才、资金,促进受援国农业农村和经济社会发展。

（一）我国农业对外援助的发展进程

目前，国际上通用的是"发展援助"的概念，它是指"发达国家或高收入的发展中国家及其所属机构、有关国际组织、社会团体，以提供资金、物资、设备、技术等形式，帮助低收入的发展中国家发展经济和提高社会福利的活动"。我国的对外援助以帮助低收入发展中国家增强自主发展能力，丰富和改善人民生活，促进经济发展和社会进步为宗旨，更加强调受援国的发展需要和能力建设。农业对外援助是我国对外援助的重要组成部分，据统计，农业项目数占援外成套项目总数的 10% 左右，使用资金占援外资金总额的 2% 左右[1]。我国开展农业对外援助主要有 3 个方面的目标：一是提高受援国的农业生产能力及粮食安全水平；二是通过技术交流、合作研究、试验示范、培训推广、转移分享等多元化途径向受援国传播适用的低成本技术；三是进一步拓展我国与受援国的双边合作，为强化农业领域的投资贸易关系以及推动农业走出去创造条件。

我国农业对外援助主要经历了 3 个发展阶段。一是单向援助为主阶段（20 世纪 50—70 年代），主要特点是立足周边区域提供单方面的援助，支持受援国在农业领域的独立自主发展，此阶段的援助大大改善了受援国农产品的供需情况，深化了我国与受援国的双边友好关系。二是互利合作探索阶段（20 世纪 80—90 年代），改革开放后，我国把加强和扩大同第三世界国家的友好合作作为对外政策的重要内容，进一步加强了对最不发达国家的援助力度。为巩固援助成效，我国与受

---

1 《中国的对外援助》白皮书，2011 年、2014 年。

援国开展了多种形式的互利合作，特别是社会主义市场经济体制改革后，我国设立援外合资合作项目资金，用于支持国内中小企业与受援国企业在生产经营上开展投资合作，初步探索了按照市场经济规律开展对外援助的做法。三是全面深化合作阶段（进入新世纪），2000年中非合作论坛的成立标志着我国农业对外援助进入了全面拓展的崭新阶段，在此框架下提出的"八项举措"以及"十大合作计划"成为加快非洲经济发展的重要驱动力。农业对外援助更加注重"受援国的充分受益及援外项目的可持续发展"，更能发挥我国及受援国的优势，通过农业科技交流、农产品贸易促进、农业投资合作等手段，实现对受援国及合作国更加持续、更有成效的带动。2018年，我国组建国家国际发展合作署，其专门负责拟订对外援助的战略方针、规划、政策，统筹协调援外重大问题，推进援外方式改革。管理体系全面升级，对外援助在新的发展阶段下成为更高层次的外交布局。

（二）我国农业对外援助的主要内容

我国农业对外援助从物资援助开始，立足受援国实际需求，内容不断丰富延伸，主要包括5个类别。一是示范农场、农业技术示范中心、农业技术试验站和推广站建设，即通过新品种、新技术、新模式、新理念的试验示范，把中国的先进实用技术和改革开放以来积累的成功经验与受援国分享，帮助受援国提升农业生产和粮食安全水平。二是兴建农田水利工程，即配合受援国开展基础设施和水利工程建设，帮助受援国修建水渠堤坝，修缮供水系统及农田灌溉设施，完善产业配套，并积极促进当地农业发展和改善民生。三是提供粮食及生产资料援助，即在受援国发生紧急状况时，向受援国提供一定数量的粮食或农机、种子、化肥、农药和疫苗等农用物资援助。四是派遣农业技术人员和高级农业专家组，即通过多双边渠道派农业专家向受援国传授农业生产技术、经营理念和管理经验，提供农业发展咨询，强化对受援国的智力支撑。五是开展援外培训，即聚焦人力资源开发，以"授之以渔"的方式为受援国培训农业专家、技术人员、管理人员和农民，提高受援国的自主发展能力。

二、农业对外援助的成效

经过60余年的探索与实践，农业对外援助逐步成为中国符号的一部分，农业对外援助的"中国模式"形成了，得到了受援国的充分肯定，极大地提高了受援国的农业生产水平，推动了低收入国家经济社会的发展。

一是推动农业技术传播，提升了受援国的农业生产能力。截至2020年，我国已经帮助非洲国家建成了20个农业技术示范中心，示范中心的试验研究、人员培训、技术推广等功能逐步发挥，一批受援国学得会、用得上、离不开的中国实用技术已经应用于非洲的农业生产之中。苏丹示范中心持续推动棉花新品种研发，新品种的种植面积占到苏丹全国的95%；埃塞俄比亚示范中心高度重视技术推动，近两年累计培训当地农民1 000多人次；老挝示范中心将当地的玉米单产提高了近70%，将水稻单产提高了1倍。为进一步深化技术交流合作，我国在全球实施了上百个农业技术合作项目，科特迪瓦的水稻技术合作项目已经持续了20余年，项目所在地成为科特迪瓦水稻生产的高产区；隆平高科依托塞内加尔示范中心，2017年以来向当地推广了10个中国品种及18项适用技术，这成为中国援非项目的典范。截至2018年底，我国向全球28个国家和地区推广了杂交水稻种植技术，目前有40多个国家种植了杂交水稻，种植面积超过700万公顷，平均增产20%以上，年增产量可以养活3 000万人口[1]。示范中心和技术合作项目的实施，为受援国粮食增产和减少贫困提供了重要支撑。

二是加强基础设施建设，改善了受援国的农业发展基础。2018年以来，我国先后援助了吉尔吉斯斯坦灌溉系统改造项目，提高了该国2.2万公顷土地的供水保证率，4万农民因此受益；为马达加斯援建了200口水井，解决了约20万农村贫困人口的用水问题；为老挝修建了30个村庄的供水系统，显著提高了农民的生产生活水平；实施了援赞比亚日加工能力40吨的玉米粉加工厂项目，提升了当地社会的玉米粉加工技术；启动了援东帝汶粮食加工和仓储设施项目，将建成两座5 000吨产区储备粮仓，对于满足当地和周边地区用粮需求、完善受援国粮食生产、供给和流通体系意义重大。同时，我国还立足受援国需求，向受援国捐赠了大量的种子、化肥、农药以及农机具和加工仓储设备等生产资料，支持受援国农业生产。在部分国家遭遇粮食危机时，我国及时向受援国提供粮食和物资援助，帮助受援国克服粮食短缺困境，成为全球最大的粮食援助捐赠国之一。

三是提供人才培养支撑，强化了受援国农业发展的内生动力。人才资源是提升受援国自主发展能力的关键，2004年以来，中国累计为160多个国家和地区在华举办了1 000多期农业援外培训班，培训学员2万余名，学员范围覆盖非洲、拉丁美洲和加勒比海地区、亚洲、欧洲和大洋洲，为强化受援国农业发展的内生动力贡献了力量。2019年，在中非共和国举办的菌草技术海外培训班，培训了100名当地学员，加快了菌草技术的传播推广，为中非共和国农业发展开辟了新的方向；

1　资料来源：2019年国务院发布的《新时代的中国与世界》白皮书。

贝宁的培训班已经开展了3期，2019年围绕玉米高产技术培训了190名学员，推动了玉米实用技术和种植规范在实践中的应用；科特迪瓦的水稻技术培训班已经持续了4期，共培训学员270余名，为其实现水稻自给自足的战略目标提供了重要支撑；卢旺达热带粮食作物培训班也已进行了两期，共为卢旺达培训学员500名，显著提高了热带粮食作物的生产加工技术水平。援外培训是我国与受援国开展人力资源开发合作的重要载体，成为传播我国先进农业管理经验和农业生产技术的重要途径。

在取得显著成效的同时，部分援外项目在实施运营过程中也存在问题和不足。一是援助的内容模式与受援国的诉求结合不够紧密。我国对外援助的项目多是立足国内有比较优势的技术、经验、模式，有时对受援国经济及农业发展阶段的考虑不够充分，派出专家的专业领域与受援国需求之间存在一定的偏差，同时援助的时间较短，技术在当地的推广和延续存在一定困难。二是企业作为主要实施主体可能会弱化项目的公益性。援外项目的实施主体除了科研院所以外，主要是企业，企业对市场及行业较高的敏感度有利于项目的高效实施，但企业逐利的本性也可能会导致实施主体过度重视经济效益而忽视了项目公益功能的可持续发挥。三是部分受援国对援外项目的认识和理解不够准确。在项目实施过程中，我方与受援国会对项目的目标定位和可持续发展设想进行多轮沟通，但部分受援国对于中方的建议并未准确理解或充分接受，受援国的积极性难以调动，无法独立承担援外项目的后续运行，这直接影响项目的顺利实施和可持续发展。

当前，发展援助委员会在国际发展合作领域仍然占主导地位。1980年，《联合国第三个发展十年的国际发展战略》提出，发达国家提供的官方援助应该达到国民收入的0.7%，但数据表明近五年来该比例仅维持在 0.3%[1] 左右，且 2016 年以来一直呈现下降趋势。从总的援助规模来看（包括官方援助及私人援助），2018 年，发展援助委员会成员的发展援助规模降至 2 920 亿美元，下降了 49%，尤其是对援助需求最高的非洲的援助下降了 83%。随着全球经济下行压力加大，发达国家在发展援助领域的国际影响力将会持续下降。未来 10 年是国际格局重塑期，新兴市场和发展中国家将成为经济增长的重要驱动力，这个时期也是我国团结发展中国家力量的机遇期。我国的综合国力持续上升，对外援助意愿及能力进一步增强。随着"一带一路"建设和人类命运共同体构建的稳步推进，我国应该抓住机遇，充分发挥农业对外援助"中国模式"的优势，克服当前存在的问题和不足，逐步扩大农业对外援助规模，提升援外的层次和效果，扩大我国在国际社会的影响力。

三、对外援助是农业走出去的资源协同

我国的农业对外援助不仅有效支撑了受援国的农业发展，还配合了双方的投资贸易合作，发挥了对农业走出去的资源协同作用。从当前实践来看，对外援助与农业走出去在关键要素上高度一致，在传导机制上相反相成，在实施过程中相互作用。

（一）关键要素上高度一致

一是重点领域一致。农业对外援助以受援国需要及我国力所能及为导向，在形式上以技术合作为重点，配合人才培养及农产品农

---

[1] 发展援助委员会成员的发展援助数据来自 OECD，https://stats.oecd.org/。

资供给，在产业上涉及粮食、经济作物、畜牧、渔业，在内容上涵盖农业科研、种养殖、加工、仓储物流等，农业走出去同样立足我国优势及东道国诉求，在合作形式、合作领域及产业链环节上与对外援助有较高的重合度。二是重点区域一致。我国农业对外援助从周边国家开始，发展到社会主义国家及其他发展中国家，再到非洲国家，如今我国提高了对最不发达国家和其他低收入国家的援助比例，亚洲、非洲、拉丁美洲、大洋洲都是我国对外援助的重点区域，其中对亚洲和非洲的援助占到80%以上。从农业走出去来看，亚洲和非洲也是我国企业投资的重点区域，在这两个区域投资的企业数量占到走出去企业总数的70%，对外援助与农业走出去的重点区域高度重合。三是主要实施主体一致。农业对外援助早期的实施主体是政府，随着援助形式的不断丰富，企业依托其优势成为对外援助的重要实施主体，而农业走出去的实施主体是企业，两者在实施主体方面也具备一致性。

（二）传导机制上相反相成

农业对外援助多以技术援助为主要切入点。首先，农业对外援助通过试验示范、推广培训、转移分享，为受援国提供一批学得会、用得上、离不开的适用技术，激发受援国对相应技术的强烈需求。其次，农业对外援助以技术为先导，从技术所依托的产业出发，在受援国助推覆盖生产、加工、流通的农业全产业链合作，提升受援国的农业综合生产能力。最后，农业对外援助统筹平衡受援国、周边国家以及全球农产品的供需情况，帮助受援国建立稳定的国际主要农产品、生产要素的生产及销售渠道，为农业生产寻找或创造新的市场空间。通过技术示范带动产业合作、推进市场开拓是农业对外援助带动受援国农业发展的作用机制。而农业走出去则"以市场为导航灯",可以充分利用援外项目开拓的市场空间,引导企业到受援国开展产业合作,不断延长产业链条,并开展前端的技术合作。因此,农业走出去在技术、产业、市场的传导机制上的方向与对外援助是相反的,但又相互衔接、相互成就(见图9-1)。

(三)实施过程中相互作用

关于对外援助与对外投资的关系,学术界讨论较多,提出的主要效应有3种。一是正向的基础设施效应,即与基础设施及人力资本相关的援助项目能够间接或直接促进外资利用,但也有学者表示这种正向的效应只有在受援国与援助国制度距离接近的情况下才会显现,才会在中长期项目中显现以及在生产性、要素补充型援助项目中显现。二是负向的"摩擦效应",持这种观点的学者认为向欠发达国家提供

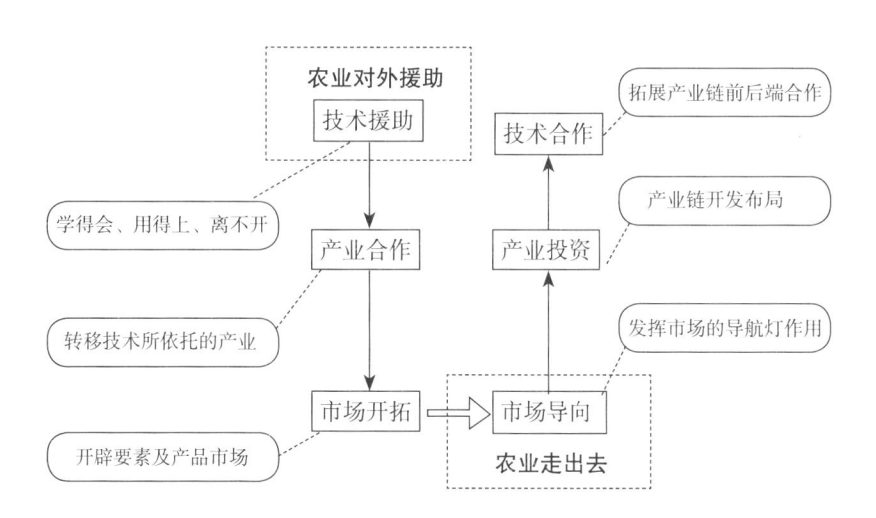

图 9-1 农业对外援助与农业走出去传导机制

发展援助容易助长腐败现象，导致政府与私人部门为谋取私利参与寻租活动，抑制外资流入及本国经济发展。三是正向的先导效应，包括信息搜集和降低风险等，其强调援助会通过获取海外经验和受援国信息，对直接投资发挥先锋促进作用，同时认为援助在部分受援国具有对投资风险的调节效应，特别是对政治风险的削弱。从对外援助和投资实践来看，3种效应同时存在，最终的作用结果取决于各种效应的力量对比，我们在实践的过程中应集中精力弱化负向效应、强化正向效应，特别是强化农业对外援助对农业走出去高质量推进的资源协同作用。适当延长项目周期、向生产性项目倾斜、规范企业投资行为、推动公开透明的投资合作等方式，可以加强农业对外援助在为走出去营造良好的营商环境、创造宽松的政策条件、搭建顺畅的沟通平台方面的功能，加快农业走出去目标的实现。另外，在当前贸易保护主义沉渣泛起、全球贸易投资相对紧缩的背景下，以公益性的援外项目为切入点带动农业走出去，更具实践意义。

四、对外援助为农业走出去创造环境、争取条件

当前，对外援助对农业走出去的协同作用已非常显著，据统计，仅农业技术示范中心项目已累计推动近60家涉农企事业单位赴非洲投资，大大提升了我国在非洲的农业投资规模，带动了我国的农资、农机具出口，促进了中非农产品贸易发展。农业对外援助主要通过以下路径为农业走出去保驾护航。

（一）创造良好外部环境

我国60多年的农业对外援助实实在在地帮助受援国改善了社会经

济发展条件，受到受援国政府和民众的广泛欢迎，提升了我国在国际社会的形象及影响力，加深了世界对"中国方案""中国经验"的理解和认识。示范中心、外派农业专家组等项目，宣传了我国互利共赢的发展理念及长期积累的发展经验，为受援国农业生产力的提高以及农业现代化做出了重要贡献。如贝宁示范中心项目得到了贝宁国家广播电视台、《民族报》等主流媒体的积极宣传报道，联合国粮农组织等驻贝国际机构参加观摩会活动，有力回击了西方国家对中国在贝援助的负面评价和诋毁。当地主流杂志将援贝示范中心开展的培训推广工作作为中贝复交40周年纪念活动的重要内容给予头版头条报道，这产生了较大影响，为我国赢得了口碑及荣誉，为后续企业在贝宁开展农业投资创造了良好的外部条件和营商环境。

（二）建立有效沟通机制

农业对外援助项目能够强化我国与受援国政府部门、企业的交流，搭建密切的沟通机制。援外培训等人力资源开发项目为大量的受援国政府官员、技术人员、企业家及农民提供了培训机会，示范农场、农业技术合作以及基础设施建设等项目实现了项目实施主体与当地政府及民众的有效对接，为企业在受援国开展投资合作搭建了良好的政府和民间沟通机制，帮助走出去企业汇聚了优质的人脉资源，积累了宝贵的社会资本。山东对外经济技术合作集团有限公司通过实施援外项目进入苏丹，在执行援外项目期间，多次向苏丹政府部门汇报项目实施进展，邀请政府官员到项目点考察，在不断的沟通交流中，企业进一步了解了受援国农业发展的诉求和重点，这为明确企业投资领域指明了方向，使企业与政府各部门建立了密切联系，为后续企业投资经营中的品种审定、招商引资等提供了便利。

（三）开辟信息搜集窗口

在农业援外项目建设、运营以及发展过程中，项目实施主体可以以投石问路的方式，全面了解受援国的政治环境、经济政策、投资条件、市场需求及发展诉求等，降低前期信息搜集、考察调研和试验示范的成本。这为开展农业对外投资决策提供了有价值的信息储备。同时，非农企业借助基础设施建设等援外项目进入受援国，通过信息搜集充分挖掘受援国农业投资潜力，开展农业投资。这有助于丰富农业走出去的主体力量，降低农业投资风险。中地海外依托援埃塞俄比亚农业技术示范中心项目，系统了解了埃塞俄比亚的国情、发展诉求、税收土地政策、劳动力供需及贸易情况，在此基础上启动了农牧产业园项目（规划基建投入1.95亿美元，带动投资2.27亿美元，涉及畜禽养殖、加工、冷链物流、交易及检验检疫等多个环节），并且已经与十余家企业签署了入园投资合作协议书。

（四）奠定产业发展基础

我国农业对外援助的重点对象是世界上最不发达的国家，这些国家产业链不健全，链条前端和后端相对薄弱，通常面临产业发展配套不足、产业发展基础较差、市场开拓不够等问题，但往往也是农业资源开发需求最为迫切、发展诉求及引进外资意愿最为强烈的国家，我国的援外项目不仅带动了国内种子种苗、农药化肥等农资，农机具以及农田水利基础设施进入受援国，还帮助受援国进行市场空间的开拓，为我国企业与受援国开展农业全产业链投资合作提供了前提。

（五）争取优惠政策条件

承担援外项目的中资企业可以依托援外项目申请我国以及受援国

的优惠政策,包括我国的资金支持、金融服务以及受援国的土地使用、税收优惠等。这为援外项目扩大规模以及企业开展新的投资提供更多政策保障。另外,国内关于农业对外援助的大量理论研究及相关政策也为农业走出去的理论研究和实践探索提供了参考,间接加快了农业走出去的进程。

五、对外援助促进农业走出去的基本考虑

为了提升农业对外援助的效果,强化对外援助对农业走出去的促进作用,我国在开展农业对外援助时,除了坚持不附带任何政治条件、平等互利、共同发展等基本原则外,还有必要考虑以下要素。

(一)立足国情与突出重点相结合

一是量力而行,尽力而为。改革开放以来,我国综合国力明显提升,经济总量稳居世界第二,但从人均水平来看,我国仍然是一个发展中国家。因此,我国应立足国情,量力而行,尽最大能力开展农业对外援助。二是将"一带一路"作为对外援助的重点区域。"一带一路"沿线国家是我国农业对外援助的重点对象国,因此我国应将援外政策和资金更多地向"一带一路"沿线国家倾斜,更好地促进我国与沿线国家在重点行业上的投资合作。三是以重点项目为抓手。我国应打造农业对外援助重点建设项目的"金字招牌",催生持续良好的国际影响和综合效益,宣传推广农业发展的经验及理念,引导积极正向的舆论氛围。

(二)受援国需求与我国优势相结合

从历史的发展规律来看,各国农业现代化进程中面临的困难基本类似,但各国的资源禀赋、发展阶段差别较大,因而不论实施对外援助还是推动农业走出去,都应坚持因地制宜、分类施策。一是充分尊重受援国的发展诉求。我国实施对外援助的基本前提是尊重受援国自主选择的发展道路和模式,充分考虑受援国的诉求,为其提供力所能及的帮助。我国应充分调研受援国需要的援助内容、援助模式、援助规模及援助领域,避免援外项目设计与实际需求的偏离。二是充分考虑受援国的发展实际。根据受援国的农业资源、自身发展条件、发展阶段等分类谋划,在发展基础较好的国家,我国可以结合当地条件提供先进的农机设备及生产技术,而在发展基础较差的国家,我国更适合传播成本低、操作方便的技术。三是充分利用我国的发展优势。我国应全面总结农业发展的技术、政策、人才优势,与受援国的发展诉求及发展实际充分对接,做到知己知彼,实现共赢。

(三)重点环节的援助与全产业链合作相结合

农业援外项目可立足受援国重点产业,围绕产业发展的难点、痛点开展项目设计。一是着眼农业产业链上的重点环节,"抓两头带中间",即以农业示范中心为依托建立境外种质资源[1]研发体系,借助农用物资完善境外农业生产资料供应体系,立足农业技术合作项目健全农业技术推广体系,通过基础设施建设工程搭建农产品仓储物流体系,最终连点成线,逐步将当地农产品产前、产中、产后全过程有机衔接起来。二是从一个环节开始,逐步延伸链条,即实施对外援助时,坚

---

[1] 种质资源又称遗传资源或品种资源,是指生物体亲代传递给子代的遗传物质,是培养新品种的物质基础。——编者注

持规划先行，在生产、加工、流通等领域通盘考虑，协调发展，通过项目扩展，引导实施主体开展全产业链投资合作。

（四）争取政策支持与加强项目管理相结合

一是充分利用双方优惠政策，即系统梳理我国农业走出去支持政策及农业援外项目支持政策，将两者进行整合，探索贷款、贴息、补贴、税收等政策的通行通用，特别是农产品回运、通关便利化、金融模式创新等方面的支持政策；与受援国沟通对接，争取受援国利用外资及支持援助项目的优惠政策。二是加强项目风险防控，即在立项前，充分了解受援国的法律法规、社会环境、地缘政治、民族宗教、民俗习惯和市场需求，认真对项目实施做出风险与不确定性分析，提出应对措施，做好风险防控，同时在项目推进过程中应坚持循序渐进，从小规模开始，成功后再大面积推广、产业化开发，降低项目前期运作成本及经营风险。三是加强项目管理，维护我国形象，即利用财务、考核、评估等多种措施对援外项目实施主体进行监督，督促其规范行为，特别是在环境保护及社会责任履行方面，维护国家形象，为农业走出去创造良好外部环境，有效应对西方传统投资国的激烈竞争。

（五）加强顶层设计与服务平台建设相结合

一是加强农业对外援助与走出去的顶层设计对接，即结合发展中国家需求及农业发展路径，编制我国农业对外援助中长期规划，明确对外援助的整体考虑，厘清对外援助的主要目标、重点领域、重点区域、主要模式及政策措施，与受援国政府部门深入交换意见，达成基本共识；将农业对外援助中长期规划与农业走出去规划充分对接，交叉重叠的项目可以共同部署、同步实施，形成两者相互促进、相辅相成的工作局面；加强科研机构、企业等开展对外援助促进农业走出去路径的研究，为援外项目实施提供参考和指引。二是强化工作机制统筹，即建立援外农业合作协调机制，形成合力，统筹农业走出去及农业对外援助工作；充分发挥多双边合作机制作用，为农业走出去及对外援助提供稳定器；协调我国与受援国政府部门、企业、科研机构的沟通对接，促进各自优势的充分利用；发挥受援国政府智囊团作用，为援外项目实施提供必要的技术支撑和信息支持。三是促进服务平台融合，即加强对以往援外项目的清理盘点，总结成功经验及失败教训，为后期的项目实施提供借鉴；加强农业对外合作战略信息平台建设，细化援外板块内容，提高公共信息服务能力，让各主体能够及时了解对外援助及农业走出去的相关形势、政策和成效；搭建监督服务平台，加强对援外项目实施主体及走出去企业的规范和监管。

第四篇 要素作用

支撑保障体系是农业走出去不可或缺的关键要素，政策、金融、信息和人才是其中最为关键的支撑要素，关系着农业走出去发展实践的成效和质量。支撑保障是公共服务的重要特点，建设的着力点是要符合国家走出去战略要求，适应走出去发展阶段，契合走出去实施主体诉求。

政策是实现国家战略目标的行动准则，引导企业行为与国家战略同频共振。金融支持能够有效缓解农业走出去的制约瓶颈，提高走出去的经营效率、降低经营风险。多元稳定的信息渠道和及时高效的信息产品，能够为战略制定和走出去实践提供决策参考和方向指引。专业化复合型人才队伍是农业走出去的策略制定者、行动实施者、产业服务者，是提升农业走出去竞争力的核心力量。

要素作用涉及参与推动农业走出去的方方面面，比如政府部门、金融机构、中介组织、科研机构等。充分发挥要素作用的支撑保障功能，就是要正确处理好政府、企业与第三方组织的协同关系，整合最大效能，完善服务架构，提供切实支撑。本篇详情参见各章内容。

第十章

政策是农业走出去的有形手

当今世界正经历百年未有之大变局,新兴市场国家和发展中国家的崛起速度之快前所未有,新一轮科技革命和产业变革带来的激烈竞争与挑战前所未有,全球治理体系与全球单边主义、保护主义、民粹主义逐渐蔓延发酵的形势变化的不适应、不对称前所未有,全球范围内对农业资源(包括海洋资源)的争夺越来越激烈,境外各类自然、社会及政治等风险频发,我国农业走出去所面临的问题与挑战更加复杂,这对农业走出去政策提出了更高的要求。

一、农业走出去支持政策的发展现状与演变

我国农业走出去的历史可以追溯到新中国建立之初对朝鲜、越南等发展中国家和地区的农业援助,但真正意义上的走出去对外农业投资合作起步于改革开放以后,并得到逐步扩大和快速发展。改革开放40多年来的农业走出去支持政策也经历了从探索调整到鼓励支持,再到改革创设的演变发展。

（一）1978—2001 年：探索调整阶段

1. 确立对外投资管理审批制

1979 年 8 月，国务院颁布《关于经济改革的十五项措施》，首次把出国办企业、发展对外投资作为国家政策，这开启了我国企业走出去的大门。分别于 1984 年、1985 年和 1992 年颁布的《关于在国外和港澳地区举办非贸易性合资经营企业审批权限和原则的通知》《关于在境外开办非贸易性企业的审批程序和管理办法的试行规定》《对外经济贸易部关于在境外举办非贸易性企业的审批和管理规定（试行稿）》，逐渐确立了较为规范的对外投资审批管理制度。1992 年，中央政府对境外企业开展了全面清理整顿，原外经贸部起草的《境外企业管理条例》明确了政府各部门的外资管理职能，原外经贸部负责制定境外投资方针政策和统一管理，国家计委负责审批项目建议书和可行性研究报告。这一时期，国家根据对外投资情况与投资环境变化，不断调整境外投资管理体制，但审批制度管理较为严格，对境外投资企业限制较多。

2. 外汇管理政策管制较严

该时期，国家外汇短缺形势严峻，政府主要着眼于引进外资，对企业走出去对外投资资金来源审查和外汇资金的总额度严格限制。分别于 1989 年和 1990 年发布的《境外投资外汇管理办法》《境外投资外汇管理办法细则》，对不同层次的用汇资金实行分级审批制，主要鼓励有创汇能力的境内投资者或者属于国家鼓励行业与鼓励投资经济体的项目走出去。同时，政府依据不同的形式向汇出资金收取不同程度的高额汇回利润保证金，而境外投资收益则必须在当地会计年度终止后的 6 个月内汇回，不得擅自挪作他用或存放境外。该时期，这些严厉的外汇管理政策不断修改、调整与补充。1994 年，我国取消了外汇留成制度和外汇收支的指令性计划，实行以市场供求为基础的、有管理的浮动汇率制度，但"宽进严出"的政策思想是总基调。

3. 财税金融政策服务滞后

该时期，支持走出去的财税金融政策刚起步，企业走出去资金保险供需极度不平衡，境外投资规模和质量受到限制。财政部、原对外贸易经济合作部成立援外合资合作项目基金（1998年），对于单项借款金额达1000万元（含）以上或等额美元的援外合资合作项目，基金使用费年费率一般为1%~4%，借款期限一般为1~4年，特殊情况最长不超过6年。1999年，《国务院办公厅转发外经贸部等部门关于进一步采取措施鼓励扩大外贸出口意见的通知》提出提高部分出口商品的出口退税率、设立5亿元中小企业国际市场开拓专项资金、出口企业所得税进行适当返还等财政政策，农业走出去企业可以申请相关政策支持。自20世纪90年代以来，我国境外所得税收制度多次进行补充调整，《中华人民共和国企业所得税暂行条例》（1993年）提出采用限额抵免制计征企业境外所得税，《境外所得计征所得税暂行办法》（1995年）规定企业境外所得的确认办法和减免税问题。关于关税，1992年12月以前，我国关税的算术平均税率为43.2%，为适应对外经济贸易合作和加入世贸组织的需要，从1992年起，我国多次大幅度降低关税总水平，2010年关税总水平已降至9.8%，其中农产品平均税率为15.2%。而在2001年中国出口信用保险公司成立前，农业走出去企业的海外投资保险业务寥寥可数。

（二）2002—2013年：鼓励支持阶段

2002年，党的十六大明确提出实施走出去战略，鼓励和支持有比较优势的各种所有制企业对外投资，我国对外开放由引进来为主转向引进来与走出去并重，农业对外投资全面启动。国家发改委、商务部、财政部等部门逐步出台相关配套政策，实施实质性的财政金融等支持举措（见表10-1）。

表 10-1　鼓励和引导农业走出去的相关政策

序号	文件名称	发布单位	发布文号	发文日期
1	关于做好2004年资源类境外投资和对外经济合作项目前期费用扶持有关问题的通知	商务部、财政部	财企〔2004〕176号	2004/09/19
2	关于对国家鼓励的境外投资重点项目给予信贷支持政策的通知	国家发改委、中国进出口银行	发改外资〔2004〕2345号	2004/10/27
3	关于进一步加强对境外投资重点项目融资支持有关问题的通知	国家发改委、国家开发银行	发改外资〔2005〕1838号	2005/09/25
4	关于印发《对外经济技术合作专项资金管理办法》的通知	财政部、商务部	财企〔2005〕255号	2005/12/09
5	关于进一步加大对境外重点项目金融保险支持力度有关问题的通知	国家银行、中国出口信用保险公司	开发行〔2006〕11号	2006/01/18
6	关于做好我国企业境外投资税收服务与管理工作的意见	国家税务总局	国税发〔2007〕32号	2007/03/20
7	关于鼓励和支持非公有制企业对外投资合作的意见	商务部、财政部、人民银行、全国工商联	商合发〔2007〕94号	2007/05/10
8	关于企业境外所得税收抵免有关问题的通知	财政部、国家税务总局	财税〔2009〕125号	2009/12/25

1. 管理体制从审批制到核准制的变迁

为进一步响应走出去战略，我国的境外投资审批制度开启简化对外投资管理程序的试点工作，《关于做好境外投资审批试点工作有关问题的通知》（商合字〔2003〕16号）在北京、天津和上海等12个省（区、市）开展下放审批权限的改革试点；《关于投资体制改革的决定》《境外投资项目核准暂行管理办法》（国家发展和改革委员会〔2004〕21号）提出境外投资核准制完全取代审批制；《境外投资管理办法》（商务部〔2009〕5号）进一步简化核准程序，政府核准和审查时限明显缩短；《关于做好境外投资项目下放核准权限工作的通知》（发改外资〔2011〕235号）进一步下放核准权限，对外投资管理体制不断向便利化发展。

2. 外汇管制进一步简化

2002年，外管局发布《关于清理境外投资汇回利润保证金有关问题的通知》，取消境外投资汇回利润保证金制度，在资金来源的审查、用汇额度以及审批制度方面逐渐放宽境外投资企业用汇管制。《关于进一步深化境外投资外汇管理改革有关问题的通知》（2003年）将300万美元以下的境外投资项目外汇资金来源审查权力下放给试点的地方分局，2005年，该试点政策向全国范围推行。《关于调整部分境外投资外汇管理政策的通知》（2006年）标志着外汇管理由审批制向核准制转变，同时放开了企业购汇额度的限制。2002—2013年陆续出台的外汇管理政策进一步放宽了对外汇来源的限制，简化了登记及核准程序，灵活化了境外直接投资项下的资金汇入及结汇。

3. 启动实质性财税金融政策

2006年6月，商务部、原农业部、财政部联合下发《关于加快实施农业"走出去"战略的若干意见》（商合发〔2006〕212号），原农业部实施《农业"走出去"发展规划》(农外发〔2006〕3号),从中央到地方开启了实质性的对各种规模企业的金融保险和税收减免等支持政策。财政部和商务部每年联合下发《关于做好对外经济技术合作专项资金申报工作的通知》,境外农、林、渔业合作是对外经济技术合作的重要内容,可以享受贴息贷款和直接补助。2008年,原农业部和中国进出口银行签署战略合作协议,为农业走出去企业境外农业合作项目提供援外优惠贷款和优惠出口买方信贷、出口卖方信贷和境外投资贷款支持。2012年,原农业部和国家开发银行共同签署《开发性金融支持中国农业国际合作协议》,主要采用贷款、股权投资等方式支持农业走出去企业开展对外投资合作。此外,中非发展基金(2007年)、中国-东盟投资合作基金(2009年)、现代种业发展基金(2012年)、中国农业产业发展基金(2012年)等基金,也对跨境农业投资给予了支持。

(三) 2014年至今:改革创设阶段

2014年11月,国务院批准建立由原农业部牵头、18个部门组成的农业对外合作部际联席会议制度,从国家层面推动农业走出去重大制度设计,并从中央政策层面出台支持农业走出去的指导意见,中央各部门、各省(区、市)制订配套的实施方案,中央、地方"一盘棋"的工作格局初步形成。

1. 管理体制从核准制到备案制的变迁

随着我国对外直接投资规模的不断扩大,2014年我国已成为资本净输出国,开启了"中国对外投资元年"新纪元,对外投资管理体制也不断规范和简化。2014年,国家发展和改革委员会出台了一项转折性的政策——《境外投资项目核准和备案管理办法》(国家发展和改革委员会〔2014〕9号），明确了境外投资项目分别实行核准和备案管理的不同情形，对一般境外投资项目普遍施行备案制管理，使核准范围及程序大幅缩小和简化，将我国对外直接投资管理政策的便利化程度推到一个新的高度。《企业境外投资管理办法》（国家发展和改革委员会〔2017〕11号）、《对外投资备案（核准）报告暂行办法》（商合发〔2018〕24号）在原有管理体制基础上建立了"管理分级分类、信息统一归口、违规联合惩戒"的对外投资管理模式，明确了对外投资备案（核准）按照"鼓励发展＋负面清单"进行管理，并且规定了重点督察和"双随机、一公开"抽查工作相结合的事中、事后监管方式，进一步提升了农业对外投资便利化水平。

2. 外汇管理持续放宽

2014年，国家外汇管理局颁布《跨国公司外汇资金集中运营管理规定（试行）》（汇发〔2014〕23号），允许2013年度外汇收支规模达1亿美元（含）以上的中国和跨国企业更自由地转移资金，允许跨国企业同时设立国际和国内的外汇资金主账户，并简化针对外汇交易的一些管制手续。《关于进一步简化和改进直接投资外汇管理政策的通知》（汇发〔2015〕13号）规定境外投资企业的境内投资主体可直接到银行办理境外直接投资项下的相关外汇登记，境内投资主体设立或控制的境外企业在境外再投资设立或控制新的境外企业无须办理外汇备案手续；取消境外直接投资外汇年检，改为实行境外直接投资存量权益登记；放宽登记时间、简化登记内容，允许企业通过多种渠道报送相关数据。2016年，中国人民银行将本外币一体化的全口径跨境融资试点扩大至全国范围内的金融机构和企业，统一中外资企业融资标准，取消金融机构和企业外债（房地产企业和政府融资平台除外）的事前审批，企业在其资本或净资产挂钩的跨境融资上限内，可自主开展本位币跨境融资。2019年，国家外汇管理局印发《关于进一步促进跨境贸易投资便利化的通知》（汇发〔2019〕28号），取消了非投资性外商投资企业资本金境内股权投资限制，扩大了贸易外汇收支便利化试点和资本项目收入支付便利化试点，允许试点地区符合条件的企业将资本金、外债和境外上市等资本项下的收入用于境内支付时，无须事前向银行逐笔提供真实性证明材料。可见，我国企业境外投资外汇管理政策有了显著的变化，尤其是《关于进一步引导和规范境外投资方向的指导意见》（国办发〔2017〕74号）明确将农业对外投资列为鼓励支持方向，农业走出去企业资金使用只需真实合规，并符合现行资本项目收入使用管理规定，进行境外直接投资活动已经具有充分的用汇自主性。

3. 财税金融政策体系初步构建

农业对外合作部际联席会议制度成立以来，中央各成员单位和地方各省（区、市）在2016年国务院办公厅支持农业对外合作的政策顶层设计基础上，发挥各自的优势，在职责范围内积极开展支持农业走出去的政策创设及优惠便利。据统计，农业农村部、国家发展和改革委员会、商务部、外交部、财政部等22个部际联席会议成员单位出台了包括政策措施（税收、保险、检验检疫、海关）、资金措施（财政、金融）和公共服务（信息平台、人才培训、法律服务）三大类40余项推动农业走出去的支持措施。31个省（区、市）在中央政策的基础上，根据自身经济发展水平和财政状况，以贷款贴息、保费补贴、投资前期费用和资源回运运保费补助、先建后补和以奖代补方式支持重点项目建设、通关便利化和优化公共服务，提出50余条支持农业走出去的具体举措。从中央层面来看，2015—2016年，原农业部实施农机购置补贴境外延伸政策试点，组织"10+10"银企精准对接会，与中国进出口银行、中国出口信用保险公司开展政策性贷款、保险业务合作；商务部外经贸发展专项资金对境外投资、对外承包工程、对外劳务合作、境外经济贸易合作区建设等农业对外投资合作业务给予支持；丝路基金（2014年）、中国-欧亚经济合作基金（2014年）、中国-加拿大自然资源投资合作基金（2014年）、聚焦海外农业项目的中国海外农业投资开发基金（2015年）、中拉产能合作投资基金（2015年）、中拉合作基金（2016年）、中央企业国际化经营基金（2016年）等密集成立，为农业走出去企业提供金融支持。财政部、国家税务总局发布《关于调整部分产品出口退税率的通知》（2018年），将部分农产品出口退税率提高至10%，取消豆粕出口退税。财政部、国家税务总局发布《关于提高部分产品出口退税率的公告》（2020年），农药制剂产品的退税率由原来的5%整体调整到9%。同时，国家积极开展与目标国政府间避免双重征税协定的谈判，截至2019年11月，已对外正式签署107个避免双重征税协定，此外，还签署了3个多边税收条约和10个税收情报交换协定，有效地防止了由于缔约双方所得税制不同而造成的对纳税人的重复征税，有利于减轻走出去农业企业和个人的税收负担。从地方层面来看，青海省设立"青海涉农外贸发展专项资金"，海南省设立农产品加工业发展扶持资金，安徽省设立对外投资合作专项资金，湖北省、河北省等从省级财政调剂资金，资金专项用于支持农业对外投资合作等。

二、农业走出去的政策诉求与差距

从政策框架体系构成来看，当前支持农业走出去的金融、保险、信贷、税收等政策手段不足，政策的引导带动作用发挥还不够，靶向性、针对性的政策创设相对较少，总体支持力度还不能有效应对当前农业走出去遇到的风险和挑战，不能满足市场主体对农业走出去支持政策的异质化需求。

（一）财政支持政策：比例小且碎片化

现有支持农业走出去的财政政策，除了一些零散的中央和地方政策外，缺乏完整的体系和稳定的资金来源，且外经贸发展专项支持农业走出去的比例小，范围窄且要求非常严格，很多中小型企业很难获得支持。而农业国际交流合作项目的财政资金主要以政府购买服务的形式支持开展国际农业交流合作、"两区"建设试点、境外农业技术推广和农业对外投资促进、农业对外合作公共服务、人才培养、农业多双边谈判，以及为多双边农业合作机制下的引技、引智、引资提供配套支持，其中用于全国性协会、科研机构和企业等非预算单位的财政资金不足 3 000 万元，用于支持走出去企业的资金则更少。

（二）金融支持政策：渠道不畅且有外汇限制

目前支持农业走出去企业融资的政策性渠道及平台主要分为政策性银行及基金两大类，不同渠道重点投资的地区、领域和方式各有差异。通常政策性银行和基金设置的投融资门槛、预期内部收益率总体较高，多数基金单个项目的最低投资额均超过 1 500 万美元，且要求有抵押物或质押物。对大多数境内轻资产、境外重资产的走出去企业而言，其不仅在规模层次和融资门槛上难以企及，而且在融资担保及预期收益上也难以符合要求。农业走出去中小企业境外农业投资普遍不被看好，融资"难"比融资"贵"的问题更突出。此外，对外农业投资外汇使用不畅问题仍然存在。虽然《关于进一步引导和规范境外投资方向的指导意见》明确将农业作为对外投资的鼓励领域，但在实际操作层面，境外农业投资项目用汇管制仍然较为严格，时常有企业因国内备案、办理用汇程序耗时长而错失收购良机，甚至境外项目拖欠工资等问题也常出现，严重影响了企业海外发展战略。

（三）保险支持政策：品种单一且政策不规范

农业走出去相比其他项目而言，具有自然再生产和经济再生产交织的特殊性，前期投入成本高、资金回收期长，且集中在亚洲、非洲等地区的发展中国家和欠发达国家，这在客观上决定了农业走出去项目风险呈现来源广、种类多的基本特征，但当前保障农业走出去的保险业务品种单一、覆盖面窄，帮助企业规避风险的功能还较弱，且保险机构境外业务的经营成本与收益率、境外农业项目保费费率与企业收益率背离，保险机构业务创新的积极性不高，大多数农业走出去企业望而生畏。目前保费补贴主要来源于商务部外经贸发展专项资金和各地方政府财政。据统计，除辽宁、青海、湖北、四川、贵州、海南、西藏等7个省（自治区）尚未出台保费扶持政策外，其他地方都出台了海外投资保险保费扶持政策，但农业项目的规模比不过其他行业项目，政府扶持比例相对较低，没有做到应扶尽扶。其次，各地扶持资金比例和上限不一、部分地方扶持政策适用期限与农业项目投资周期不匹配，保费扶持资金落实时效性滞后等问题突出，这降低了投保企业的风险保障能力。

（四）关税优惠政策：关税配额与双重征税

税收政策是促进和引导农业走出去的一个重要举措，目前主要税收优惠政策的支持范围和支持力度都明显不够。首先，根据目前关税配额管理办法，大米配额为 532 万吨，其中国企和民企各占 50%；小麦配额为 936.6 万吨，其中国企和民企分别占 90% 和 10%；玉米配额为 720 万吨，其中国企和民企分别占 60% 和 40%；食糖配额为 194.5 万吨，其中国企和民企分别占 70% 和 30%。民企配额主要分配给以前有进口业绩的企业，多为贸易企业。农业走出去企业受境内企业资质、贸易渠道和以往进出口业务量等条件限制，在申请关税配额时处于不利地位，其境外权益产品很难通过配额回运国内，这影响了企业走出去的积极性。其次，在世界贸易组织机制框架下，农业走出去的关税负担整体减少，我国已对外正式签署 107 个避免双重征税的协定，但还有一部分农业走出去的目标国尚未与我国签订避免双重征税协定，实践中仍存在对涉外企业双重征税的问题。最后，对于特定区域的大豆、天然橡胶等国内紧缺型重要农产品，我国缺乏特惠税政策，目前我国对境外农业生产基地的产品均按同类进口商品办理——需要缴纳各种进口税费，这大大增加了境外基地产品回运的难度和农业开发的成本支出，压缩了合理的利润空间。

（五）通关便利化：标准对接互认不足

为促进通关便利化，我国加快推进与相关国家的多双边投资贸易便利化谈判。目前我国与 150 多个国家和国际组织签署了共建"一带一路"合作协议，农业农村部已与 80 多个国家签署了农渔业领域合作文件，海关总署继续推进国际贸易"单一窗口"建设，提升检验检疫一体化水平，推行检验检疫无纸化，并在安全风险可控的基础上，为走出去企业所需的农业投入品提供便利化措施，为返销农产品进口提供简化审批、加快检验检疫流程等把关服务，营造良好的投资贸易合作环境。但受工作流程和谈判周期所限，我国同部分农业对外合作重点目标国尚未就企业在境外生产加工的特定优势农产品签署相关协定，如有的走出去企业期待加快推进与中亚国家活畜、牧草、饲料输华对接和认证，建立通关快速通道。另外，境外农业项目所需的种子、农药、化肥、农机等生产资料的走出去受双方技术标准、政策法规、动植物检疫防疫措施尚未实现互认等非关税壁垒制约，企业经常遇到检验检疫、认证认可、标准计量等政策法规和技术标准互认协同性差造成的壁垒问题，这无疑增加了走出去企业生产经营的成本。

（六）公共服务：服务不到位且差距大

农业历来是各国重点保护的产业，一些国家在农业领域对外商投资开放度不够，这对我国农业走出去造成了诸多障碍，例如，合作前期的土地购买（租用）限制、投资股权比例限制，合作过程中的合同执行率较低、社会治安混乱、税费征缴、劳务卡发放、签证时效、农资农机过境限制，合作达成后的利润汇出限制等。还有一些西方国家通过炮制"中国威胁论""新殖民主义""资源掠夺论""海外屯田论"等一连串的舆论武器，煽动民众情绪，对我国和目标国政府、企业施压，干扰政府决策。当前我国支持农业走出去应对上述问题的公共服务能力尚且不足。一是法律体系不健全，现有的法律法规体系在促进农业走出去的信用担保制度、海外农业直接投资法律制度、法律援助制度等方面还没有明确的规定。二是信息服务能力较差，现有农业走出去的公共信息存在零碎、静态、陈旧等问题，境外重点国别投资营商环境、相关政策法律等公共信息的获取渠道不够明晰，相关信息分散于各政府部门间，企业无法及时、有效、系统地获取相关信息，且市场上有偿信息咨询服务的机构较多，企业难以辨别信息咨询服务质量。三是专业化复合型人才缺口大，与走出去企业国际化经营的需求相比，人才储量不足，特别是综合性和专业性人才匮乏，是长期困扰和制约农业走出去企业境外项目可持续发展的因素。四是农业对外援助与投资关联性、互动性亟待加强，我国农业对外援助与投资、贸易在项目布局、政策及资金安排上自成体系，与农业对外投资关联度不高，优势资源没有实现有效整合和可持续利用。

三、政策是农业走出去的有形手

（一）政策是参与农业走出去的重要资源

农业走出去是指市场主体通过供求机制、价格机制、竞争机制和风险机制等经济运行机制相互联系及作用，实现对财富的创造和战略目标的追求，而政策恰恰是指影响市场供求、价格、竞争和风险等机制的一种重要资源。市场不是万能的，本身存在固有的弱点，尤其是金融危机以来，全球政治经济格局深度调整，保守主义和逆全球化倾向进一步抬头，世界经济的复杂性、不稳定性、不确定性进一步凸显，西方国家限制我国有竞争力的农业走出去企业跨国投资。由于农业走出去受政治、经济、政策、社会、自然灾害等多重风险制约，政府需要运用经济手段、行政手段、法律手段等政策资源来弥补市场失灵，充分整合现有的支持农业走出去的财政、税收、外汇、海关、资源信息、信贷、保险、法律和人才等政策资源，并创设针对重点区域、重点国别、重点企业、重点产业、重点项目的支持政策体系，让农业走出去政策"组合拳"参与农业国际投资合作与竞争。

（二）政策是推动农业走出去的方向指引

农业走出去需要方向指引。一是要考虑如何在遵循市场经济基本规律的前提下，将微观市场主体经营战略与国家宏观农业走出去发展有机结合，实现国家粮食安全和重要农产品有效供给这个发展目标与市场主体参与农业走出去的效益与竞争力的平衡；二是要统筹考虑国际国内两个市场、两种资源，做好国内农业资源短缺的现实需求与境外农业资源禀赋和政治市场环境因素供给的可行性对接。为了实现上述目标，政府需要完成精准靶向性支持政策及外经、外贸和外事"三外"协同政策对市场主体"为什么干、干什么、怎么干"顶层设计的规划、引领和指导，引导市场主体立足国家粮食安全和天然橡胶、棕榈油、大豆、棉花等紧缺型农产品有效供给及国内农业供给侧结构性改革与乡村振兴战略，将紧缺产品的境外布局与国内产业发展，不同产业、不同国别、不同环节的差异化投资策略与东道国农业发展需求和重点关切问题有效衔接，实现以外促内，内外联动。

（三）政策是支持农业走出去的有效举措

农业不同于其他行业，农业走出去是一项系统工程，不仅要承受更多的风险与压力，而且前期市场开发成本高、资金回收期长，加上我国农业走出去比发达国家晚，大多数农业走出去企业跨国经营仍处于初级发展阶段，对外农业投资规模相对较小、投资层次相对较低、跨国运营能力和经验欠缺、复合型人才储备不足、技术创新能力较弱，在全球农业产业链控制、物流和贸易渠道、品牌建设、产品分销等方面的国际竞争优势不强，抗风险能力较弱。如何解决农业走出去遇到的困难，解决国际国内两个市场的失灵问题？如何用10年、20年的时间完成一个压缩版的跨国农业企业成长任务，走完欧、美、日跨国企业用近百年时间完成的道路，培育一批能与全球百年老店相媲美的大型农业企业集团？政府除了遵循市场和企业的内生成长规律外，还需要立足国家农业走出去发展需求及农业对外投资特点，在遵守世界贸易组织规则的前提下，有针对性地创设农业走出去的支持政策，减少企业在境外合法经营中遇到的困难与阻碍，拓展企业发展空间，支持走出去企业在公平有序的轨道上统筹利用国际国内两个市场做大做强，更好地参与全球产业链、供应链和价值链建设。

四、农业走出去政策支持体系构建的原则与目标

（一）农业走出去政策的基本原则

1. 聚焦目标，明确重点

国家应以培育具有国际竞争力的大型跨国涉农企业集团为抓手，聚焦服务乡村振兴战略和"一带一路"建设，保障国内粮食安全及重要农产品供给、提升国际话语权、构建人类命运共同体的发展目标，围绕农业走出去规划、行动主体、管理机制和重点项目，全面构建由中央层面的部际协调机制、"中央-地方"联动的纵向协调机制、国内外农业发展需求的目标整合机制、"农业-非农"结合的企业主体体系、全方位的发展规划体系、全过程的项目管理体系、多渠道的信息汇集体系等部分组成的相互支撑、相互协调、相互配合的复合型对外农业投资政策支持体系。

2. 靶向精准，普惠公平

农业走出去本质上是一种经济行为，经济上可持续是根本要求，政策支持既要符合世界贸易组织国际规则，又要遵循市场经济规律，坚持"有所为有所不为"，明确政策方向和支持边界，稳定市场主体预期。创设支持农业走出去的普惠性与特惠性政策的核心是减少政府干预、增强政府引导，放宽对农业对外投资的各种限制，整合、创设

对外农业投资重点产业、重点项目的精准性及靶向性政策，既要从全局角度出发构建所有符合条件的农业走出去企业均可享受的财政、金融、海关边检、公共服务等无差异化的普惠性支持政策体系，又要在一些区域、产业和项目中制定特惠性支持政策。

3. 统筹整合，兼顾协调

国家要发挥制度优势，突出工作合力，加强部门统筹和上下联动，充分利用中央和地方现有的政策资源开展政策创设，发挥"四两拨千斤"的作用，吸引更多社会资源，建立财政税收、金融保险、外交外经贸、公共管理和服务政策体系，助推农业对外合作重点项目和重点任务的实施；推进国内外支持农业国际合作政策协调、产业链不同环节协调、国际规则协调、短期和中远期协调及保险信贷、关税配额、外经外贸、国内强农惠农政策向境外延伸协同等政策法规协同，推动形成支持对外农业投资的复合型政策体系。

（二）农业走出去政策的目标定位

我国应立足农业走出去的类型、特点和企业诉求，整合现有各类支持农业走出去的财税、金融、公共服务等碎片化政策举措，创设支持农业走出去的普惠性政策和特殊性政策体系，促进农业对外投资、援助和贸易支持政策的协同，弥补市场失灵和政策缺位；发挥政策的引导、规范、保护和支持的价值导向，引导具备条件的企业围绕重点区域、重点国别、重点产业、重点环节优化投资布局，规范农业走出去企业的境外投资合作行为，保护境外合法权益，支持构建一批具有国际竞争力的大型跨国农业企业集团，全面参与国际农业产业链、价值链和供应链建设，促进国际国内要素的自由有序流动、资源优化配置、市场深度融合，缓解国内农业发展所面临的资源环境约束，保障国家粮食安全和重要农产品的有效供给,服务农业供给侧结构性改革和乡村振兴战略,为构建人类命运共同体贡献力量。

五、农业走出去政策支持体系构建的方向与路径

(一)农业走出去的政策支持方向

1. 普惠性政策:政府引导、市场运作

我国应构建所有符合条件的农业走出去企业均可以享受的财政、金融、税收、保险、外汇、检验检疫等复合型普惠性支持政策体系,强化农业走出去支持政策的引导作用,并依托市场化法律、会计、咨询、风险评估等相关中介组织和行业协会,建立健全社会化对外农业投资服务体系。具体来看,我国可发挥财政资金支持农业对外投资的基础性导向,探索推进低息贷款、贷款贴息、融资担保等政策,提高境外农业投资建设贷款贴息率,延长贴息年限,缓解融资困难;研究支持农业对外投资的保险和救济支持措施,结合农业种植、生产和加工的特点,加快探索构建境外农业投资损失准备金制度,对于企业境外种植、加工、仓储、物流等基础设施投资,允许企业将部分投资资金计入"投资损失准备金",免缴企业所得税;完善农业对外投资税收优惠支持政策,积极探索和研究符合世界贸易组织规则的税收优惠支持政策,推进与更多国家签订避免双重征税的协定,为企业对外投资提供保障;采取对外投资自由化措施,放宽外汇法对资本流动的限制,为企业对外农业投资和国际化布局提供强有力的支撑;加快推进多双边投资贸易便利化谈判,建立检验检疫跨区域一体化协作机制,研究探索多式联运检验检疫监管模式。

2. 重点区域和产业类政策：一区一策、一产一策

针对当前对农业走出去重点区域、重点项目、重点企业"撒胡椒面儿式"的支持政策无法真正实现效果的问题，我国有必要统筹考虑全球农业资源条件、农产品供求格局和政策支持环境，立足东南亚、中亚、俄罗斯、拉美等重点区域和国家的重点产业合作，以棉油糖畜胶等重要农产品的重点区域及重点产业环节为突破口，创设制定有针对性的特惠精准政策，做到一区一策、一产一策。具体方向包括研究推进针对东南亚天然橡胶、中亚和非洲棉花等区域的特定重要紧缺农产品回运、通关便利化制度改革；推进东盟、中亚、俄罗斯等重点区域和国家的人民币结算进程、双边到多边自贸区建设；完善国家财政金融政策，依托中非发展基金、中国-东盟投资合作基金、中国-欧亚经济合作基金、中拉合作基金、中拉产能合作投资基金等政策性金融机构，针对重点区域、重点产业设立不同的资金支持政策，在贷款利率、期限、额度上给予重点倾斜，提高对农业走出去企业资金支持的力度，保障境外投资合作汇率，避免汇兑风险。

3. 重大项目类政策：靶向精准，标杆示范

重大项目是保障国家粮食安全和落实农业走出去顶层设计的关键载体，往往资金需求量大、潜在风险因素多、利益涉及面广，需要多双边农业合作机制及配套财税、金融、保险、通关、对外援助等靶向施策。对于在农业走出去重点区域新设与国家和各省（区、市）、行业、企业农业走出去规划及目标国发展需求相衔接的重大项目，我国应争取将项目纳入多双边农业合作协议框架，争取东道国税收、财政、金融、保险等政策支持，实现重大项目建设的机制化、常态化，降低项目实施面临的政治风险，保障项目的可持续发展。对于企业海外投资、跨国并购、种养加一体化及码头、仓储、物流、加工基础设施等重大项目，我国应完善农业对外投资审批制度，简化审批手续，缩短审批周期，并探索推进注资企业资本金、企业境外投资亏损补偿、投资前期勘测评估费用补偿、政治风险补偿、重点农产品回运费补贴等政策，采取直接注资、主权基金入股、低息贷款或贷款贴息等方式为企业并购或新建投资项目提供资金支持，提升农业走出去的层次、规模和水平。

4. 服务类政策：内外配合，精准到位

农业走出去面临诸多不确定性，尤其是当前的投资贸易保护协定保障不足、经济政策不稳等外部性因素具有极大的系统性风险，进一步加剧了农业走出去的风险和难度。我国需要突出农业走出去的精准服务支撑，加强内外机制、信息、人才等公共服务体系的建设。具体包括强化政府公共服务能力建设，主动参与全球农业治理，积极推动世界贸易组织等多边谈判，促进建立公平合理的国际农业投资与贸易新秩序，并积极争取在重点国家设立农业处或派驻农业外交官，推动双边谈判和协作；加强与重点国家开展自由贸易区磋商，强化双边农业合作机制建设，为农业走出去在市场准入、投资保护、贸易争端处置、避免双重征税、通关便利化等方面提供支撑；提升农业走出去的资信服务质量和效率，大力培育和支持国内资产评估、法律服务、会计服务、投资顾问、设计咨询、风险评估等方面的中介组织，鼓励、发展并积极培育成立农业对外投资企业商会等行业协会，建立农业对外投资国别与企业需求信息沟通制度，为农业走出去提供详细、及时、透明的国内外农业发展政策、市场等信息，提高走出去企业风险识别、防控和应对能力；加快农业走出去复合型专业人才队伍建设，加强政府部门农业对外投资管理人才队伍建设，培养和引进农业走出去企业中高级境外经营管理人才，鼓励高等院校与企业联合培养涉外农业投资人才，建立适应发展需要的人才激励制度，建立人才培训机制，特别是对于在海外投资的企业的外籍员工在国内的培训环节，政府可在签证、费用等方面给予支持。

（二）构建农业走出去政策支持体系的路径

1. 加强农业对外合作部际联席会议制度建设

我国应在目前已经成立的农业对外合作部际联席会议制度的基础上，突出工作合力、发挥制度优势，厘清农业走出去工作中政府和企业的关系，按重点、分层次明确成员单位主动推动、支持推动和服务推动走出去的工作方式、手段和举措；强化联络员沟通协调机制，研究成立专题工作小组，针对制约企业走出去的关键问题、关键环节，形成普惠政策、大型跨国企业重点支持政策、区域性政策、重点产业政策等不同类型政策的创设清单；加强部门间合作，联合制订农业对外合作专项支持政策的可行性方案，并完善和创新部内支持农业走出去的工作机制，重点在宏观指导、政策创设、项目孵化、公共服务等方面发挥部际联席会议推动农业走出去的协同效应。

2. 强化地方支持政策创设主动性和积极性

各省（区、市）应建立健全省级农业对外合作部际联席会议工作机制，群策群力，通力协作。地方政府应在国家支持农业走出去的政策意见基础上，基于当地经济发展水平和农业走出去的特点及优势，整合现有政策资源，发挥地方财政自主性，积极创设支持走出去市场主体的财政税收、金融保险、外经外贸、公共管理和服务等配套政策体系；深入开展系统研究，配合国家农业走出去顶层设计，深化细化规划设计，从重大项目实施、重点任务跟进、人才队伍建设、多层次交流合作平台搭建等方面入手，形成一套符合本地区农业走出去特点、行之有效的组合拳。

3. 发挥多双边农业合作机制政策创设协同

我国应充分发挥现有双边高层合作机制及与东盟、上海合作组织成员、金砖国家、大图们区域国家、澜沧江-湄公河区域国家、二十国集团成员以及联合国粮农组织、世界粮食计划署、国际农发基金、世界动物卫生组织、国际植物保护公约组织等建立的多边农业合作机制的作用，与更多农业走出去重点国家和地区以及相关国际和地区组织建立高水平、常态化的农业合作机制；建立健全国家间多层次农业政策对话机制，共同编制推进农业合作的规划和措施，协商解决合作中的问题，共同为务实合作及大型项目实施提供政策支持，积极营造开放包容、公平竞争、互利共赢的农业国际合作环境。

第十一章

金融是农业走出去的助推剂

改革开放以来，我国金融机构市场化程度不断提高，金融机构数量日益增加，银行、保险、基金等金融机构种类不断健全，金融资产规模持续扩大。2017年中央金融工作会议上，习近平总书记提出："金融是国家重要的核心竞争力……金融制度是经济社会发展中重要的基础性制度。"[1] 这进一步强调了金融对经济发展的重要推动作用。自"一带一路"倡议提出以来，中国不断加强与沿线国家的农业合作，企业对外农业投资快速发展，对资金支持和海外保险的需求不断上升。我国亟须加快建立健全农业走出去金融支持体系，缓解企业农业对外投资融资困难、降低境外经营风险，推动农业走出去长远发展。

一、金融支持农业走出去的现状与问题

为满足企业境外投融资需求，多主体协同推动构建农业走出去金融支持体系。政府制定针对性金融政策，积极推动银企合作、政企对接，搭建交流服务平台；政策性金融服务日益完善，商业金融机构不

---

1 中国共产党新闻网. 习近平：深化金融改革 促进经济和金融良性循环健康发展 [EB/OL]. (2017-07-16).http://cpc.people.com.cn/n1/2017/0716/c64094-29407694.html.

断创新，提供境外金融和信用产品服务，各类综合性和区域性基金投入运营，股权投资成为新趋势。但相较于企业不断增长的金融服务需求，严重的资金供给缺口仍然存在，境外投资风险难以规避。

（一）发展现状

1. 整体情况

近年来，以农业农村部、外汇管理局为代表的政府部门不断加强与金融机构的沟通与合作，形成支持农业走出去的金融体系，主要涉及政策性金融机构、开发性金融机构、商业性金融机构和股权投资机构。政策性金融机构主要以中国进出口银行、中国出口信用保险公司为代表；开发性金融机构以国家开发银行为代表，开发性金融是政策性金融的深化和发展，主要提供出口信贷、优惠贷款、担保、保险以及外汇管理等政策性金融支持；商业性金融机构以中国银行、中国农业银行、中国建设银行、中国工商银行等商业银行为代表，主要通过市场化方式，根据需求为走出去企业提供金融服务；股权投资机构以股权投资方式促进融资，如中国农业产业发展基金、中国投资发展有限责任公司、中拉合作基金、中非发展基金、丝路基金有限责任公司、中信农业发展基金有限责任公司等。

金融支持在农业走出去过程中发挥了重要推动作用，且效果显著。截至 2019 年底，国家开发银行累计支持农业走出去项目 508 个，年底贷款余额为 53 亿美元，支持了中粮农业运营和产业项目、华润集团收购东欧五国啤酒资产项目、哥伦比亚农业综合开发项目等多个农业走出去项目。中国进出口银行以"一带一路"沿线国家为重点，支持农机装备制造、农产品精深加工、海外并购等海外投资项目，截至 2018 年底，涉农贷款余额为 3 332.85 亿元，项目涉及乌克兰、以色列、新加坡、美国等39个国家和地区。商业银行根据实际情况，探索出多样化的海外金融服务方式。例如，中国银行提出"中银全球中小企业跨境撮合服务"，帮助中小企业融资；中国建设银行对符合走出去战略但突破总行审批权限的业务取消事先核准制度，简化审批程序。此外，中国海外农业投资开发基金发挥政策性基金作用，长期聚焦海外农业项目，投资领域覆盖种植、加工、仓储、物流、研发等全产业链。在风险保障方面，中国出口信用保险公司发挥国内唯一政策性保险机构作用，为企业境外投资提供风险保障，2018年提供了172亿美元的农业保险支持，其中农产品贸易保险为160亿美元，农产品项目保险为12亿美元；截至2018年底，累计支持农业外经外贸企业2.5万家，参保农业合作项目为116个，参保金额为1 160亿美元。

2. 主要特点

政府牵线搭桥，推动合作发展。农业农村部、国家外汇管理局、中国人民银行、外交部、发改委等部门结合国家战略和企业需求，有针对性地制定了保险融资、外汇管理、跨境支付、税收等多方面金融政策，推动企业走出去。作为农业对外合作工作的牵头部门，农业农村部不断加大与金融机构的合作力度，与国家开发银行、中国进出口银行分别签署战略合作协议，为企业争取资金支持。截至2019年，中国进出口银行与农业农村部已开展八批农业对外合作贷款项目，为超过100个项目批准贷款，进一步加强对走出去企业的信贷支持力度，提高企业参与国际竞争的能力。

政策性金融机构瞄准长期目标，推动大型项目。政策性金融机构以国家信用为背景，重点支持符合国家利益和东道国利益的重点项目。相对商业银行，政策性金融机构的利率较为优惠，获贷后资金使用和还贷程序较为简便；项目期限普遍较长，如中国进出口银行的优惠出口买方信贷贷款期限可达15~20年，保障项目长期目标的实现。为提高服务质量，政策性银行的各地分行还结合当地情况，提供定制金融服务。例如，2018年中国进出口银行河北省分行在对省内农业企业调研的基础上，提供"农产品出口卖方信贷"产品，为河北省多个外向型企业提供资金保障。国家开发银行在服务国家战略的基础上，采用市场运营模式，支持中长期投融资，除了推进大型项目，还主动发挥连接政府和市场的优势，主办支持农业"走出去"的银企合作推动会，加强银、政、企三方交流合作，与北京首农集团、光明食品集团、中非农业投资公司等企业签署《推动农业"走出去"合作协议》，支持企业开展农业对外投资。

商业性金融机构注重产品创新，提升服务质量。随着企业走出去步伐的加快，在仅靠政策性金融机构的情况下，资金供需缺口仍较大，金融产品创新不足，难以满足大部分企业的多样化需求。商业银行日益重视海外业务，积极拓展境外经营网络，创新金融产品和服务，提供流动资金贷款、项目融资、银团贷款、不可撤销贷款承诺函、信用证、福费廷等信贷类业务，以及可撤销贷款承诺函、财务顾问、即期外汇交易等非信贷类业务，以满足企业走出去需求。商业性金融机构可以为企业提供差异化金融产品和服务，但尚未形成完善的事前金融咨询、事中融资、事后管理的支持体系，支持力度和综合能力有待提高。

从长远看，商业性金融是未来企业走出去融资的主要渠道。但由于农业对外投资高风险的特性，目前政策性金融仍是企业走出去初期阶段的主要支持力量，并将持续发挥提供优惠金融支持的作用。随着走出去企业的不断发展，商业性金融支持力度会不断加大，政策性金融与商业性金融相互补充、相互促进的新格局逐渐形成。海外投资保险主要为中国企业和金融机构海外投资提供风险保障，并逐渐成为农业走出去金融服务体系的重要组成部分，在支持企业开展境外投资、促进农业对外合作发展方面发挥重要保障作用。

（二）存在的问题

近年来，我国金融支持主体呈多元化趋势，金融产品和服务不断创新，支持力度逐渐加大。但从整体上看，相较于企业不断增长的金融产品和服务需求，我国仍然存在严重的资金保险供给缺口。农业对外投资企业尤其是民营企业普遍面临缺乏融资渠道、融资成本较高、风险管理能力不强等问题。

1. 金融供给不足，走出去企业缺乏融资渠道

供给不足主要体现在3个方面。一是金融机构普遍国际化经营起步较晚，跨境金融服务体系尚未形成，海外经营模式不够成熟，金融产品和服务有限，难以满足企业快速发展的需求。在企业的选择上，金融机构更倾向于支持大型企业，且聚焦于农业的专项支持项目和资金较少，民营企业能获得的融资渠道相当有限。二是农业生产周期较长，短期融资项目难以满足后续的资金需求。近年来，重粮集团等企业在国外购买大量未开垦的土地，而农场从开垦荒地到实现种植经营收支平衡一般需要5~10年。其间，土地开发、灌溉系统建设、农业机械设备购置都需要持续且高额的资金投入，短期融资难以满足项目的长期资金需求。三是中小型企业融资渠道受限。从对外投资合作的主体和投资规模来看，近40%的走出去企业累计投资额不足200万美元，投资规模较低。而金融机构基于风险控制考虑，对企业融资设有一定门槛，中小企业由于缺乏境内可抵押资产而无法达到融资最低门槛，面临融资困难等问题。

2. 风险较大，融资成本过高

经济利益是金融机构的关键考量原则，面对愈加复杂的国际政治

经济环境，金融机构为农业走出去企业提供贷款面临着市场风险、法律风险、政治风险、安全风险以及文化差异等诸多挑战。整体上，金融机构政策和措施偏向谨慎，为企业提供金融产品和服务的创新有限。造成企业融资成本过高的风险主要来自以下3个方面。

一是农业风险。农业本身是投资风险较大的行业，高度依赖自然条件，且生产周期长，易受市场、价格和气候影响。自然灾害和市场波动会严重影响农业生产，造成经济损失。同时，农产品生产季节性和周期性强，对资金周转要求也较高。

二是境外金融风险，包括汇率风险和业务创新风险等。汇率风险主要体现在人民币汇率与市场价格波动，汇兑限制和货币贬值都会给企业造成损失。银行缺乏境外农业投资的相关业务经验，也可能导致业务创新风险，如"内保外贷"可能因企业的不正当套利行为而给银行造成经济损失。

三是国别风险。根据农业农村部的企业对外农业投资信息采集系统的统计，2019年上半年中国农业对外投资新增流量的62.4%流向了亚洲、非洲和南美洲国家，许多东道国基础设施较差，且面临政治军事、社会安全和国家主权信用等多方面风险，金融机构在提供金融服务时会更加谨慎。同时，目前国内银行审批程序和制度设计还不能完全适应东道国的要求。陕西省某企业在申请境内某政策性银行境外项目贷款时，由于吉尔吉斯斯坦政府的机构设置、政策制定、审批程序与中国差异较大，无法提交该银行要求的审批程序和要件，导致贷款无法顺利发放。这增加了企业的融资难度和成本压力。

3. 实力有限，风险管理能力不强

大部分农业对外投资企业实力较弱，整体投资规模较小，抗风险能力较差，且没有建立内部信用风险管理的工作流程，企业内部信用风险管理水平较低；近年来，许多非农企业涉足农业对外投资，但部分企业缺乏海外投资经验和农业经营经验，对境外农业投资和贸易风险缺乏风险预案。

从整体上看，由于风险考虑和企业实力限制，现有走出去企业融资渠道有限，融资成本较高，风险防控不到位，金融产品供需缺口较大，金融对农业走出去的推动效果有待提升。

二、金融是农业走出去的助推剂

金融作为现代经济发展的核心，是引导经济资源有效配置的关键，是推动农业走出去的重要助推器。目前，国际金融环境存在诸多不稳定因素，从发达国家的发展经验来看，专业完善的金融服务有利于提高农业企业海外经营的效率，降低企业跨国经营的风险，推动企业开展农业对外投资。

（一）金融支持是农业走出去的重要推力

中国政府高度重视农业走出去金融支撑。2007年中央一号文件第一次正式提出加快实施农业"走出去"战略，"搞好对农产品出口的信贷和保险服务"；2014年，国务院总理李克强主持召开国务院常务会议，部署加大金融支持企业"走出去"力度；2015年中央一号文件提出要完善支持农业对外合作金融政策，通过为关键项目提供重点支持，为重大并购项目提供资金支持，为重要投资项目提供境外投资保险，确保重要项目顺利落地实施。例如，中国出口信用保险公司为华大贸易投资柬埔寨制糖产业园项目提供保险金额1.13亿美元，支持其建成了亚洲最大的制糖产业园项目，有效提升了我国糖业的国际合作水平和层次。同时，金融机构通过对企业和投资项目的选择，实现对走出去重点产业和项目的引导，通过拒绝为不宜走出去或者缺乏潜力的产业提供金融服务，避免资金浪费，提高资源使用效率。从长远看，金融机构对项目的筛选有利于培育境外经营能力、抗风险能力更强的企业，推动农业走出去可持续发展。

（二）资金支持是推动企业走出去的关键要素

有力的资金支持是保障农业对外投资合作顺利实施和持续发展的关键。国内外学者通过实证研究，验证了有效的金融措施对企业对外投资具有直接促进作用。而在融资不足的情况下，尽管企业预计可以在跨国生产经营中获利，但受融资约束，将难以展开对外直接投资。随着农业走出去步伐的加快，重大项目落地实施对资金投入的要求不断提高，资金支持在跨国并购中发挥了关键作用。在中国化工成功收购瑞士先正达的过程中，中信银行和汇丰银行牵头银团贷款，其中中信银行提供的银团授信规模为125亿美元；中国银行、国新控股和兴业银行等为交易提供股权融资，其中中国银行通过提供永久债券注资100亿美元，为中国企业最大的海外收购案提供资金支持。中粮集团收购来宝农业和荷兰尼德拉公司时，除了获得中国农业银行提供的超过1亿美元的并购贷款外，还联手厚朴基金、国际金融公司、淡马锡、渣打私募股权投资等财务投资人进行联合投资，其中跨国投资财团的投资比例达到40%。

（三）保险服务是防范投资风险的重要保障

企业农业对外投资合作面临多重风险，中国农产品出口企业难以顺利收汇的主要原因为海外买方拖欠和拒收。境外保险可以保障企业在对外投资过程中因东道国政治动荡和市场波动等原因而面临的经济损失，帮助海外项目解决信用资质、项目金额和期限等方面的问题，推动走出去项目落地；同时，金融信息服务可以帮助企业规范投资行为，减少信息缺失导致的决策风险和经营风险。作为我国唯一的政策性保险机构，中国出口信用保险公司在保障境外农业风险、推动农业项目持续发展方面发挥了重要作用，为重大项目提供了针对性境外保险。根据中国出口信用保险公司官网的承保项目介绍，中国出口信用保险公司为印度尼西亚棕榈园种植项目提供1.21亿美元保险金额，为毛里塔尼亚远洋渔业基地投资项目提供的保险金额达9 500万美元，为推动重点产业境外投资提供了有效的风险保障。

三、企业获取金融支持的路径

(一)资金支持

1. 基本类型

信贷是目前的主流金融服务，支持对外投资、国际贸易、国际合作和境内对外开放等多种业务，包括境外投资贷款、吸收境外投资贷款、出口卖方信贷、出口买方信贷、进口信贷、援外优惠贷款、优惠出口买方信贷、促进境内对外开放贷款、专项协议贷款等多种形式。从贷款功能来看，境外投资贷款主要支持中资企业开展农业对外投资项目；促进境内对外开放贷款主要推动境内对外开放；出口卖方信贷支持中国境内企业出口涉农产品和服务；进口信贷用于保障农产品、先进技术和服务进口；援外优惠贷款是中国政府指定银行提供的对外中长期低息贷款；而中国进出口银行与农业农村部合作推动的农业对外合作贷款项目，则属于专项协议贷款。同时，随着支持企业走出去基金逐渐发挥作用，股权投资方式成为促进企业融资的新形势，主要投资方式包括长期股权、股权相关投资等。

2. 获取方式与条件

从整体上看，走出去企业获取金融支持主要有两种方式。第一种方式是自行申请贷款和投资。企业通过充分了解申请贷款需要满足的基础条件以及相关贷款产品所需的特殊条件，确认拟申请贷款类型，并有针对性地准备材料，通过抵押评估和银行审贷等程序获得贷款。一些专项协议贷款专门针对农业项目，指向性更明确，但其申请方式和程序与其他类型贷款有所不同。以农业对外合作贷款项目为例，各省级农业主管部门征集贷款需求，组织企业申报，然后中国进出口银行国内各分行进行贷款项目受理、调查和评审，并将通过审批的贷款项目情况报送总行普惠金融服务部。部分类型的贷款条件具有明确门槛，如农业对外合作贷款项目中的进口信贷明确要求"一是申请流动资金类贷款的借款人，年进口额须达到500万美元（含）以上；二是申请固定资产类贷款的借款人，进口合同应已经签订，且合同总金额不低于500万美元；三是技术进口项目应符合《中华人民共和国技术进出口管理条例》要求，且已经必要的技术出口国和我国有权部门审批或核准（备案）"。由于农业走出去风险较高，商业银行可能倾向于在发放贷款的过程中确定较高的风险溢价，这客观上增加了企业的融资成本，对企业实力和发展潜力要求较高。股权融资同样需要企业向相应基金申请投资，基金投资团队通过对项目进行调查，决定是否达成"投资条件"约定。许多基金资金实力强，但项目门槛普遍较高，如中国海外农业投资开发基金和中拉合作基金的单个项目的最低投资额分别是3 000万美元和1 500万美元，大部分农业对外投资企业规模较小，难以获得这些基金的支持。

第二种方式是通过其他途径与金融机构加强对接。通过农业走出去"10+10"银企精准对接会等活动，农业对外投资企业可以与国家开发银行、中国进出口银行、中国农业银行、中国农业发展银行和中国出口信用保险公司等金融机构开展交流合作，加强需求对接；金融机构选择合适的项目推荐到项目所在省（区、市）分行（公司），提供后续金融服务，推动走出去项目落地实施。

3. 选择策略

企业应充分利用政策性银行、开发性银行、商业银行、股权基金等多元化融资渠道，分散融资风险。除了争取政策性金融支持之外，企业也要考虑商业银行推出的金融产品，并争取中非发展基金，中拉合作基金等聚焦农业、支持涉农项目的基金。符合条件的企业应积极争取丝路基金等政策性和区域性基金的支持。除自行申请外，企业可通过参与银企对接活动，发挥与金融机构交流的主动性，加强项目资料的规范性，积极获取金融机构对投资项目的资金支持。同时，企业也应该根据自身实力，选择合适的融资方式和额度。许多贷款和融资都具有较高门槛，需要企业加强对投资项目的可行性研究，充分评估自身承担风险的能力，合理提出资金支持需求，避免过分依赖政府优惠政策支持。从日本海外投资经验来看，低成本的农业对外投资会导致低效率投资或亏损。客观上，金融支持必须遵循经济规律，坚持市场化运营，合理的融资成本有利于筛选出优质项目，保障对外投资的可持续性。因此，企业应该考虑到自身实力和整体发展规划，根据金融机构要求，申请符合自身发展阶段的融资方式。

(二)风险保障

1. 基本类型

政策性信用保险是目前提供境外农业风险保障的主力,中国出口信用保险公司为农业走出去企业提供全方位风险保障及配套金融服务,主要产品包括出口信用保险和海外投资保险。出口信用保险为农产品出口企业提供以信用证、非信用证方式从中国出口的信用期限在一年以内的出口收汇风险保障;海外投资保险为境外农业项目投资企业提供投资所在国发生的征收、汇兑限制、战争及政治暴乱、违约等风险保障。此外,中国出口信用保险公司还通过提供海外风险分析和风险管理服务,包括海内外企业资信报告、行业研究及咨询报告,对企业进行信用评级;每年发布《国家风险分析报告》,从国别、行业、企业等方面判断中国企业对外投资面临的风险,提供管控建议;帮助企业管理投资风险,跟踪承保项目进度,帮助企业提高风险管理水平和防范能力,保障项目的可持续发展[1]。

2. 获取方式与选择策略

企业可根据需求,购买相应类型的海外投资保险或出口信用保险,并寻求咨询服务支持。从项目选择来看,中国出口信用保险公司对特定区域的农业项目有一定的承保优惠,在这些区域投资的企业可利用优势积极申请投保。2018年,中国出口信用保险公司与多国政府或金融机构签署合作协议,推动海外投资和双边合作,其与尼日利亚和缅甸的相关机构加强了农业领域的合作。相关区域投资企业可重点跟进协议进程,有效利用中国出口信用保险公司相关保险服务,保障农业走出去项目的可持续发展(见表11-1)。

---

[1] 根据中国出口信用保险公司官网整理,http://www.sinosure.com.cn。

表 11-1　2018 年中国出口信用保险公司的海外合作情况

国别	签署方	协议	涉及领域
缅甸	缅甸投资者发展协会	谅解备忘录	农业
尼日利亚	尼日利亚财政部	框架合作协议	农业、设备出口
阿根廷	阿根廷国民银行、阿根廷外贸投资银行	框架合作协议	出口贸易
多米尼加	多米尼加财政部	框架合作协议	成套设备出口、海外投资、贸易出口
日本	日本贸易保险株式会社、日本日挥株式会社、三井住友银行、瑞穗金融集团	双边或三方战略合作协议	融资保险、项目合作
巴拿马	巴拿马国民银行	合作框架协议	投资项目
南非	南非联合银行集团	中国出口信用保险公司与南非联合银行集团融资保险合作框架协议	项目融资

资料来源：中国出口信用保险公司官网新闻报道和 2018 年度报告。

从风险防控方面来看，农业走出去面临农业产业和企业境外投资双重风险，企业应以加强风险管理为原则，提高金融风险识别和防范能力。大部分中小企业风险管理水平较低，企业在获取境外信息时面临障碍。此外，近年来非农企业逐渐加入农业对外投资队伍，由于缺乏农业管理经验和专业人才，对境外农业投资风险认识不足，其投资存在一定的盲目性。企业应该加强风险防范，充分利用现有平台和信息渠道，提高风险认知，争取保险政策保障和风险防范管理相关服务，确保项目可持续发展。

四、金融机构推动农业走出去的路径

我国应构建多主体参与的金融支持体系,以政策性金融为金融支持的主导力量,以开发性金融和商业性金融为重要支撑,以政策性保险为有力保障,以股权投资机构为有效补充,针对农业企业走出去过程中亟待解决的金融问题,积极完善支持措施,推动农业企业高质量、有保障地走出去。

(一)创新金融产品,提供多样服务

"创新是引领发展的第一动力"。金融服务应以企业需求为出发点,推动服务创新,完善金融支持制度体系,优化金融资源配置,提高金融保障的有效性,提升企业的国际竞争力和抗风险能力;聚焦企业需求,针对企业遇到的重点和难点问题,创新服务方式,多渠道提供资金的低成本来源;针对广大中小企业的实际需求,加强小额融资贷款和短期贷款;开发适应企业境外需要的新型金融工具,在政策性银行先行先试;创新担保机制,试行企业互保、企业共保等新型担保模式,为民营企业提供更多融资渠道。中国可借鉴日本、韩国等国的经验,加大对民营企业的支持力度,给符合条件的中小企业提供优惠贷款,弥补市场金融的不足,充分发挥民营企业的积极性。

(二)加强多方合作,破解融资难题

政府应发挥好牵线搭桥作用,加强与政策性金融机构的合作,促进政企、银企间合作,支持农业对外合作重点项目;争取国家专项资金,提高境外农业项目补贴标准,扩大补贴范围;鼓励国内金融机构与境外金融机构通过联合发债、银团贷款等新型融资方式,满足企业

海外并购等大型融资需求；鼓励企业拓宽资金来源渠道，加大与国际金融机构的合作，开展境外融资业务，争取境外低成本资金。

（三）防范投资风险，建立支持体系

针对农业企业海外投资项目投保比例较低的现象，政府和金融机构应共同发力，为企业对外农业投资提供良好保障。政府应加强合作，与东道国签订投资保护协定，通过援助外交等方式为企业投资提供良好外部环境；持续扩大与他国本币互换的协议的签署，维护金融市场的稳定，推动投资的便利化；鼓励保险机构不断优化保险产品，使其增强承保能力；促进银保合作，满足企业风险保障和投融资需求；探索建立与银行、保险公司、企业共同出资的境外投资合作担保机制，为境外投资提供系统保障。

第十二章

信息是农业走出去的指南针

　　信息具有及时、灵活、多样、连续等特性，极易成系统，极具可塑性，既能单独应用又能组合使用。从古至今，信息都是各国家、各领域决策和行动的重要指引。从战时开始，"知己知彼百战百胜"就揭示出信息的关键作用，信息往往是各方竞相争夺的宝贵资源，谁及时掌握准确有效的信息，谁就有可能最先取得胜利。改革开放以来，信息工作全面深化，信息化产业蓬勃发展，为中华民族带来了千载难逢的机遇，其战略地位日益凸显。习近平新时代中国特色社会主义思想将信息化工作摆在重要位置，并始终强调信息在国内外经济社会大局、对外开放合作和农业现代化发展中的驱动、支撑和指引作用。当前，信息已逐步成为服务经济社会发展、决胜全面建成小康社会、夺取新时代中国特色社会主义伟大胜利、实现中华民族伟大复兴中国梦的重要支撑，成为一切科学决策的基础参考。在推动农业走出去的过程中，信息也发挥着不可或缺的指引作用，为宏观主体战略制定和微观主体投资实践指明方向，提供全面服务保障。

一、农业走出去信息的发展历程及现状

改革开放以来，为满足我国对外直接投资飞速发展的管理需要，全行业对外投资信息实现了从无到有的突破。2001年"走出去"战略提出以后，根据企业实践需要，依托各有关部门职能职责和管理制度，全行业走出去信息体系的建设进入收集统计和引导服务同步发展的阶段。农业走出去信息服务孕育于全行业走出去信息服务发展的总体进程中，经过一段时间的探索，正由初步建立逐步走向成熟完善。

（一）农业走出去信息从无到有的起步阶段

1983年以前，我国对外直接投资一直由国务院直接审批管理。而后，根据国务院发布的分工意见，随着原对外经济贸易部将管理权限下放，我国对外直接投资业务开始由投资单位的上级部门（省、自治区、直辖市人民政府、国务院各部委）、原外经贸部、中国驻外使（领）馆和原国家计委等有关部门共同管理。进入20世纪90年代，我国对外直接投资热情空前高涨，但由于不少企业事前准备不充分，信息不对称，各种问题接踵而至。为了规范企业对外投资行为，提高对外投资效率，加强事前防范管理，1991年起，原国家计委和原外经贸部开始履行更为严格的境外投资项目审批程序，分别负责审查企业的项目建议书、可行性研究报告和项目合同、章程等信息。同时，原外经贸部也授权驻外使（领）馆经商处（室）对中方在其所在国开办的各类企业实行统一协调管理。

总体来看，从改革开放之初到新世纪之交，我国全行业对外投资信息开始逐步积累，主要在政策的引导下，由各管理部门依据行政职能，从境外项目审批和外汇使用管理过程中收集而来。但这些信息比较分散，尚未形成统一体系，且重点服务相关政府部门内部工作，并未对外公开。这一时期，我国对外投资企业通过一系列审查备案，充当着走出去信息的提供者，但其境外投资实践只能依靠自行搜集的有限信息，并没有获得有关部门的权威信息服务，这导致企业面临多重失败风险，也使我国对外投资的经济和社会效益一度受到较大影响。政府和企业逐渐意识到信息对境外投资的关键指引作用，对信息的全面收集和广泛共享表现出日益旺盛的需求。

（二）农业走出去信息收集和服务的同步发展阶段

自2001年我国正式提出"走出去"战略以来，有关政府部门着力完善了一系列信息收集制度和服务保障措施，以便更好地掌握情况，开展管理、服务和引导；走出去企业也纷纷开展信息收集工作，以提高境外投资的成功率。自此，以政府部门、相关机构为信息收集和提供主体、以企业为信息服务对象的走出去信息体系开始同步发展。

1. 走出去信息收集工作不断完善

2003年，我国组建外商投资促进中心，在商务部网站上搭建企业境外投资意向信息库，并成立境外中资企业商（协）会。2004年7月起，我国开始实行更为灵活的对外投资核准制和备案制，为企业对外投资提供更便捷的服务，同时也丰富了走出去信息的收集渠道。2006年，商务部和中国各驻外经商机构联合建立中国对外直接投资国别（地区）数据核查制度。2007年，商务部、国家统计局和国家外汇管理局联合发布《对外直接投资统计制度》（已于2019年修订）。2011年，国家发展改革委进一步将部分资源开发类境外投资项目的核准权限下放给省级发展改革部门，中央管理企业采取自主决策并报国家发展改革委备案,从而拓展了地方部门和企业层面的走出去信息收集渠道。2017年,国家发展改革委、中国人民银行等建立对外投资合作主体、对外贸易主体的信用记录,进一步加强了对走出去主体经营风险等信息的收集管理。这一阶段,政府部门走出去信息的收集工作随着企业行为和境外市场的变化而不断完善,宏观层面的走出去信息收集体系建立,为相关部门判断发展形势、优化政策措施和引导、管理企业对外投资行为提供了参考。

在微观主体层面,我国援外项目、对外投资企业等也都相继开展了境外项目的事先可行性研究,将全面信息收集分析作为谋划走出去布局的第一步。在此期间,大量的咨询研究机构应企业需求,加入了走出去信息收集的队伍。

2. 走出去信息服务体系日益丰富

经过一段时间的信息收集,国家发展改革委、商务部、国家外汇管理局、外交部、国家统计局、财政部、国资委以及地方政府等有关部门建立了一定的信息储备,并开始探索提供与企业走出去各环节信息需求配套的信息引导服务。商务部自2002年起每年编写发布《国别贸易投资环境报告》,旨在帮助广大中资企业深入了解目标国环境,更好地开展国际合作。2004年起,商务部、国家统计局联合发布《中国对外直接投资统计公报》,系统跟踪全行业走出去的发展趋势和对外投资结构。为了贯彻落实党的十六大和十六届三中全会关于"鼓励和支持有比较优势的各种所有制企业对外投资""完善对外投资服务体系"的精神,根据国务院关于"加强对境外投资的协调和指导"的指示,商务部、外交部自2004年起联合编制《对外投资国别产业导向目录》,其成为国家层面引导企业境外投资的重要依据;两部委先后在官方网站上建立投资中介机构子栏目和驻国(地区)投资项目招商信息库栏目，推动合作需求对接；商务部于 2004 年发布《国别投资经营障碍报告制度》，通过全面了解我国企业境外投资经营的总体状况及遇到的各类问题，加强对境外投资的宏观协调和管理指导，保护投资者的合法权益。此后，为满足企业对外投资需求，提供及时、有针对性的信息服务，商务部自 2010 年起发布《中国对外投资合作发展报告》，并于 2015 年印发《对外投资合作境外安全风险预警和信息通报制度》；商务部、外交部等部门自 2011 年起加强对境外中资企业的文化指引；国家税务总局于 2015 年建立国别税收信息研究工作机制，截至 2019 年底，已发布 90 个国家（地区）的《国别（地区）投资税收指南》和大量多双边税收协定。

随着电子信息技术的发展和大数据时代的到来，商务部、国家发展改革委等政府部门应用先进的手段、基于收集的信息，相继建立了服务全行业走出去的信息共享平台，进一步提升了信息服务的便捷性、覆盖面和影响力。2008 年，商务部率先建立对外投资合作信息服务系统，并逐步聚焦走出去领域，于 2015 年建立"走出去"公共服务平台。当前，该平台汇集了境外 172 个国家的《对外投资合作国别（地区）指南》、支持和服务走出去的政策措施文件、境外经贸合作区的名录和支持政策、境外安全风险防范指南、对外投资合作政策法规及业务指南等信息资源，供企业和各类社会机构参考。2013 年"一带一路"倡议提出以来，国家发展改革委创建"中国一带一路网"，以发布"一带一路"合作新闻资讯、政策环境、机制建立、五通建设进展、贸易投资数据、企业案例分析等相关信息和智库研究成果。此外，国家外汇管理局、海关总署、中国国家质量检验检疫总局、中国国际贸易促进委员会等相关部门也都陆续在官方网站上开设了公共信息服务专栏，为企业对外投资合作提供信息支撑。走出去起步较早的上海、浙江等地，也由当地商务部门牵头，在信息服务体系、智库咨询机构和共享平台的构建方面进行了一系列探索。

近几年，各类科研、咨询、中介机构积极发挥市场化优势，分别以产品服务、咨询服务、平台服务等方式，充实走出去的信息服务体系。多个走出去领域智库、协会、联盟的相继成立，标志着走出去信息服务体系逐步迈向渠道不断丰富、手段日益多元的新格局。

综上所述，这一时期，走出去任务更加明确，更多主体参与了全行业走出去信息体系的建设，信息储备的数量、质量和涉及领域同步发展。基于此，有关政府部门和科研机构从投资、贸易、税收、法律、文化等多个维度，逐步建立起引导我国企业走出去的一套事前预警、事中指导、事后保障的信息服务体系。其不仅有助于政府部门加强管理对外投资，也有助于企业解决因前期调研不足、信息资料不全、经验能力不够等导致的决策困难和实践失败问题。

（三）农业走出去信息体系的初步构建阶段

受地理环境、产业周期、企业实力等因素限制，农业走出去起步较晚，专业化的信息收集工作也经历了较长时间的摸索。2012年以前，农业走出去信息收集一直以全行业的走出去信息为主要来源，并没有专门的管理机构、收集制度和服务体系。2013年起，原农业部建立企业对外农业投资信息采集体系，调动全国各省区力量，全面、系统地采集我国企业境外农业投资信息，包括企业境内外主体基本情况，境外农业投资的国别选择、生产经营领域和方式，资源占有、产品产出和市场流向，社会责任履行等多方面，建立了我国农业走出去领域唯一的权威数据库。

经过多年的完善积累，信息采集工作取得了显著成效，基本覆盖全国的信息采集队伍形成，较为科学规范的信息采集制度建立，而且农业走出去投资合作情况不明、底数不清的局面有效改善。截至2019年上半年，采集境外企业数量从2013年的377家增加到934家，采集覆盖范围从25个省（区、市）增加到34个省级行政单位。涵盖近千家企业、近百个指标、连续7年信息的庞大数据集合，已成为开展各类统计分析、决策研究的坚实基础。据此出版的年度《中国对外农业投资合作分析报告》、推出的典型案例分析、"一带一路"专题研究等，已为领导出访、企业决策、咨询研究提供了有力支撑。

但随着农业走出去工作的全面展开，各类参与主体信息需求的日益多样化，企业境外农业投资这一单一渠道和领域的信息收集和配套服务显然已不能满足发展要求和工作需要。于是，借鉴全行业走出去信息收集和服务体系建设的经验，农业走出去信息工作大步迈向发展完善阶段。

（四）农业走出去信息服务体系的发展完善阶段

信息交流共享和服务提升是2014年国务院批复农业对外合作部际联席会议机制的六项重点工作之一。"十三五"期间，农业走出去信息收集渠道和服务体系平台不断完善，成效初现。

农业农村部对外经济合作中心立足于推动农业走出去战略，深入调研，统筹大量人力、物力、财力，创建了"农业对外合作战略信息系统"（以下简称"战略信息系统"）。战略信息系统以打造全国农业对外合作综合性信息交流平台为目标，以服务战略为核心，以政府部门、企业和科研机构三类服务对象的需求为导向，以边建边享、共建共享为建设原则，全面汇集农业对外合作各类信息资源，采用可视化展示和数据库存储相互支撑的技术手段，实现信息资源的交流共享，为科学研判农业走出去发展形势、进行政策创设提供参考，为精确谋划重点国别和产业布局提供依据，为充分开展理论和实证研究提供支撑。战略信息系统涵盖服务战略实现的信息资源框架，包括战略规划、国别指南、政策措施、合作项目、合作机制、企业投资、产业合作、发展援助、人才储备、优势技术、外商投资、研究报告等，并对每部分的"发展定位"、"主要内容"、"当前储备"和"应用方向"做出了具体规划和详细梳理。

中国农业科学院成立海外农业研究中心，依托全国农业科技创新联盟、全国农科院系统外事协作网和中国农业国际合作促进会，建立海外农业大数据中心，搭建"农业对外合作公共信息服务平台"，以汇集境内外市场数据、资讯和多领域研究参考文献为主要服务内容，与战略信息系统形成有效补充和错位发展。

在农业对外合作部际联席会议机制的协调下，有关部门、科研机构等共同参与建立农业走出去信息产品体系。经梳理，截至目前，正在运行和建设的信息产品包括综合信息、国别环境、产业发展、项目建设、企业投资、政策支持和学术研究等，共计七大类近20种，频次涵盖年度、月度、周度及不定期，形式包括数据、报告、图书、期刊等，以线上线下多种形式为各类农业走出去主体提供全面、便捷的信息服务。

（五）农业走出去信息服务体系存在的问题

经过一段时间的探索，在各级政府、各部门的共同努力下，依靠各类境内外主体的配合，农业走出去信息服务体系初步建立。但从服务政府部门战略推进、企业境外投资实践和科研机构研究分析3个方面的功能和效果来看，该体系还存在一系列问题，包括整体谋划站位不高、信息需求调研不足、信息收集渠道不畅、数据情况不明、文件资料不全、挖掘分析不深入、共享服务不到位、平台枢纽作用发挥不够、产品体系结构有待优化、产品指导性及针对性不强、工作保障机制不健全等。农业走出去各参与主体亟须进一步提高认识，通过制定目标、明确要求、部署任务、研讨手段、优化路径，全面提升信息的支撑作用、引导能力和服务水平。

二、信息是服务农业走出去的关键要素

国际环境变幻莫测，国内市场深化改革，全球农业生产、投资、贸易、政策、风险等情况复杂交织，给农业走出去全局工作带来诸多挑战，也让政府部门、企业和科研机构等参与主体难以准确判断局势，难以进行科学决策。此时，充足、多元、准确、及时、有效的信息就成为必要的参考。同时，信息的真实性、系统性、多样性、灵活性、便捷性、可塑性，也增强了战略指引的可行性和操作性，使其成为我国农业走出去战略实施过程中的关键要素。深入研究并最大限度地发挥好信息的服务指引作用，是保障农业走出去各个环节顺利运行，支撑政府部门制定战略、创设政策、推进项目，指导企业稳步投资，助力科研机构开展基础研究的一项重要工作。

（一）信息是政府部门推进农业走出去的重要支撑

信息是政府部门制定战略的基础参考。确保农业走出去发展战略总体协同、目标明确、路径可行、布局合理，离不开前期对国内外农业农村发展、产业基础、投资环境等情况的全面了解和深度把握。信息的大量汇集和挖掘分析是展示现状、明确优势、梳理问题、瞄准需

求、找准机遇、认清挑战、预测趋势最直接有效的方式,能让政府部门快速找到战略定位、聚焦核心目标、部署规划体系。政府部门需要摸清国际国内两个市场、两种资源的现状,包括资源互补情况、合作基础情况、机制建立情况及市场竞争情况等,在充分研判当前局势的基础上,才能做出准确的趋势判断和长远的战略谋划。

信息是政府部门创设政策的主要依据。政策创设以解决实际需求为目标,要确保政策的针对性和可操作性,需要立足扎实的调查研究和全面的数据分析,了解有关主体的现实需求,评估现行相关政策的服务效果,并预估新政策实施过程中可能遇到的阻碍、需要协调的境内外、部门间问题等信息。例如,农业农村部认定"境外农业合作示范区"为重点项目并予以支持;中国进出口银行在为农业走出去项目提供融资支持之前,都要基于预先的信息收集分析,了解满足一定规模、效益和资质条件的政策需求对象,明确政策的细节和标准,再通过材料筛查、实地考察、资质审查等信息确认工作,保证政策有效实施。而创建推进农业走出去战略的一整套政策体系,更要充分依据信息。中央部门、地方政府通过加强政策信息的共享交流,进一步整合资源、借鉴经验、吸收意见,在此基础上形成整体协同、相互配合、相互补充、共同作用的政策合力,全方位保障战略实现。这也正是农业对外合作部际、厅际联席会议机制下调度信息、共商协作的一项主要内容。

信息是政府部门统筹全局的关键纽带。在推进农业走出去的过程中,政府部门需要与各类实施主体保持紧密联系,保持协同发展。为实现内外统筹,信息是互通互动最好的纽带,开展信息采集、组织工作研讨、举办交流论坛等都能够帮助政府部门把握全局,推进一盘棋工作的有序、高效运行。政府部门通过对信息的调度收集与整合分析,能够实时掌握农业走出去的各项战略任务，保障措施执行的进度，科学判断预设目标所处的发展阶段，总结经验、明确问题、研究应对措施，并据此部署下阶段战略任务重点，优化管理服务模式，提出工作指导意见；最终将获得的信息反馈到各类主体，落实责任分工。

信息是政府部门服务引导的重要依托。各级政府部门在推动农业走出去过程中肩负着服务和引导微观主体的职能，为保证服务对象精准、引导方向准确，政府需要以一定的信息积累和分析做支撑。当前，农业农村部依托企业对外农业投资信息采集工作，收集了近千家农业走出去企业的信息，并选定了一批重点项目、重点企业进行长期监测和服务引导。此外，灵活的信息能够打破地域限制，成为政府部门便利服务引导的重要依托。政府部门针对走出去主体的发展需求，持续关注境内外各领域宏观政策、相关产业市场环境及其他可能影响企业经营的外部风险，通过系统收集、公开发布农业走出去领域的权威信息，为走出去主体决策提供快速直接的支持参考。截至目前，有关部门已相继通过工作动态简报、市场信息快报、投资分析报告、国别研究报告等多种便捷信息产品对各类主体开展了卓有成效的服务引导工作。

（二）信息是企业谋划走出去投资布局的重要指引

宏观环境信息是企业形成走出去构想的根本遵循。企业开展农业对外投资合作，不仅是一种商业行为，更是落实国家宏观战略、保障国内农产品供给的一份社会责任。企业要想走得顺利、获得支持、避免失误、实现收益，就必须首先基于大量的数据分析、资料研究和调研考察，确保投资构想科学可行。因此，国内外的宏观战略导向信息就成为企业谋划走出去的领航灯。"国内要求怎么干、鼓励怎么干、有什么支持""国外让不让干、合作需求是什么"都是企业第一步就需要掌握的信息。据此，企业才能在对外投资前明确"去哪里干"、"干什么"以及"可以争取什么政策支持"等投资决策核心问题。

国别环境信息是企业规划走出去布局的主要依据。对要实实在在踏上陌生土地开展农业投资合作的企业来说，除了热情和责任，更重要的是要在不确定的环境下做出最优的选择，避免失败，这就需要对身处国家的情况有及时、深入的了解。"目标国有没有基础资源条件""目标国需要什么产业、什么技术、什么品种、什么环节"等都是企业关注的重点问题。因此，目标国的政治、经济、文化环境，农业资源禀赋和产业结构，吸引外资的政策和限制规定，农产品贸易市场情况等信息成为企业探索投资实践的参考书。据此，企业才能在走出去之前细化好"在哪儿干什么"的实施方案，进一步确定"用什么优势技术、组什么专家队伍、投入哪个产业链环节"等一系列"怎么干"的问题。

合作现状信息是企业规避走出去风险的重要参考。由于实力上和经验上的差距，不同类型企业在走出去过程中遇到的问题各异，应对风险的能力也不尽相同，这种情况在农业领域更为明显。为了最大限度地实现发展目标，合作共赢是最佳的选择，经验分享和抱团出海成为企业的普遍诉求。为避免走弯路、利用已有优势形成合力，农业走出去企业需要了解"都有谁正在干""别的行业、别的企业是怎么干的""成功的经验或失败的教训有哪些"，只有将现有企业、项目在目标国开展技术援助、科技研发、投资并购、生产加工、园区建设等农业领域合作的先行经验、资源储备、风险防范和合作需求等信息作为优化投资路径的参照物，才能顺应发展形势，认清自身位置，找到合作伙伴，避免风险损失。

产业市场信息是企业获取走出去收益的关键指引。企业开展农业对外投资合作的根本目标是实现经济利益、参与国际竞争，这是一种市场行为。企业需要在总体把握国际宏观环境的基础上，明确东道国的产业发展诉求，密切跟踪东道国及国际市场动态，科学规划产业布局，优化投入产出结构，部署预算融资规模，统筹资金运转周期，及时应对外部风险，最终实现最大经济收益。

专家智库信息是企业明确走出去方向的基础保障。农业走出去企业大多数是中小型民营企业，通常具有一定的国内农业生产经营管理经验，但跨国经营能力较为有限，在海外经营、战略制定、投资决策、法务咨询、文化交流等方面缺乏专业人才，发展受到局限。打造一支专业的人才队伍是企业顺利开展境外农业投资合作的基本保障。规划咨询、形势研判、产业分析等信息产品服务，能够帮助企业准确判断"前期战略实施效果如何""预计面临的风险有哪些""处于同行业的什么位置""下一步应如何调整战术"等关键问题。

(三)信息是科研机构开展走出去研究的重要参考

农业走出去涉及跨国经营、农业技术、财经法律等多学科、多领域，实践领域已有一定积累，但相关研究总体处于起步阶段，理论体系和研究基础尚不成熟。为更好地发挥智力支撑和人才培养作用，高校科研院所、智库咨询机构等对于开展农业走出去研究的愿望十分迫切。科研机构开展深入系统的理论和实证研究。针对重点国别、产业、项目和技术领域提供服务指导，离不开农业走出去信息资料的支撑，包括翔实的境外投资数据、典型的境外项目案例、全面的境外风险环境等。通过对上述信息的整合分析，结合境外实地调研，有关科研机构能够集中智慧创造出兼具综合性和针对性、兼具理论性和实践性、兼具本土化和国际化的信息咨询产品和技术服务方案，进一步优化智库研究团队，更好地服务农业走出去的战略制定、投资实践和学术研究。

三、信息体系建设的要求和来源渠道

（一）信息体系建设的目标

信息体系建设立足推动农业走出去的战略实现，全面服务政府部门决策、企业投资实践和科研机构研究；巩固信息收集渠道，实现信息体系储备最大化，做到情况明、数据全；搭建信息共享平台，实现各类主体信息实时联通，做到变化新、内容实；健全信息产品体系，实现全面深入的信息挖掘利用，做到种类多、针对性强；创新信息服务手段，实现灵活使用和广泛影响，做到渠道通、传递快；力争实现信息融合互通的平台枢纽和共建共享的良性循环，为农业走出去全局工作做好支撑参考和服务指引。

（二）信息体系建设的原则

围绕战略，整体谋划：不断提高农业走出去信息体系的站位，以推动我国农业走出去战略实现为总体目标，紧密结合国内外农业发展趋势，立足两个布局推进需要，系统梳理碎片化信息资源和多元化信息需求，以信息安全为根本遵循，整体谋划信息体系建设。

多方参与，共建共享：不断扩大农业走出去信息体系建设主体的覆盖面，鼓励各类主体积极主动地履行共建义务，最大限度地提供掌握的信息，形成合力；保证政府部门、企业和科研机构最大限度地享受基于信息体系储备的各类信息产品和咨询服务，构建信息共建共享的良好格局。

全面指引，精准服务：不断强化农业走出去信息体系的服务引导功能，针对政府部门、企业和科研机构的不同需求，提升公共信息产品和共享平台的全面性、普适性和多样性；着力探索针对重点地区、重点产业的定制化信息产品和咨询服务，提升精准信息服务水平。

创新手段，提升影响：不断深化农业走出去与大数据产业的融合，依托先进技术手段构建信息平台、处理信息资源、编发信息产品、提供共享服务，创新信息发布形式，丰富产品发放途径，提高信息服务的时效性、便捷性、影响力和满意度。

（三）信息的主要来源渠道

农业走出去信息体系建设应探索建立从中央到地方、从境内到境外的八大信息来源渠道（见表12-1），并明确各自的信息收集方式、内容和要求。

表 12-1 农业走出去的八大信息来源渠道

序号	信息来源渠道分类	信息来源渠道名称
1	中央	农业对外合作部际联席会议成员单位
2	地方	全国各省（区、市）农业农村主管部门
3	境内	对外农业投资企业主体
4	境内	农业走出去重点项目
5	境内	有关科研机构
6	境外	合作国政府
7	境外	驻外使领馆
8	境外	援外项目

一是以农业对外合作部际联席会议成员单位为信息来源,即以部际联席会议制度为核心,以部际联席会议联络员会议为支撑,以部际联席会议办公室为枢纽,全面掌握各成员单位推动农业走出去的相关信息储备现状,重点收集战略规划、国别指南、政策措施、合作机制、合作项目、优势技术、人才储备、外商投资等方面的信息资料,并实时跟踪相关工作的动态信息;在农业农村部门系统内,协调各有关司局做好我国农业农村发展战略、产业发展规划以及农业对外合作领域合作现状、合作需求、合作机制、合作项目、政策措施、专家人才情况等信息的收集整理;面向其他成员单位部门,重点收集具有宏观指导作用和经验借鉴意义的信息,包括境外经贸合作区、"一带一路"重大项目的建设进展、合作需求和政策措施信息,针对重点国家、重点产业的贸易、投资、金融、保险、税收、外汇、教育等领域的支持政策和合作机制信息,以及境外国家投资指南和风险环境信息等。

二是以全国各省(区、市)农业农村主管部门为信息来源,即以全国农业国际合作系统行政管理和考评机制为主要依托,掌握全国各地推进农业走出去战略的动态信息,包括各类投资促进活动、多双边机制交流、项目进展成效、国际形象树立、特色工作经验模式等情况;通过促进农业对外合作年度绩效考核管理和企业对外农业投资合作信息采集工作,全面收集各地部署和推进农业走出去工作的储备信息,包括出台的意见、编制的规划、建立的机制、支持的政策、先进的技术、汇聚的人才以及建立的企业库、项目库、案例库等;发挥分布于重点地区、致力于重点产业的地方部门优势,着力收集密切合作国家的一手信息资料,如广西对东南亚、黑龙江对俄远东、新疆对中亚,增强省级农业农村行政主管部门参与整个农业走出去信息体系建设的责任感和积极性。

三是以对外农业投资企业主体为信息来源，即农业农村部统筹全国 30 余个省级农业农村行政主管部门，发动大型涉农央企、行业龙头企业、有关科研机构和驻外使领馆力量，连续系统采集中国企业对外农业投资合作情况和规模以上农业走出去重点项目情况，包括采集投资规模、投资方式、国别分布、产业分布、产业链环节、产出结构和流向、经济收益、在东道国履行社会责任等信息，了解遭遇的风险困境、需要的政策支持等情况，并全面收集农业走出去企业境内实施主体的资本构成、战略布局、经验模式、投资指南和联络方式等信息。

四是以农业走出去重点项目为信息来源，即在部际联席会议机制下，凝结各成员单位力量，联合全国 30 余个省级农业农村行政主管部门和驻外使领馆，对接国家级、省部级重大项目组织实施主体，系统收集农业走出去投资、技术、人才等各级、各类合作项目信息，并重点跟踪国家农业开放发展综合试验区、境外农业合作示范区、农业对外开放合作试验区、农业走出去探索试点项目、"10+10"银企对接、"20+20"机制、扬帆出海培训、猎英行动招聘、科技支撑与人才培训基地建设等重大项目的进展和成效信息。

五是以有关科研机构为信息来源，即以中国农科院、热科院、水科院为支撑，以农业对外合作科技支撑与人才培训基地为主要补充，辐射全国各地农业相关院校和科研机构，与各类社会中介机构、咨询研究机构、媒体智库机构建立互动合作关系，全面掌握我国农业走出去优势技术，多双边科技人才合作机制，产业、国别、技术、规划、外交等领域的专家人才信息和学术理论型、战略解读型、技术指导型、市场分析型、实操服务型等各类研究成果；特别是借助分布在重点地区、致力于重点产业科研机构的合作优势，如海南热科院，云南、广西、广东农科院等，收集重点境外合作国的一手信息资料，包括农业资源、规划、产业、政策、风险等情况以及其农业技术需求、投资合作需求等，不断完善国别资料的收集更新工作，完善国别情况的研究工作。

六是以合作国政府为信息来源，即依托农业国际合作领域领导人多双边会谈、各类国际会议论坛、出访调研、培训交流等活动，直接面向合作国政府及有关部门官员收集当地宏观发展、农业产业、投资政策、合作需求和专家人才等信息，并借此保持长期友好联系和信息互通；通过网络公开检索方式，收集合作国政府网站、协会、研究机构和主流媒体发布的各类相关政策、产业、市场动态信息。

七是以驻外使领馆为信息来源，即采取发函调度、前方收集和网络检索等方式，争取驻外使领馆协助，发挥农业农村部外派农业外交官作用，借助我国主流媒体境外分支机构的信息发布平台，收集我国在当地农业投资合作项目的进展、合作机制推进、技术示范成效和粮食援助等信息，以及当地社会经济发展动向、农业产业市场变动和政策风险环境等信息。

八是以援外项目为信息来源，即依托联合国粮农组织南南合作信托基金、世界银行中国基金、20 余个援外农业技术示范中心等项目的可研考察、执行监测、验收评估等工作，广泛收集我国农业领域援外项目进展、优势技术和专家等储备信息，以及境外国家农业对外投资合作领域政策导向、市场变动、风险环境和合作意向等信息；通过大量农业领域援外培训班，全面收集课程、教材、师资、学员、考察点、志愿者等信息以及境外学员提供的本国规划、政策、产业和合作需求等信息。

四、发挥信息对三类主体的服务引导作用

我国应围绕农业走出去战略实现，全面谋划信息体系建设，并以政府部门、企业和科研机构三类服务对象需求为导向，分别部署有针对性的工作举措，最大限度地发挥信息在农业走出去全局工作中的服务引导作用。

（一）搭建信息平台服务政府部门

我国应搭建以储备为基础、系统为枢纽、服务为手段、机制为保障的农业走出去信息平台，全面支撑政府部门的战略决策和工作推进。

一是建立扎实全面的信息资源储备，即通过各类信息来源渠道，不断收集并整理信息，形成权威、全面的农业走出去信息资源储备库，为政府部门的战略决策、互通经验、部署工作和服务引导其他主体提供了重要依据。信息资源储备应涵盖战略规划、国别指南、政策措施、合作项目、合作机制、企业投资、产业合作、发展援助、人才储备、优势技术、外商投资、研究报告等各个领域，囊括规划文本、政策文件、一手数据、统计图表、市场资讯、进展报告、案例分析、技术指南、人员简历、联络方式等多种形式，并形成常更新、长跟踪和多部门、多领域互联互通的运行模式。

二是搭建安全高效的内部信息系统，即为更好地管理并利用庞大的农业走出去信息资源储备，在安全的内部网络环境下开发专门的信息系统，供政府部门使用参考；基础功能上，建设分级目录数据库，存储、整合、处理、分拣、检索、输出、联动并维护各类信息，设置分类权限和日志管理，供政府部门查询管理；参考应用上，开发可视化地图展示和统计分析等功能，便于政府部门掌握战略布局、投资流

向、产业分布、项目结构、合作国营商环境和全国一盘棋工作进展等情况；支持保障上，配备充足资金和专门团队支持信息系统设备的升级、功能的优化和资源的更新，做好系统内部使用的技术指导和安全保障；服务提升上，及时、适度地做好信息资源储备情况的内部公开，方便政府部门定向使用，并根据工作需要，实时提出充实信息储备的需求、渠道建议以及对信息系统的改进建议，发挥内部信息系统的关键枢纽作用。

三是提供聚焦核心的信息支撑服务，即围绕政府部门在制定战略、推进战略、创设政策、部署任务、指导投资等过程中需要参考的基础信息，打造系列公共信息产品供内部使用，包括工作动态简报、项目进展报告、投资数据分析、部门政策汇编、产业市场资讯、国别指南资料等；聚焦政府部门在推进战略实现过程中遇到的重点、难点、痛点和热点问题，展开深入调查研究，提出专业意见及建议，并形成内参、专题报告等供领导参阅，做好决策支撑；依托丰富的信息资源、多元信息产品和专家人才储备，为政府部门提供包括规划编制、政策创设、形势分析、项目可研、并购审查、人才推荐等领域的信息咨询服务。

四是完善多方畅通的信息工作机制，即为使政府部门更好地统筹和参与农业走出去一盘棋工作，健全以信息为抓手的机制保障，建立由农业对外合作部际联席会议办公室牵头，部际联席会议各成员单位、各地方农业农村主管部门、农业走出去企业和有关科研机构等八大信息来源渠道主体共同参与的信息工作机制、专家队伍和联络体系，形成共建共享的一致意见和运行规范，构建让收集信息、产品编辑印发和定制咨询服务有序运转的工作流程和网络，定期沟通交流信息储备及需求、信息产品服务体系构建、信息工作进展、经验举措、成效和困难等，共同研讨信息工作更好地服务农业走出去的路径。

（二）打造信息产品体系服务企业

我国应瞄准农业走出去企业投资实践的信息需求，打造内容充实、形式多样、频次多元、手段丰富、渠道畅通的农业走出去信息产品体系。

一是开发丰富多样的信息服务产品，即围绕企业走出去战略谋划、策略制定、路径选择、实践操作等各个环节，基于政府部门建立的丰富信息资源储备和专家团队，打造"公共服务全覆盖、精准服务一对一"的点面结合的信息产品服务体系；推进全面公共服务，内容上涵盖国内外战略导向、资源条件、政策措施、投资形势、项目基础、合作需求、对接活动、操作流程、市场动态、热点观察、风险变动等基础性、动态类短平快信息，形式上包括工作进展汇报、国别投资指南、支持政策文件、形势分析报告、专题热点研究、调研考察报告、经验案例研究、技术实施方案、市场监测报告、合作需求清单等指引型、研究类普适性产品；聚焦精准定制服务，通过提供规划编制、项目可研、趋势预测、专题研究、政策咨询、对接磋商、技术指导、人才推荐等多领域的咨询服务，为农业走出去企业提供针对性指导。

二是创新便捷的信息产品共享方式，即考虑企业境内外布局分散性、人员机构多变性和信息获取及时性等现实情况，在传统寄发纸质版简报、报告等信息产品的基础上，着力从产品形式载体和分享方式渠道两方面创新信息产品共享模式，提升信息服务企业主体的覆盖面与时效性；在载体方面，依托专业新媒体设备、软件和专家技术团队，制作生动可视的多语种宣传片、宣传册、主题网页及海报等，出版配套图书、电子书、数据资料等，为企业提供直观、深入的参考信息；

在渠道方面，在定向印发纸质材料的基础上，通过更加便捷的信息化、自媒体手段提供信息产品的共享服务。渠道包括：建立综合性信息共享平台，定期更新企业需要的可公开信息资料，方便境内外企业实时查询、获取和利用信息，形成长效服务机制；搭建信息宣传发布平台，在多双边活动、国际论坛等重要时点举行官方的信息产品宣传发布活动，回应企业对信息产品的关注和需求；丰富信息产品日常发布渠道，借助主流媒体、官方网站、微信公众号、工作群组等媒介，广泛传播多语种各类别信息产品及信息储备更新情况、获取方式等，便于企业根据自身需要享受便捷的信息服务。

（三）共享信息资源服务科研机构

我国应加强信息资源共享和咨询研究合作，这是农业走出去信息体系服务有关科研机构的主要途径。

一是提供持续充足的信息资源素材，即为保证相关科研机构开展农业走出去领域理论和实证研究的科学性、连续性、深入性，更好地发挥有关研究成果对战略实现的推动作用和对各类主体的服务指引作用，除持续向其发放与其他服务对象同步的公开信息产品外，通过内部定向对接和安全管理流程，进一步向有关科研机构提供翔实的企业投资、项目合作数据和案例情况，及时共享建设进展和困难需求信息，为农业走出去领域的实证研究工作提供充足的素材支撑。

二是保持长期互动的信息研究合作，即为发挥好有关科研机构和人员对农业走出去战略的智力支撑作用，充分发挥其在收集、整理、挖掘信息和开展热点、难点问题研究等方面的优势，为政府部门优化战略布局和服务引导提供补充支持；参与重大项目规划咨询研究的机会，能够进一步服务有关科研机构和人员发展，有助于其了解政策机制导向和一手信息资料，丰富信息储备，优化工作体系，提升研究成果的权威性、指导性和影响力，丰富履历、积攒经验、积累人脉，加深与各领域专家人才的交流协作，壮大工作队伍，推动智库建设，还有利于其执行好正在承担的境外技术示范、援外培训等项目，赢得良好口碑，巩固与重点合作国的友好合作。

第十三章

人才是农业走出去的核心力

农业走出去是我国企业全面融入国际市场、主动参与国际竞争的重要路径，也是我国积极推动"一带一路"与人类命运共同体建设、参与全球农业治理的重点领域之一。作为农业走出去的重要因素，人才在推动农业走出去中发挥了执行落实各项工作、联系贯通各个环节的核心力作用。随着农业对外投资规模的不断增长，我国已在企业经营、政府管理、科研合作、中介性服务、国际合作等层面形成了一支颇具规模的人才队伍。目前农业走出去正面临日益复杂的国际投资环境，逆全球化频频抬头，新冠肺炎疫情等突发性公共卫生事件正在深刻影响着企业的对外投资格局。在此背景下，建立一支素质过硬、结构合理、多元稳定的走出去人才队伍，充分发挥人才在农业走出去中的核心力作用，已成为提升企业国际竞争力、推动农业走出去高质量发展的重要议题。

一、农业走出去人才的界定及队伍建设的现状

（一）农业走出去人才的界定

人才是指具有一定的专业知识或专门技能，进行创造性劳动并对

社会做出贡献的人,是人力资源中素质较高的劳动者。人才是我国经济社会发展的第一资源。十九大报告指出,"人才是实现民族振兴、赢得国际竞争主动的战略资源"。改革开放40多年的经验证明,在我国经济社会发展的进程中,强有力的人才队伍不仅是开展各项工作的基础力量,也是践行社会主义先进生产力的重要保障。农业走出去人才作为对外农业投资合作的重要资源,是积极推动企业、政府、科研机构、中介服务机构以及国际组织等共同参与农业国际合作的力量保障。

从农业走出去的发展需求看,农业走出去人才不仅需要具备涉及投资领域的专业知识背景,也需要掌握东道国语言、文化、宗教、法律、政治、税收等多类信息。从农业走出去的主体需求看,农业走出去人才主要服务于走出去企业,同时也在推动农业走出去的各级政府管理、中介性服务、科研合作、国际合作等方面发挥作用。农业对外投资涉及农业与国际投资的综合性领域,为满足农业走出去的实际需求,农业走出去既需要建立一支专业技术人才队伍,也需要建立一支服务全产业链建设的复合型、国际化人才队伍,并不断加强农业走出去人才的培养与储备。

(二)农业走出去人才队伍建设的现状

我国农业走出去始于20世纪80年代,从渔业走出去逐步发展为农林牧副渔全行业的走出去,已建立一支颇具规模的农业走出去人才队伍。涵盖技术、科研、管理、服务等领域的人才力量逐步形成,为农业走出去提供了强有力的人力资源保障。

1. 发挥政府作用,依托各类平台促进人才交流合作

随着农业走出去的实施推进,中央和地方政府牵头建立了一批农

业走出去人才合作的专业性平台，为农业走出去提供了源源不断的生力军。从中央层面来看，农业农村部作为部际联席会议机制的牵头人，通过开展"扬帆出海"培训工程、"猎英行动计划"校园招聘、农业援外培训等活动，在高层次人才培训、高校招聘、援外农业交流等方面搭建了合作平台。2015年以来，我国已连续4年举办"扬帆出海"培训工程，举办3次"猎英行动计划"校园招聘，面向"一带一路"国家举办了农业援外培训班100余个，累计培训外方学员超过3 000人，推动了农业走出去人才的发掘、培养、应用与储备。从省级层面来看，通过组织形式多样的农业走出去培训及交流活动，各省（区、市）每年举办30多次农业走出去相关的企业经营管理人才、政府管理、科研机构、农业外交官等培训班，促进了政府、企业和科研机构间的人才培养与交流。

2. 强化校企合作，积极构建农业走出去人才供应链

2019年，我国企业在境外投资设立了934家农业企业，这是2013年境外农业企业数量的近3倍，农业走出去的人才需求也随之提升。随着我国走出去企业数量和规模的不断提升，企业对专业化人才的需求日益迫切，应积极加强与高校科研机构的合作，探索专业化人才的定向培养模式；通过校园及社会招聘、岗位锻炼培养等形式建立梯队化的农业走出去人才队伍，并与国内涉农类高等职业院校开展"定制化"人才培养合作，实施农业、管理、外语、法律等跨专业的人才培养计划，培养具备国际化背景的农业走出去人才队伍。此外，企业根据农业走出去的产业链建设需求，与中国农科院、水科院、热科院等科研机构开展涉及生产、物流、营销等环节的人才合作，借助院校科研力量，建设覆盖全产业链的农业走出去人才队伍。

3. 积极参与全球农业治理，打造农业外事外经人才队伍

长期以来，我国在支持农业走出去并坚持开展南南合作等全球农业国际合作的过程中，逐步组建形成了一支专门服务农业走出去与农业国际合作的外事外经人才队伍。从服务农业走出去工作的角度看，我国已建立一支体系完整的农业外事外经人才队伍，目前全国 31 个省（区、市）设立了负责农业走出去业务的机构或团队，已形成包括大连、青岛、宁波及厦门等计划单列市，新疆建设兵团，北大荒农垦及广东农垦等部门在内，超过 300 人的专业化农业走出去外事外经管理队伍。从农业对外合作的积极实践角度看，我国已打造了一支有实力的农业外事外经人才队伍。2014 年至今，我国通过农业技术合作、高级专家派出、农技培训推广等多种形式，为"一带一路"沿线合作国家派遣了超过 400 人次的农业专家和技术员，在推动农业技术和产能走出去、提升当地农业生产能力等方面发挥了重要作用。此外，我国积极选派农业外交官推动多双边农业合作。截至 2019 年底，我国已向全球近 20 个国家和地区派出了 60 多位农业外交官，并向联合国粮农组织、世界粮食计划署、国际农业发展基金等国际组织输送人才 157 人（其中包括现任联合国粮农组织总干事屈冬玉），逐步构建起一支高素质的农业外事外经队伍，为推动农业国际合作提供了坚实支撑。

二、人才是农业走出去高质量发展的核心

习近平总书记指出："综合国力竞争说到底是人才竞争……谁能培养和吸引更多优秀人才，谁就能在竞争中占据优势。"[1] 随着我国对外

---

1 人民网－人民日报. 习近平在欧美同学会成立 100 周年庆祝大会上的讲话 [EB/OL].(2013-10-21). http://cpc.people.com.cn/n/2013/1022/c64094-23281641.html.

投资特别是对外农业投资的不断发展,农业走出去在国际市场面临的竞争已经从资本实力的竞争扩展为农业行业乃至我国在全球的人才竞争。尽管有越来越多的农业企业与非农企业积极投身农业对外投资,但农业走出去仍面临着"去哪里""怎么走"等根本性问题。面对这些问题,我国除了要在走出去目标规划、资金、政策以及配套服务等方面予以解决外,还必须考虑农业走出去人才队伍的配套建设和能力提升。通过农业走出去的多年实践,我们发现人才作为走出去的策略制定者、行动实施者、产业服务者,是切实推动农业走出去的行动力量,也是提升农业走出去企业主动性和竞争力的核心力量。因此,进一步明确和发挥人才作用将对推动农业走出去高质量发展产生积极作用。

(一)人才是推动农业走出去提质升级的实践主体

在40多年的农业走出去探索实践中,人才在落实农业走出去的发展布局、理念设想的过程中发挥着至关重要的作用,是推动农业走出去成果落地、成效推广的关键载体。受近年来国际直接投资连续下滑、全球突发性公共事件等因素影响,在当前进一步深化农业走出去区域、产业、市场等布局的要求下,农业对外投资所面临的激烈竞争已经从资本、资源、市场的竞争扩展到人才的竞争。这对农业走出去人才队伍力量建设提出了更高的要求,夯实人才队伍基础及提升人才队伍作用已成为农业走出去的重要发展机遇和未来发展保障。一支专业有力的人才队伍是农业走出去取得收益、务实经营的力量保障,不仅决定着企业开展对外农业投资项目的推进执行成效,也关系着农业走出去各类资源的配置管理,成为深化农业对外经贸合作、科研合作、产业发展的生力军。随着我国农业现代化先进技术与经验的走出去,农业走出去人才队伍也在前所未有地影响着全球农业治理及国际粮食体系的发展,成为农业走出去的重要构成。

（二）人才是促进农业走出去深化合作的发展力量

随着农业企业与非农企业、国有企业与民营企业走出去步伐的加快，企业对人才需求及人才队伍建设提出了质、量并行发展的内在要求。受国际市场、资源的双重导向作用，农业走出去企业不仅需要应对来自全球农业价值链、产业链和技术链的竞争，还需积极应对来自企业自身建设及实力积累方面出现的挑战，这对制订农业走出去布局方案的执行队伍提出了现实而复杂的要求。一方面，在农业走出去已从粗放型发展转化为精细化、产业化、技能化发展的背景下，农业走出去人才队伍不仅发挥着实践主体的作用，还从农业走出去基础性力量转化为农业走出去发展力量的重要部分，这促使人才队伍培养储备成为影响农业走出去发展成效的核心力量。另一方面，农业走出去的影响力已从国际市场不断延伸至全球农业治理合作，成为我国与"一带一路"沿线国家深化农业合作与提高应对粮食安全风险能力的有效举措，这使农业走出去的人才队伍建设成为进一步深化农业国际合作的重要因素。

（三）人才是整合农业走出去各项资源的关键力量

在农业走出去"抱团出海"的推动下，农业对外合作有效实现了我国与东道国在农业产能、技术、资源、市场、人才等方面的合作，拓展了农业产业链跨境合作，促进了我国与东道国的互利共赢。当前农业走出去的合作范围已从农业产业投资扩展到涉及农业发展的基础设施建设、技术创新合作、资源开发利用等领域，涉及领域的不断拓展对农业走出去人才队伍提出了更高的要求。农业走出去人才队伍作为落实走出去布局与决策的主体力量，在农业对外投资项目实施与长期发展中发挥着执行推动作用，也对贯通农业走出去产业链、实现农业及其他产业协同发展起到了不可忽视的关联作用。一是有利于推动农业走出去中介服务人才队伍的建立健全，通过积极整合农业走出去各类资源促进农业走出去人才队伍建设，推动提升走出去企业在国际市场上的竞争力。二是有利于实现农业及其他产业的协同发展，通过全面整合农业及其他产业在全球各个区域的走出去合作资源，加快建设农业走出去及我国走出去全产业链体系，加快形成全面开放新格局。

三、当前农业走出去人才队伍的建设要求

应对日益复杂的外部环境，强化农业走出去人才的应用与培养，已成为提升走出去企业风险管理能力、增强农业多双边合作、推动优势技术和产能走出去的内在发展要求。当前我国农业走出去人才队伍在体系建设、队伍充实等方面取得了一定的成效，但仍存在总量供给与岗位匹配等多类需求缺口，同时也面临结构性发展困难等问题，未能充分满足农业走出去高质量发展的目标。

(一)当前农业走出去人才队伍建设的困难与挑战

在农业走出去人才队伍组建和发展的过程中，在现有人才供给体系建设的基础上，农业走出去仍面临着以不同类型需求缺口和结构性发展困难为代表的挑战。

1. 人才体系建设仍存在多种需求缺口

目前，农业走出去人才队伍已建立包括企业经营、政府管理、科研合作、中介服务、国际合作等多层次的人才体系，全方位覆盖了农业走出去企业在各产业环节发展的多种需求。但受投资周期较长、工作环境相对艰苦、人员待遇相对不高等因素的影响，现有农业走出去

人才队伍面临人员流动性较大、复合型人才较少等困难，存在长期性、专业化走出去人才需求。随着近年来非农企业参与对外农业投资积极性的提升，农业走出去人才匮乏的问题也更为突出。农业走出去除了在农业技术人才、经营管理人才等方面存在供应不足的问题外，还面临着行业区域等人才分布不均、人才流动与福利保障体系不够完善、性别年龄梯队组建不合理等困难。

2. 人才队伍面临结构性发展困难

在农业走出去全产业链的建设过程中，各层次农业走出去人才队伍也面临着结构性发展困难。一是农业走出去管理人才尚未形成职业化队伍。我国目前已形成的管理人才队伍多以行政体系工作人员为主，客观上未建立职业化和相对固定的人才体系，这导致以政府机构为主的管理人才队伍容易受机构调整等因素影响，普遍存在流动性大、对企业了解不深入等问题，直接影响农业走出去政策、措施与企业实际需求的对接成效。二是农业走出去企业面临多种人才缺口。这不仅包括企业长期存在的复合型人才等结构性人才缺口，也包括服务不同产业链的管理、外贸、物流、财会、法律等人才缺口，由此直接影响企业对外投资进程。与此同时，农业走出去科技人才的市场化程度不高和推动农业走出去成果转化的积极性不高，也影响了农业走出去的质效提升。三是农业走出去中介性服务人才队伍建设仍处于起步阶段，与当前农业走出去企业需求难以匹配。由于中介性服务属于农业走出去的中间衔接环节，除少量企业在部分区域有选择地参与农机、农资等中介性服务环节投资外，农业走出去的大部分企业所需要的信息咨询、产业协同、法律税收等服务仍面临着窘迫需求，我国还需要加强和充实农业走出去各类中介性服务队伍的力量。

(二)提升农业走出去人才队伍建设水平的发展要求

针对上述问题,为进一步提升农业走出去人才队伍建设水平,进一步加强专业人才储备、复合型人才培养、中介性人才队伍建设以及资源整合等,我国应推动构建多元化、梯次化的人才队伍,助力农业走出去高质量发展。

1. 强化专业技术人才储备

专业化的人才队伍是农业走出去的基石。受国际投资环境变化的影响,农业走出去对专业性人才的要求随之提升,特别是对匹配农业走出去所需技术力量、知识储备的需求日趋增加。为满足企业对外农业投资的需求,我国应在发展现有农业走出去人才队伍的同时,继续开展包括农业技术、经营管理、外语外贸、财会、法律、政府管理与服务、走出去智库等多类人才培养储备,培育一批专业知识扎实的专业化农业走出去人才,为企业参与农业走出去提供专业智力支撑。

2. 积极推动复合型人才培养

复合型人才是我国在专业技术人才队伍建设的基础上,通过岗位轮训、项目实践、市场竞争等方式为农业走出去主体提供的高层次人才力量,是满足当前农业走出去发展需求的有力保障。因此,在加强专业性人才培养的同时,强化复合型人才队伍建设及储备是推动农业走出去提质升级的重要保障。一方面,我国应继续推动企业、政府、科研机构的人才流动,积极推动专业性人才的跨界互动与有效应用,提升高层次、国际化人才参与农业走出去的积极性。另一方面,我国应积极发挥企业家作用,激发各类人才参与农业走出去的干事创业热情,通过行业协会、智库平台等机构吸引其他领域的对外投资复合型人才参与农业走出去。

3. 强化中介性人才队伍建设

中介性人才队伍指的是除企业境外投资所参与的产业链环节外，为走出去企业提供信息、农资、农机等产业配套服务以及投资项目前期准备等相关服务的专业性人才力量。从当前农业走出去的实践来看，在企业投资偏好性不高的中介性服务产业以及农业走出去公共服务环节强化相关人才队伍建设已成为农业走出去高质量发展的内在需要。因此，结合企业实际需求，围绕项目可研、投资趋势分析、产业配套等环节，结合农业走出去智库及公共信息服务体系建设，继续强化服务农业走出去的税务、法律、信息咨询、规划编制、农资配套服务等人才队伍建设，均有利于打造服务农业走出去布局需要的中介性服务机构及队伍。与此同时，我国应结合中介性服务机构建设标准相对较高、关联产业链环节较多等特点，鼓励有资质的企业及机构积极开展相关人才的培养和力量储备，逐步打造专业性、市场化、国际化的境外农业投资中介性服务队伍。

4. 整合现有人才资源

在现有农业走出去各类人才培养、合作平台建设的基础上，推动现有人才资源的整合协同已成为优化内部资源、提升发展潜力的必然选择。一方面，我国应促进和加强国内农业走出去人才资源整合，结合现有各类农业走出去人才交流培训平台，整合企业、政府、科研机构等农业走出去人才资源，推动打造农业走出去的专家信息库与人才体系，为农业走出去建立高效畅通的人才合作机制。另一方面，我国应多渠道吸引和应用东道国人才资源，通过发挥企业在东道国的社会责任吸引本土人才加入，并积极协调驻外使领馆和相关行业协会开展联合聘用、针对性招聘，主动对接农业援外积累的各种资源，广泛吸纳东道国人才参与农业对外合作。

四、继续推动农业走出去人才队伍建设的主要路径

在全球治理不断深化发展、国际突发性事件频发的复杂国际环境影响下,继续开展农业走出去人才队伍建设,不仅是推动打造农业走出去人才流动蓄水池、激发农业走出去发展潜力和促进全产业链建设的内在要求,也是全面拓展农业国际合作、提升我国影响力的外在需求。这对进一步提升农业走出去人才队伍的技能性、专业性、协同性、流通性的发展指明了方向。

(一)提升农业走出去人才质量,强化企业竞争力

我国应积极发挥人才市场与企业人才管理机制的作用,结合农业走出去企业的实际需求,继续打造专业化农业走出去人才队伍,提升现有人才队伍质量。一是在继续加强专业技术人才供给的基础上,进一步加强企业与高校、科研院所的人才培养合作,通过定向培养、联合培养等多种形式,发挥人力资源储备及市场导向作用,推动企业需求与高校培养人才的有效对接。二是在企业现有农业走出去人才队伍的基础上,按照学历与非学历并行的后备人才培养方式,有计划地开展形式多样的不同类别的专业技术人员培训与轮岗,鼓励开展复合型、国际型走出去人才的锻炼与培养,通过对既有人才的培养与选拔,提高企业的人才利用效率与人才队伍质量。

(二)打造专业化管理队伍,提升政府服务水平

我国应积极发挥农业对外合作部际联席会议机制的作用,围绕农业走出去的发展需求,与时俱进地开展农业走出去的管理队伍建设。一是建立健全农业走出去管理队伍服务机制,进一步厘清农业走出去

管理部门的职责及队伍构成,加强调研了解农业走出去企业的需求,打造更高效便捷的政企沟通体系,建立及时回应农业走出去痛点、难点的沟通机制,促进农业走出去支持政策与优惠措施的及时落地。二是继续推动现有农业走出去管理队伍的专业化建设,结合农业走出去政府管理服务的职能,推动制定农业走出去管理人员定期培训和转岗轮训机制,鼓励更多有意向的管理人员参与农业走出去事务,提升农业走出去管理人才队伍的结构稳定性和配备科学性,推动专业化、固定化、职业化的农业走出去管理人才队伍的培养。三是积极开展与东道国之间包括官方与民间合作等多种形式的农业人才交流与合作活动,发挥农业外交官、农业援外培训等力量的作用,推动提升多双边农业合作水平。

(三)建立中介性服务队伍,推动农业走出去的协调发展

我国应积极关注农业走出去全产业链建设中服务环节的发展需求,建立促进农业走出去全产业链及其他产业协同发展的中介性服务队伍。一是开展农业走出去人才队伍建设现状的摸底工作,全面调研农业走出去各环节的人才缺口及各类需求,综合分析农业走出去全产业链建设中的中介性服务需求,鼓励有资质、有条件的企业和智库主动开展对应的中介性服务,重点为农业走出去中的行业紧缺、环节短缺、服务缺位提供针对性的人才力量储备。二是通过农业对外合作部际联席会议机制的成员单位,开展与农业走出去相关产业的中介性服务调研,结合农业走出去的重点区域及产业布局,建立农业及其他产业在走出去中的服务协调机制,创新中介性服务提供方式和模式,推动走出去全产业链中介性服务人才队伍的建设,逐步培育服务于走出去全产业链的专业化、机制化的中介性人才队伍。

(四)打通流动通道，搭建农业走出去的人才合作平台

我国应积极发挥国际国内两个市场、两种资源的作用，围绕农业走出去企业主体、政府管理、科研机构、中介服务等各环节的发展需求，为农业走出去构建人才供应链与合作平台。一是推动农业走出去人才应用体系的建设，充分发挥农业对外合作部际联席会议各成员单位的优势，多渠道开展农业走出去人才培训与交流合作活动，搭建涵盖政府、企业、科研机构等多机构间面向各类农业走出去人才的专门性培训和交流平台，培养农业走出去的高级人才，建立农业走出去的专业人才库。二是建立农业走出去的人才合作平台，充分发挥企业既有人才资源的作用和当地高校科研机构人力资源的优势，联合开展本土化人才培养计划，通过为东道国员工提供来华学习交流的机会、国内技术专家赴东道国进行技术指导等多种形式，搭建两国农业人文交流平台。

第五篇

实践探索

中国农业走出去的目标是提升东道国农业生产能力，促进与各国战略互信，加强科技人文交流；培育大型跨国农业企业，构建农业对外投资全产业链，不断提升中国农业的国际竞争力和全球影响力。

企业是农业走出去的实施主体。企业跨国农业投资既是实施国家走出去战略的具体体现，也是企业整合全球资源进行国际化发展的必然趋势。从国家层面看，形成布局完善、产业链完整、市场多元的企业境外农业投资格局，是建立安全、稳定、多元的境外粮食产能基地和重要农产品供应网络的关键，对提升国家粮食安全和重要农产品保障能力意义重大。从企业层面看，加快对外投资合作步伐是拓展国际市场的必然需求。企业通过境外投资，可以利用国际国内两个市场、两种资源调整产能结构，扩大经营规模，提高资金使用效益，提升技术和管理层次，实现战略性转型。

中国农业对外投资企业有近千家，企业跨国投资的方向、布局、成效和趋势等，直接影响农业走出去战略实施的成败。本篇梳理了境外农业投资类型，以及企业跨国农业投资特点，以期提供可参考借鉴的模式经验，详情参见本篇各类案例。

第十四章

案例解析为农业走出去提供可借鉴的经验

积极开拓境外农业开发合作，建立规模化海外生产加工储运基地，培育具有国际竞争力的大粮商和大型跨国农业企业集团，既是国家保障粮食安全，增强农业国际竞争力的必由之路，也是企业增强竞争力，保障高质量长期发展的必然要求。目前，我国已成为世界第二大经济体、第一大出口国和第二大对外投资国，也是世界上最大的农产品生产国和消费国，但与我国在全球的经济地位相比，农业企业走出去步伐仍然较慢，存在一些问题。例如，农业企业规模相对较小，产业集中度偏低，真正具有国际竞争力的大型农业企业集团并不多；投资领域相对初级，技术创新能力较低；境外经营管理经验不足，国际人才匮乏；对东道国政策、社会环境和文化的适应能力不强，等等。

本章基于对我国农业走出去重要区域、重点产业、典型企业的分析，重点选取了具有代表性的18个走出去企业案例，通过对企业境外投资的做法、特点、经验的分析和总结，大体归纳了5种企业境外农业投资类型，分别为农资拓展经营类、流通渠道控制类、规模种植/养殖加工类、产业集聚类、资源禀赋类；通过分析5种境外农业投资类型，为引导和推动企业开展境外农业投资和国际化经营提供了可借鉴的经验。

一、农资拓展经营类

企业凭借技术或资本优势，在合作国投资开展作物和畜禽品种、饲料、农药、化肥等农资生产经营并掌控一定市场，在此基础上将经营领域逐步拓展至种植、养殖、加工等环节，在获得大量农资销售收益的同时，实现了以上游为核心的农业全产业链经营。

本节选取新希望六和股份有限公司、中地海外农业发展有限公司、袁隆平农业高科技股份有限公司、湖南大康国际农业食品股份有限公司的走出去过程，具体阐释农资拓展经营类企业的对外投资特点，总结4个企业通过农资拓展经营实现走出去的成功经验[1]。

案例一　新希望六和股份有限公司

（一）公司基本情况

新希望集团始创于1982年，曾连续16年位列中国企业500强。目前，新希望集团已逐步成为以食品产业与现代农业为主导，并持续投资、关注具有成长性与创新能力的新兴行业的综合性企业集团。集团资产规模超过1 400亿元，并且拥有稳健的财务结构。集团旗下拥有互联网金融、证券、基金、银行等多种金融业态布局。作为多个资金市场的参与者，中诚信国际信用评级有限公司将集团信用等级评为AAA级。

新希望六和股份有限公司（以下简称"新希望六和"）成立于1998年，是新希望集团主营农业业务的子公司。新希望六和业务涉及饲料生

---

[1] 本章所列案例内容均根据企业资料整理而得。

产、食品加工、种畜禽繁育等产业，年饲料生产能力为1100多万吨，日宰杀家禽能力为230多万只，年可生产畜禽种苗为1亿多只。新希望六和是农业产业化国家重点龙头企业，中国制造业企业500强、全国食品放心企业、全国肉类工业最具影响力品牌等。经过多年发展，新希望六和由一家饲料生产企业转变为大型农牧业产业化龙头企业。2019年，新希望六和位列《财富》中国500强排行榜第131位。截至2016年，其控股的分、子公司有近500家，总资产逾200亿元，公司员工有6万余人。饲料是新希望六和的核心产业，其有饲料企业300多家，肉食品加工企业60多家，良种繁育企业30多家，百余家养殖场，屠宰企业数十家，拥有850万头生猪和10亿只鸡鸭的年屠宰能力。

（二）境外投资项目情况

1.海外投资尝试阶段（1996—1998年）

1996年，鉴于中国国内行业竞争愈演愈烈，新希望集团在做好国内业务的同时，意识到对外投资是做强做大企业的必由之路。当时，民营企业受限于中国对外政策，对外业务考察仅能通过旅游的方式实施开展。

1997年，新希望集团开始考察缅甸中部，探讨在缅甸建设饲料厂的可能性。

1998年，在越南胡志明市政府欢迎中国企业投资并愿意在企业税收和用地审批方面给予优惠政策的条件下，新希望集团通过中国驻越使（领）馆正式派遣项目调查小组。在掌握越南新建投资的所有程序、手续、涉及法律问题的条件下，利用东南亚地区为传统养殖国家，饲料产业起步较晚，人力和原材料成本低廉的优势，新希望集团签署了投资协议，在越南胡志明市工业开发区建设了第一家海外工厂——胡志明市新希望饲料有限公司。

2. 海外投资突破阶段（1999—2003年）

2000年，新希望集团在越南建设了第二家工厂——新希望河内有限责任公司。

2001年，新希望集团开始建设新希望河内有限公司，并在菲律宾筹备建设新希望菲律宾饲料有限公司。

2003年，新希望集团在越南的两家公司平稳度过企业的起步培育期，双双实现扭亏为盈，累计实现利润5 000万元。

3. 海外投资全面推进阶段（2004年至今）

2005年，新希望在越南筹资建立了一家大型现代化专业饲料全资公司——新希望越南海防公司。该公司在2007年投产，总投资额为1 200万美元，经过一年的发展，公司年销售收入超过3 000万美元，跃居越南北部饲料行业前五名。

2006年，新希望在孟加拉国首都达卡以北约50公里处独资兴建了大型饲料生产企业——新希望饲料孟加拉公司，主要生产禽类及水产类饲料、经营各类饲料原料贸易，主要产品包括浓缩饲料、各类配方饲料，生产能力为12万吨/年，其规模在孟加拉国同类公司中名列前茅。

2008年，新希望集团在菲律宾投资700万美元建设新厂区。

2010年，新希望集团在菲律宾布拉干单独出资设立新希望布拉干农业科技有限公司，总投资额为791万美元，计划2011年投产运营。

2010年，新希望集团在菲律宾塔拉克单独出资设立新希望塔拉克农业科技有限公司，总投资额为673万美元，建设周期为16个月，2011年投产运营，年销售收入为8 000万元。

2011年，新希望集团投资1 000万美元，在埃及萨达特城市第七工业区建设新希望埃及有限公司，占地2.3万平方米，生产能力为30万吨/年，产品为蛋鸡、肉鸡、鸭饲料，2013年建成试生产。该项目是中国企业在埃及农牧行业单体投资金额最大的项目，为新形势下的中埃经贸合作不断增添希望。

2012年，新希望集团在斯里兰卡投资建设现代化饲料公司，坚持以一流的质量、一流的技术、一流的信誉、一流的服务、一流的管理回馈当地社会，这成为中国与斯里兰卡友谊的又一见证。

2014年，新希望集团斥资8 000万元在俄罗斯莫斯科和叶卡捷琳堡新建大型饲料厂，2015年投入生产，这是首次进军俄罗斯市场。

2015年，新希望集团在土耳其成立新希望六和土耳其有限公司，这是集团在土耳其投资的第一个项目。新希望六和土耳其有限公司是海外第一家专业生产反刍饲料的公司，采用最先进的饲料生产工艺及设备，年产能为20万吨。

2016年，新希望集团在南非投资建设一家年产18万吨的饲料工厂，这家工厂生产高品质的畜禽饲料，销量稳步提升，产品逐步得到当地人民的认可。工厂不仅提供高品质的产品，也提供各种类型的服务，带动南非养殖户提高养殖技术水平，走上致富道路。

2017年，新希望集团在越南建设新希望六和50万头生猪聚落化养殖项目，通过建立猪场，布局饲料、养殖、屠宰、食品产业链，带动越南养猪行业生产方式的转型。

目前，新希望计划以南非公司为基础，投资10亿南特在南非的东开普、普马兰加等地再建6~8个工厂，实现年产80万吨饲料的规划，并计划与牛、羊、猪、蛋鸡、肉鸡的食品加工、养殖企业合作，最终建成以肉食品、养殖、饲料为一体的农牧产业化大型企业，降低南非及所在地区的肉食品价格，满足当地肉食品消费市场的需求。

(三)主要投资模式与经验

一是以饲料产品为牵引。在海外布局中,新希望六和以饲料产品为先导,跟进种苗业务,再匹配市场推进资源整合。中期聚焦在3个方向:在发展中国家设立生产基地,做产业链;在相对发达国家进行品牌与技术合作;在优势产业带整合农牧资源。

二是资源联动,对接全球优势资源。针对不同国家农牧业产能、金融资源、区域结构供需失衡的情况,新希望六和不断开拓新的业务领域,从饲料生产,拓展到食品加工、农业科技、设施建设、渠道终端、金融服务等多个领域;注重融合全球优质产业资源、技术资源、金融资源与中国市场的巨大需求对接,与世界银行、美国嘉吉公司、日本三井物产等全球著名企业或机构建立长期合作关系,通过构建价值联盟实现全球优质资源的整合。

三是本土化经营,积极与当地社会共创共赢。新希望六和为每个国家培养了许多熟练的技术人才和管理精英;开展学企合作,尊重和融入当地的风俗文化,尊重当地的政策、法律和信仰;参与当地民俗活动,履行企业社会责任,积极融入当地社会;开发当地原料,降低成本,支持本土种植业。

案例二 中地海外农业发展有限公司

(一)公司基本情况

中地海外农业发展有限公司前身为中地海外集团与袁隆平农业高科技股份有限公司于2006年在尼日利亚共同成立的绿色农业西非有限公司。为更好地在非洲开展农业领域投资合作,中地海外农业发展有限公司于2014年在北京成立。公司由中地海外集团发起,是中地海外集团与袁隆平农业高科技股份有限公司、中国农业机械化科学研究院、国粮武汉科学研究设计院有限公司、深圳华大农业与循环经济科技有限公司、中国热带农业科学研究院、河南豫水设计集团有限公司、河北巡天农业科技有限公司及公司运营团队共同出资设立的股份制公司。公司通过整合国内资金、技术、人才、产品等优势资源，根据境外农业资源及发展需求，建立海外农业发展综合服务体系，为所在国的农业发展提供一揽子解决方案，通过订单农业发展农产品加工，或通过产业园等形式进行全产业开发，提高产品附加值。

公司业务主要集中在非洲国家，采取以重点国家为中心，向周边国家辐射的模式进行布局。目前，公司设立了绿色农业西非有限公司，业务主要集中在尼日利亚，以尼日利亚为中心辐射西非相关国家，如尼日尔、乍得、利比里亚等。同时，公司以埃塞俄比亚为中心，辐射东非相关国家，如乌干达、卢旺达等。

（二）境外投资项目情况

中地海外集团有限公司因 1983 年实施中国政府援助尼日利亚打井项目而进入尼日利亚，逐步发展成为一个业务涵盖打井供水、工程建设及物流贸易多领域的，遍及非洲 20 多个国家，得到非洲人民信赖的公司。2006 年初，应尼日利亚凯比州政府邀请，中地海外集团在尼日利亚投资兴建 Wara 农业技术示范农场，开启了非洲农业开发探索之路。2008 年，中地海外集团与袁隆平农业高科技股份有限公司在尼日利亚合资设立绿色农业西非有限公司，开始水稻种子业务开发；之后又与山东登海种业股份有限公司、张家口农业科学院、山西滨科、中国热带农业科学院等合作开发玉米、谷子、高粱及木薯种子、种苗培育。2010 年，公司获得尼日利亚联邦农业部种子委员会颁发的种子经营许可证，并于2011年起进行水稻种子的生产和销售。2012年，公司成为尼日利亚农业部"种子增长计划"项目水稻玉米常规种子及水稻原种供应商，并开始与世行资助的西非农业生产力项目合作，为西非农民提供种子和农业技术培训服务，逐步将业务向埃塞俄比亚、乍得、尼日尔等国家扩展。2014年，中地海外农业发展有限公司在北京成立，致力于打造中非农业合作平台，成为非洲农业发展的综合方案提供者。与此同时，公司在尼日利亚投建的绿色农业阿布贾高科技产业园正式投入运营。2015年至今，公司在不断丰富完善自身业务和平台的基础上，探索搭建中国企业赴非洲开展农业投资合作的综合服务平台。

1. 种子业务

中地海外农业发展有限公司将中国种业技术及种业龙头企业引入尼日利亚，在尼日利亚推广了公司+农户+当地社区共同发展的"订单农业"模式。到了2014年，公司已与尼日利亚的7个社区、5 000多个小户农民建立种子生产合作社，向当地农民传播水稻玉米种子生产技术，提供生产资金支持，带动上万人就业，已具备年万吨种子生产能力。

同时，公司拥有自己的种业研发力量，长期以来采用引进国内和国际优良作物品种试验示范、改良当地品种、自主培育等形式进行育种研发。2017年，公司自主研发的水稻品种"GAWAL1号"在尼审定注册，较当地常用品种增产1倍以上，受到了当地政府和人民的普遍认可。

2. 绿色农业阿布贾高科技产业园

公司在绿地投资的基础上，逐步打造全球化组织网络，进一步发挥技术优势。2012年起，公司规划投资5 000万美元，在尼日利亚首都建设绿色农业阿布贾高科技产业园，当前已完成土地及基础设施建设投资约2 000万美元。园区总占地面积为89公顷，有99年土地使用权，园区规划为集农业技术开发、农业技术培训示范推广、农资农产品展销、农业技术服务、农业产业化开发为一体的综合农业项目开发园区。当前与该园区配套的生产基地有一个自营农场（2 025公顷，99年使用权）和7个公司+农户的生产合作社。园区是一个综合农业开发投资项目，在非洲推进引导综合绿色循环经济农业产业开发模式和经营理念，并作为模板和示范以推进公司在非洲多国的农业综合业务开发。园区规划为集种子研发、作物栽培示范、果林养殖、园艺设施农业、农资农机供应与农技服务、农技培训、农产品加工为一体的综合农业产业园区。公司以此产业园区为基础，建立中西部非洲农业服务体系，在当地开发农产品加工物流产业，发展与当地农民合作的公司+农户订单农业，进行初级农产品生产，逐步向当地农民推广农业技术，进行商业化生产，从而带动当地农民共同发展。

3. 农业技术培训

公司凭借自身的技术优势，利用中国在尼日利亚提供的农业援助基金、大使基金，以及相关国际机构基金为尼方开展了多期农业技术与管理培训班，其中包括与西非农业生产力项目局合作开展的网箱养鱼和沼气池项目。网箱养鱼项目旨在通过培训向尼日利亚渔民传授网箱的制作和安装以及网箱养鱼的技术。沼气池项目分布在尼日利亚全国各地，完成了尼日尔州、阿布贾特区等多个沼气池的建设并使其投入运行。2016—2018年，公司每年为尼日利亚举办了2~3期农业技术与管理培训班。截至目前，公司累计为尼日利亚培训农业技术人员、官员及农民超过5 000人。农业技术培训的开展遵循产品生命周期理论，将新的农业新业态引入尼日利亚，巩固尼日利亚经济发展的根基，为农业新产品规模化、批量生产提供技术保障。

(三)主要投资模式与经验

一是借鉴中国农业发展经验与技术成果,以种业开发为基础,与公司股东及战略合作伙伴携手创新,致力于打造非洲农业技术开发服务与推广体系。公司为非洲国家农业发展提供规划咨询、农资农业装备供应、农业基础设施与农业工程设计建造运营管理、农业技术合作开发与培训等一揽子综合服务;引导其他中国企业一起参与非洲农产品加工、物流、贸易项目投资合作,推进非洲农业的产业化与现代化进程,带动非洲农业与农村社会经济发展,消除贫困,扩大就业。

二是确立了"抓两头、放中间、做服务"的产业化经营定位,将种业和加工业作为业务投资开发重点,扶持当地农户和社区形成农产品规模生产基地,服务当地农业发展、属地化生产经营,与当地社会共同发展。

三是在非洲国家的发展以社会和市场需求为导向,注重与所在国的发展需求相结合,在深入了解当地社会和市场需求的基础上,进行中长期业务发展战略布局,并通过广泛的投资及业务合作来整合多方优势资源,共同发展。

案例三 袁隆平农业高科技股份有限公司

(一)公司基本情况

袁隆平农业高科技股份有限公司是1999年由湖南省农业科学院、湖南杂交水稻研究中心等单位,以及袁隆平院士发起设立,并由袁隆平院士担任名誉董事长的国际化种业公司,目前大股东为中国中信集团。公司于2000年上市,2017年跻身全球种业公司前十强。

公司业务包括农业服务和种业运营两大体系,农业服务涵盖耕地修复与开发、精准种植技术服务、品牌农业、品质粮交易平台、农业金融、新兴职业农民培训等，种业运营涵盖蔬菜、玉米、谷子、水稻、食葵等核心品类，处于全球领先水平。2004年，袁隆平农业高科技股份有限公司已成为亚洲最大的种子公司；2012年，杂交水稻种子市场份额居全球首位，以杂交水稻为核心的种业收入为13.96亿元，净利润为2.82亿元。2016年，公司实现营业收入22.99亿元，实现归属于母公司所有者的净利润5.01亿元，同比增长2.05%。

研发创新是袁隆平农业高科技股份有限公司的核心竞争力。公司已构建全球化的商业化育种体系，以及先进的生物技术平台，拥有5 000人的研发团队，年研究与试验发展经费投入占比为10%，并在国内以及巴西、美国、巴基斯坦、菲律宾、印度等国家建立研发机构，试验基地总面积约为7 000亩，主要农作物种子的研发创新能力居全球领先水平。

袁隆平农业高科技股份有限公司分别在2010年、2013年、2016年蝉联"中国种业信用明星企业"榜首，2016年获评《福布斯》"最具创新力成长型企业"，2017年获评"中国质量提名奖"，并先后获得"国家科技创新型星火龙头企业""国家级企业技术中心""国家创新型试点企业"等荣誉。

（二）境外投资项目情况

2003年，公司承担了援建中菲农业技术示范中心项目，与菲律宾开展杂交水稻的种植技术合作，促进水稻增产和杂交水稻种植面积扩大。中菲农业技术示范中心积极开展大面积的种植示范，示范品种的单产都超过每公顷10吨，其成果受到菲律宾政府的高度认可，也受到菲律宾相关研究机构和农业企业的关注。

2006年，公司开始在尼日利亚开展水稻品种研发和种子繁育，以建立合资公司和提供技术支撑的方式，向当地农户推广中国的育秧移栽水稻栽培技术以及农作物机械化耕作技术。

2007年，公司与菲律宾吕宋农业大学签订合作协议，在菲律宾建立"杂交水稻研发中心"，该中心主要针对东南亚地区开展杂交水稻的选育、制种，逐步推广规模化种子研发和实验示范。

2008年，公司承担援建中国-利比里亚农业技术示范中心项目，项目于2010年7月竣工。公司总结中国发展经验，结合利比里亚现实情况，组建合作社，并对合作社进行统一农资供应、统一良种供应、统一农机培训与规范栽培、统一粮食收购与后期加工。同时，公司结合"上门求教"与"送技术下乡"，通过展示杂交水稻及其配套高产栽培技术，激发利比里亚中央农业科学研究院的兴趣，并主动帮助对方解决生产难题。

2008年，公司受中国商务部委托，启动援助东帝汶杂交水稻技术培训项目，帮助当地农民组建合作社，累计推广杂交水稻2 650公顷，为东帝汶增收粮食1.5万吨，使东帝汶的杂交水稻从无到有，再到高产。2014年，中国和东帝汶发表《关于建立睦邻友好、互信互利的全面合作伙伴关系联合声明》，其中第七条写道："东帝汶政府高度评价两国杂交水稻技术合作取得的积极成果，认为这有助于东帝汶实现粮食自给自足。"

2009年，商务部首个援外培训基地"中国杂交水稻技术援外培训基地"落户袁隆平农业高科技股份有限公司。截至2016年12月，公司承办了140多期国家援外培训项目，为近百个发展中国家培养了5 000余名农业管理和技术人员。2017年，公司进一步设立隆平大学，形成了以杂交玉米、杂交水稻为核心的两大援外培训主题，具体涵盖

"技术培训"和"官员研修"两大系列共十个类别。

通过援助和培训，袁隆平农业高科技股份有限公司与受援国的技术人员、农业官员等均建立了良好的关系，也为公司发展带来了良好的口碑和品牌效应。2010年以来，袁隆平农业高科技股份有限公司先后在菲律宾、孟加拉国、印度尼西亚、巴基斯坦、印度建立育种站，在印度尼西亚、越南建立测试站，选育杂交水稻新品种（已有19个品种在海外登记或者审定），与40多个国家和地区建立了贸易关系。2016年，袁隆平农业高科技股份有限公司国际业务总收入达1.2亿元，比2015年提高20%。

（三）主要投资模式与经验

一是"研发先行"推进国际化运营和海外市场拓展。公司发挥企业在种子研发领域的优势，通过援助＋市场双线并进，与合作国通过项目合作、技术培训等方式，推进企业种子产品在当地的推广和营销，建立自己的推广营销网络，进而逐步掌控当地市场，将以杂交水稻为代表的中国种子推向世界各个国家和地区。

二是瞄准区位环境，开拓盈利空间。公司在境外从事投资和合作的区域都是全球水稻种植的核心区，也是国际化的主攻市场。中信证券的研报分析，杂交种子在东南亚及南亚的主要国家的推广率仅达到5.4%，市场空间约为46亿元，但潜在销售空间为397亿元，是中国市场的3倍，且盈利空间有进一步扩大的态势。

三是依托政府的国际合作项目完成企业走向国际化的重要一步。公司的杂交水稻以及援外合作项目、援外培训，不仅改善了受援国的农业生产力水平，还培养了大量的农业技术人员和管理人员，这些技术人员和管理人员也是公司的优势资源。在援助项目完成时，公司可能已经完成对受援国实行商业化投资的战略部署，为农业走出去第二步打下了坚实基础。

四是与东道国需求紧密结合。除中国以外，全球95%的水稻都在非洲、南亚、东南亚种植。这些国家的水稻种植方式与品种都比较落后，多数国家需要进口粮食，对水稻产量的提升具有迫切需求，急需实现本国粮食的自给自足。因此，中国与这些国家开展杂交水稻合作既事半功倍，又互利共赢。

案例四　湖南大康国际农业食品股份有限公司

（一）公司基本情况

湖南大康国际农业食品股份有限公司成立于1997年，于2010年在深交所中小板上市。2014年，大康农业通过非公开发行股票募集资金50亿元，鹏欣集团成为公司新的控股股东，大康成为鹏欣集团的农业运作平台。2016年，大康农业正式更名（原名为湖南大康牧业股份有限公司），依托鹏欣集团的优质资源和雄厚实力，公司确定了农业、食品两大产业和五大核心主业（生猪、肉牛、食品分销、乳业、粮食贸易）的产业布局，逐渐形成完整的产业链条。

在中国供给侧结构性改革不断深入、"一带一路"建设稳步推进的发展背景下，湖南大康国际农业食品股份有限公司迎来战略转型的重要节点，公司以成为世界级优质蛋白质供应商和食品集成分销商为目标，构建以大农业、大食品、大健康为目标的现代农业食品公司。同时，公司将在战略目标的引领和战略实施规划的指导下，着力推进粮食贸易、食品分销、乳品业务、畜牧产业四大核心主业的高效、协同发展，进一步提高运营效率和经济效益，为国内消费者提供健康、安全、质优的农产品,并且通过实施"国际化"战略,聚焦全球优质农业资源,重视经济的联动效应,提高资源配置的能力和效率,保障全球的优质农产品供应至中国市场,满足中国消费者多样化、品质化的需求。截至 2018 年,大康农业的总资产为 152.61 亿元,净资产为 53.46 亿元,从原来单一的生猪养殖及销售业务扩展到乳业、牧业、农资与粮食贸易等多个业务领域。目前,大康农业确定了农业、食品两大产业和粮食贸易、肉牛、乳业、肉羊、食品分销五大核心主业的产业布局,业务遍及全国和巴西、新西兰、日本、缅甸、老挝等国家。

大康农业的发展目标是将公司打造成"总部在上海、布局在海外、市场在全球"的大型综合性农业和食品企业集团,形成较为完善的商业模式,实现"2022 年,公司的核心主业在细分市场方面位居行业前列"的发展愿景。

(二)境外投资项目情况

大康农业从 2014 年开始实施境外筹划和布局,境外业务主要包括乳业、粮食贸易、食品分销、肉牛等,目前拥有境外公司 27 家,共完成 5 项并购活动,主要海外投资地位于新西兰及巴西(见表 14-1)。

表 14-1　湖南大康国际农业食品股份有限公司对外投资项目

时间	并购活动
2014 年 10 月	收购 Dairy 公司 100% 的股权
2016 年 7 月	收购 Fiagril 公司 57.57% 的股权
2016 年 8 月	收购鹏欣集团持有的鹏欣巴西 100% 的股权
2016 年 12 月	收购安源乳业 100% 的股权
2017 年 11 月	收购 Belagricola 公司 53.99% 的股权

2014年10月,湖南大康国际农业食品股份有限公司支持子公司纽仕兰(上海)乳业有限公司以募集资金约3 600万元对Dairy公司进行增资,实现纽仕兰与Dairy公司共同实施进口婴儿奶粉和液态奶项目,增资完成后,注册资本增至700万新西兰元。

2016年12月,湖南大康国际农业食品股份有限公司同意公司全资子公司纽仕兰(上海)乳业有限公司以3.75亿美元收购安源乳业100%的股权,继而获得新西兰克拉法牧场的所有权及洛岑牧场的收购权,并在收购完成后实施对上述两个牧场的改造。克拉法牧场位于新西兰北岛,包括13个奶牛牧场和3个干草牧场,占地面积约为7 891公顷。洛岑牧场位于新西兰北岛中部,包括10块土地,由肉羊、肉牛和干草牧场构成,占地面积约为1.38万公顷。2016年,大康农业共完成对新西兰16个牧场的收购,目前掌控新西兰29个牧场。牧场总覆盖面积约为18万亩,拥有28 000头泌乳牛,年产1.2亿升牛奶。大康农业通过与当地奶制品加工厂合作,控制两条UHT(超高温瞬时处理)生产线,开发成人奶粉、麦努卡奶粉、鲜奶产品等。

大康农业从2016年开始在巴西进行粮食资源布局,先后于2016年和2017年投资2亿美元和2.53亿美元,分别收购巴西Fiagril公司57.57%的股权和Belagricola公司53.99%的股权。2016年7月,湖南大康国际农业食品股份有限公司以2亿美元的价格收购Fiagril公司57.57%的股权。Fiagril公司从事大宗农产品贸易业务,2014—2015年的收获季节的粮食采购量达到290万吨,拥有总储藏能力为83.10万吨的14个粮食仓库;在生产资料经销业务上,拥有12家零售店,向农户提供种子、农药、化肥等1 000多种产品的一站式的生产资料采购方案,同时拥有一支由46名农业顾问组成的技术团队——向农户提供技术支持和咨询服务,服务范围覆盖400万公顷的种植面积;拥有年产能为18万立方米的生物柴油工厂，通过酯交换技术将大豆油转化为生物柴油燃料。2017年11月，湖南大康国际农业食品股份有限公司收购巴西农业生产资料采购与销售平台Belagricola的53.99%的股权，这意味着大康农业国际化的步伐又向前迈进了一步，为中国市场协同和参与全球粮食贸易奠定了良好的基础。Belagricola公司总部位于巴西巴拉那州，业务遍布巴拉那州北部、圣保罗州南部和圣卡特琳娜州北部共165个城市，拥有37个农产品仓库和57家零售店，拥有超过200名农业专家，向农户提供种子、农药、化肥等一站式的农业生产资料采购方案，建立了完善的销售体系与集粮食收购、仓储、物流和出口为一体的完整产业链布局。被收购的两家公司所覆盖的种植面积达800万公顷，服务农户数量达14 000户。大康农业目前在巴西控制粮食的总量达700万吨，其约占巴西粮食采购市场的4.7%，大康农业打造并逐步完善中巴农资供应和粮食贸易平台。湖南大康国际农业食品股份有限公司在巴西市场的直接采购能力仅次于邦吉，位列第二，并可以与ADM、丸红、中粮、Amaggi等几家第二梯队的粮商谈判，分享它们在基础设施建设方面的运输能力。

预计未来两三年，大康农业能够控制1 000万吨以上的大豆资源（占巴西6%~8%的市场份额）。未来10年内，大康农业能够进一步完善在巴西的大豆农资、种植、收购、仓储、物流、贸易的产业链，争取掌握3 000万吨大豆产能。除了在巴西和新西兰投资乳业和大豆，自2018年起，大康农业实施肉牛产业跨境贸易投资布局，首先在我国瑞丽、景洪和勐腊口岸建设年进口规模为50万头的标准化和现代化活牛进口检疫隔离场和屠宰厂。公司目前着手在缅甸开展肉牛屠宰项目，布局中缅跨境肉牛产业。

（三）主要投资模式与经验

一是利用供应"种子＋农药"的轻资产模式，充当粮食贸易的收购商和粮食生产的供应商，提高贸易的获利能力，同时降低风险。对接当地具有一定影响力的农产品贸易公司，能带来供应链管理上的规模效应，有助于大康农业打造完整的国际贸易平台，包括实现完善的风险管控、物流系统和直接出口功能，对接中国国内农产品销售渠道。

二是瞄准巴西布局粮食产业，打造中巴农资及粮食贸易平台。大康农业在考察国际主要粮食产区后，瞄准巴西完成了两次股权收购。收购的两家公司均地处农业主产区，分别是巴西麻省和巴拉那州最大的农业生产资料销售平台和粮食收购平台之一。通过收购这两家公司，大康农业在当地建立了完善的销售体系与集粮食收购、仓储、物流和出口为一体的较完整产业链布局。

三是瞄准新西兰布局乳业产业，打造从牧场到餐桌的全产业链。大康农业通过掌控新西兰的 29 个牧场，掌控当地牧场和乳牛资源，大大提高了在当地的牛奶产能；通过与当地奶制品加工厂的合作掌握奶制品加工厂生产线独家承销权，直接掌控奶源，开发鲜奶、奶粉等乳制品和高端品牌；通过与阿里巴巴战略合作实现境内外、线上线下市场对接，实现从生产到销售的全产业链建设。

四是瞄准东南亚布局肉牛产业，完善跨境肉牛产销便利化机制。大康农业充分利用南亚及东南亚国家的饲料和肉牛资源，推动国家边境动物疫病防控新机制的建立，与云南省城投集团合作，直接参与中缅及中老跨境动物疫病区域化试点工作；在国内口岸加快建设标准化和现代化活牛进口检疫隔离场和屠宰厂，为肉牛进口提供便利的配套条件。

二、流通渠道控制类

企业采取资产和股权并购，与合作国当地政府、企业合作等模式，投资和掌控境外农产品仓储和物流设施、贸易渠道、销售终端等，辐射上游产业链，取得农产品流通话语权和贸易收益。

本节选取中粮集团、光明食品、和润集团、丰原集团的走出去过程，具体阐述以控制流通渠道为特点的企业境外投资，总结4个企业通过控制流通渠道实现走出去的成功经验。

案例一　中粮集团

(一)公司基本情况

中粮集团成立于1949年，是中央直管的骨干企业之一，是国内最大的粮油食品企业，主要从事粮油食品贸易，农产品加工和品牌食品生产与销售、研发等业务，经营范围涉及谷物、油脂油料、食糖、棉花、乳品、肉、饮料、酒、茶叶等农产品和食品品种，销售市场覆盖全球50多个国家，在国内952个大中城市、十几万个县乡村拥有230万家终端售点。

中粮2017年底的资产总额为5 444亿元，全年营业收入为4 709亿元，年经营农产品量近1.6亿吨，加工能力为9 000万吨，港口中转能力为6 500万吨，进出口总额约为120亿元。中粮以营养健康研究院为核心研发中心，目前共拥有44家境内外研发机构，其中国家级科研机构有13家，省部级科研机构有24家。中粮共获得专利授权2 029项，其中发明专利授权有593项。目前，中粮的品牌业务涉及26个品类、108个品牌，包括国内知名厨房食品品牌"福临门"、食糖品牌

"中糖"、葡萄酒品牌"长城"、白酒品牌"酒鬼酒"、肉类品牌"家佳康"、茶叶品牌"中茶"、城市商业综合体品牌"大悦城"、食品电商品牌"我买网"等。

(二)境外投资项目情况

中粮集团是中国农业走出去最早的企业之一。中粮集团是传统的外贸企业,在国际化问题上不断探索。从新中国成立到20世纪80年代初,中粮集团一直从事粮油食品进出口业务,国际化仅限于和国外的合资,希望通过借鉴国外企业在中国境内开办产业的经验,在国外建立海外办事处;在一定程度上发挥了政府职能,协助政府推动外贸进出口工作。随着中国改革开放和经济的高速发展,中粮集团立足于市场,国际化进程逐步走向海外投资,建立服务于自身发展战略的自主供应链。2008年金融危机后,中粮集团加快了国际化步伐,先后实施了十余起收购。

2009年,中粮集团提出打造"从田间到餐桌"的全产业链战略,将玉米、小麦、大麦、稻米、番茄、油脂油料、糖等产业链有机连接起来。通过布局全球资产和构建全球运营网络,中粮集团为世界1/4人口的餐桌与全球的农场搭建了桥梁,这有助于实现质量管理标准化、规模化、内部化。通过并购整合,中粮在拥有全球最大粮食需求增量的亚洲新兴市场和全球最大的粮食原产地(北美洲、南美洲)之间搭建了一个稳固的粮食走廊,直接向农户采购农产品,加强合作紧密度,并为农户提供技术、信息、金融、管理、资金等全方位的社会服务;上游还伴有风险控制、贸易团队、港口码头,而中国则成为这个覆盖全球、稳固的粮食供应网络的下游出口目的国之一。上游的粮食供给能力与中国的品牌渠道、加工物流、港口码头相衔接,疏通了中国消费者与全球粮食产地的需求之路。同时，中粮在产品可追溯、质量检测、原料管理等方面进行积极的信息化探索，绘制了20类主要农产品原料的质量安全风险地图，实现了对170项源头风险指标的实时预警、等级评估、动态监测，逐步建立了一套纵向到底、横向到边的食品安全管理体系，真正成为一个具有规模实力、财务实力、运营实力的全球化公司。

1. 收购智利 Bisquertt 酒庄

顺应国内进口葡萄酒消费快速增长的趋势，2010年，中粮以1 800万美元全资收购智利 Bisquertt 酒庄。该酒庄位于智利中部的空加瓜谷产区，拥有葡萄园372公顷和1个酒厂，酒厂年原酒生产能力为1.4万吨，储酒能力为1 400万升，主要生产优质原酒并销往国内。中粮将酒庄命名为圣安德雷亚，其今后将主要生产小规模的特级酒。

本次收购是中粮葡萄酒业务国际产区布局战略的重要举措之一，符合区位经济理论的基本原则，进一步加强了中粮在葡萄酒产业链上游的控制能力，保障了原料安全，提升了产品品质。

2. 收购法国雷沃堡酒庄

随着国内进口葡萄酒消费的快速增长，尤其是中高端葡萄酒消费的增加，2011年，中粮以0.8亿元全资收购法国村庄级（权威认可的最高级名庄）雷沃堡酒庄。该酒庄位于波尔多右岸拉朗德波美侯小产区，是极为珍贵的核心小产区，贵如波尔多之心，占地21公顷，年装瓶能力为12万瓶，主要产品为雷沃堡干红葡萄酒及其副牌酒，它们是法国高品质葡萄酒的代表。中粮成功签约世界最负盛名的"宗师级"酿酒师米希尔·罗兰，推动产品品质的提升。

中粮的收购让雷沃堡酒庄成为首家由中国葡萄酒企业收购的法国波尔多酒庄。中粮酒业再度重磅出手的生产型海外收购，成为中粮全产业链原产地深化布局中一颗闪耀的新星，成功构筑了横跨东方世界、新世界、葡萄酒旧世界三大阵营的精选产区格局。同时，中粮集团以此次收购为契机，继续加强与法国葡萄酒行业的合作，促进双方共同发展。

3. 收购澳大利亚塔利糖厂

近年来，中国食糖消费增速明显，国内产量难以提高，食糖缺口进一步扩大，中粮集团依据产品生命周期理论，为缓解中国市场的食糖供应，于2011年参与竞购澳大利亚塔利糖厂，最终以8.9亿元击败国际粮油巨头邦基和路易达孚，完成全资收购，于2013年将其注入中粮糖业上市公司。该糖厂成立于1925年，位于北昆士兰州，是澳大利亚最大的单体糖厂，年甘蔗压榨能力约为250万吨，年原糖生产能力约为30万吨，压榨能力和处理水平超过行业平均水平。塔利糖厂还有5个甘蔗种植农场，农场面积为1 827公顷，其中1 250公顷用来种植甘蔗，现有场地每年可种植9.5万吨甘蔗。目前，塔利糖业运营平稳，2018年甘蔗压榨总量为258万吨，生产原糖36.6万吨，产糖量创历史新高。

本次收购是中粮集团走出去战略的进一步实施，可有效整合海外优势资源，实现内部化，扩大食糖的加工能力和甘蔗的种植面积，降低生产成本，完善制糖产业链的布局，辐射范围拓展至海外。

4. 收购泰国木薯加工厂

木薯是一种工业用途与玉米极其相似的农产品，越南、泰国是木薯的主要产区，中国每年生产的木薯淀粉仅为70余万吨，每年进口木薯淀粉超过100万吨，然而，由于玉米产量无法满足深加工业的发展，国内玉米价格短时间内翻了一番。为控制玉米供应紧缺的态势，中国限制玉米深加工产能的扩大，而作为中国最大的玉米深加工企业之一，中粮承受了极大的压力。走向海外、尽力获得原料供应成为中粮集团提高农产品板块收益率的重要举措。

考虑到泰国及周边国家的木薯资源优势，且中粮在国内柠檬酸行业具备一定竞争优势，2012年，中粮集团以1.2亿元全资收购华润下属泰国润泰生化柠檬酸工厂（更名为"中粮泰国生化"）。该工厂位于曼谷辉煌区，年柠檬酸生产能力约为3万吨，70%以上的产品出口美国、巴西、以色列等国。中粮泰国生化在2018年加工鲜木薯等原料10万吨，销售柠檬酸等产品3.6万吨，销售收入为3 950万美元。同时，中粮集团利用自身在柠檬酸行业先进的营销、技术、管理等优势，对其生产环境进行改造从而匹配中粮集团食品价值链管理体系；为充分利用泰国及周边丰富的生产资源，中粮集团坚持瞄准高端食品市场，主要客户群为可口可乐、宝洁、卡夫、雀巢等国际知名食品生产商，促进良性发展。目前，泰国工厂拥有员工340人，其中招聘的泰国本地员工为220人，外包泰国及周边国家的劳务工为70人。

5. 收购新加坡来宝农业和荷兰尼德拉

顺应国内农产品供需缺口已然存在且将继续扩大的趋势，2014年，中粮联合厚朴、淡马锡、国际金融公司、渣打等国内外投资者，组建了国际化业务平台——中粮国际。中粮国际收购来宝农业、尼德拉两个国际性粮食企业各51%的股权（收购时，来宝农业的年销售额达149亿美元，下属45个分公司及机构遍布29个国家，主要在南美洲、非洲、欧洲、亚洲及大洋洲从事谷物、油籽、糖、棉花、咖啡等农产品采购、加工、存储和营销；尼德拉的年销售额超过170亿美元，在欧洲、美洲18个主要进出口国家从事粮油分销和国际贸易业务，产品售往全球60多个国家）。2016年和2017年，中粮国际又收购这两个企业剩余49%的股权，累计投入资金超过200亿元。2017年，中粮国际启动对尼德拉和来宝农业的全面整合工作，企业运营质量得到全面提升，经营口径全面扭亏为盈。

来宝农业是来宝集团的农业平台，主要从事农产品贸易和加工，优势为在南美、东欧、南非、澳大利亚形成业务布局。2013年，来宝农业经营量超过4 500万吨，销售额超过150亿美元。尼德拉是全球知名的农产品及大宗商品贸易集团，主营业务包括大宗农产品生物能源的生产、采购、加工、仓储、物流、贸易等业务，年销售额超过170亿美元，在18个主要进出口国家从事国际贸易和当地分销业务，产品销往全球60多个国家和地区，其优势在于对南美粮源的掌控力和种子的核心研发技术。

收购来宝农业和尼德拉之后，中粮集团以中粮国际为平台，进一步完善布局，主要包括两项投资：一是2015年收购罗马尼亚第一大港口康斯坦萨港的粮食出口码头——USA/USC码头，该码头及其持有的港口南部的Agigea码头的合计吞吐能力超过300万吨/年；二是2016年在乌克兰尼古拉耶夫港投资建设了DSSC码头，该码头的吞吐能力为250万吨/年。

这两次收购充分体现了内部化理论在中国农业企业对外投资中的应用，中粮集团借此拥有包括种植、仓储、采购、港口和物流在内的全球生产采购平台和贸易网络，为亚洲新兴市场与黑海、南美等地的粮食产区建立了"粮食渠道"，实现了产业链全球布局，向成为国际大粮商迈出了重要的一步。

经过上述收购，中粮国际化布局初具规模，已经发展成为南美、黑海等地重要的粮油贸易加工商。目前，中粮海外资产和业务覆盖全球50多个国家和地区，海外员工人数约为2万，海外公司全球农产品年经营量超过1亿吨，其中向国内出口的粮油产品超过2 000万吨，海外营业收入占中粮整体营业收入的比重约为50%。

6. 其他

2017年，中粮集团在俄罗斯符拉迪沃斯托克成立中粮远东有限公司，以粮食贸易为重点，逐步完善收储体系及仓储物流布局。

（三）主要投资模式与经验

一是实施境外收购优先发展战略。由于中粮集团的国有企业性质及业务范围，如果直接在境外租赁土地进行农产品种植，那么其可能会面临东道国法律、政策等诸多限制；而境外农业绿地投资周期长，不利于在短期内实现其境外战略布局，因此中粮集团主要选择在农业发展基础相对较好的国家以收购、资产整合的方式推进境外农业投资。

二是以掌控物流渠道为战略支点。中粮集团通过来宝农业在乌克兰投资7 500万元建设码头，这为中粮在东欧、中亚地区的粮食出口贸易提供了支点。中粮集团通过在巴西、阿根廷、乌拉圭投资布局码头、仓储设施，掌握拉美粮源。在海外收购过程中，中粮集团始终围绕粮食贸易这一核心业务，致力于推动粮食贸易海外布局、完善全球收购和销售网络，打通粮食收购、加工、仓储、销售的全产业链。

三是综合运用多种资源和融资模式。在国际收购和经营过程中，中粮集团不但积极申请我国政府部门的支持，还注重运用境外资本、人才等资源优势。其在收购来宝农业、尼德拉时，放弃了牵头银行，联合了厚朴基金等境外资本，既降低了成本，又弥补了管理团组经验的不足。

案例二 光明食品

(一)公司基本情况

光明食品(集团)有限公司成立于2006年,由上海市糖业烟酒(集团)有限公司、上海益民食品一厂(集团)有限公司、上海农工商(集团)有限公司、锦江国际(集团)有限公司的相关资产集中组建而成。光明食品(集团)有限公司是集现代农业、食品加工制造、食品分销为一体,具有完整食品产业链的综合食品产业集团。现代农业主要涉及花卉、蔬果、大米、生猪、奶牛,食品加工制造主要涉及罐头食品、休闲食品、糖、乳制品、酒。

光明食品拥有5家中国上市公司,其中光明乳业、金枫酒业、梅林股份、光明地产和开创国际均为中国A股上市公司,新西兰新莱特乳业公司为新西兰主板上市企业。

光明食品拥有光明、梅林、冠生园、佛手、大白兔、一只鼎、正广和、金枫、玉棠、爱森、石库门、大瀛、天喔、和酒、海丰等中国名牌产品、中国驰名商标和上海市名牌产品、上海市著名商标。光明食品的业务网络覆盖全中国,与160个国家和地区的上万家客户建立了稳定的进出口贸易关系,并与百事可乐、可口可乐、达能、雀巢、大金、麒麟、三得利、统一等国际知名公司进行了合资合作。

光明食品坚持以食品产业为主体,实施平台战略、品牌战略、融合战略和渠道战略,致力于打造第一、二、三产业为一体的完整食品产业链,形成覆盖上游原材料、中间生产加工、下游流通渠道的大格局,以市场化、专业化、国际化、规范化、证券化和人才战略为目的导向,推进国资国企改革,积极探索国际化发展道路。

(二)境外投资项目情况

自 2006 年组建以来，光明食品以中国消费需求升级、品牌、网络、资源为主线，秉承"符合战略、注重协同、风险可控、价格合理、团队优秀"的五大原则，通过收购全球优质成熟企业打造走出去的主要发展模式，全面打开全球市场。2010 年以来，光明食品陆续收购了在全球 90 多个国家拥有销售渠道的英国麦片公司——维多麦公司，翡丽百瑞的母公司意大利 Salov 集团，在澳大利亚拥有领先食品细分市场及采购渠道的玛纳森食品，新西兰乳业巨头新莱特，在全球 44 个国家拥有葡萄酒销售权的法国 Diva 葡萄酒公司，在全球 33 个国家拥有食品分销平台、物流中心的西班牙第二大食品分销商——西班牙米盖尔公司等国际知名公司，初步完成在大洋洲、欧洲的国际化布局，形成以食品为核心的全球制造、全球分销的整合配置体系，逐步完善了全球产品分销体系，提升了企业的资源、渠道掌控能力和品牌效应。

1. 收购新西兰新莱特乳业

2010 年，光明食品旗下光明乳业以 8 200 万新西兰元成功完成对新莱特乳业 51% 的股权收购，这是光明食品第一个成功的对外收购项目。该笔投资资金用于建设新莱特公司婴儿奶粉生产工厂，工厂于 2011 年 11 月竣工投产，年产量突破 5 万吨。

2013 年 2 月，新莱特和光明乳业共同决定让新莱特在新西兰交易所上市，其于 7 月主板上市成功，募集资金 7 500 万新西兰元，资金用于建设自动化仓库、乳铁蛋白生产线、婴儿配方奶粉罐装生产线。上市完成后，光明食品依然为第一大股东，持有 39.12% 的股份，价值达到 1.57 亿新西兰元，比光明食品初始投资额增加了一倍多。这是光明食品对外收购后上市的第一例，也是中国国有企业对外收购实体后在境外本土上市的第一例。

通过收购新莱特公司，光明食品在境外建立了肉业和乳业质量优异的原料生产基地和供应平台，为走出去战略的顺利实施提供了保障，开启了澳大利亚、新西兰的境外产业布局之路。

2. 收购澳大利亚玛纳森公司

2010年，光明食品和澳大利亚玛纳森控股有限公司签署协议，光明食品以5.3亿澳元收购玛纳森75%的股权。2011年，光明食品收购了玛纳森公司99%的股权。玛纳森公司是一家拥有自有品牌和国际采购渠道及销售网络的食品品牌运营商和分销商，在蛋黄酱、辣椒酱、高端奶酪、干果/果脯、健康零食等领域的销量居澳大利亚市场前列，具有显著的全球竞争优势，在多个细分市场处于领先地位；具有成熟的商业模式、较强的渠道和网络优势，建有物流基地和生产加工基地，具有品牌分销能力；能与合作方在出口、原材料采购、业务模式复制等方面实现优势互补。

光明食品通过收购玛纳森，搭建澳大利亚优质、高效的国际采购体系，进一步提升了集团食品品牌的影响力和知名度。

3. 收购法国Diva公司

2012年，光明食品旗下上海糖酒集团完成与法国著名葡萄酒经销商Diva公司的股权交割，收购其70%的股权。这是中国企业首次成功收购葡萄酒经销商。Diva公司拥有法国十大顶级酒庄中的7家酒庄的销售代理权，包括拉图、玛歌、拉菲等知名葡萄酒品牌，建成了遍布全球44个国家和地区的销售网络。光明食品经过深入分析、研究，决定通过控股Diva公司迈入葡萄酒产业，以低廉的价格获得波尔多顶级酒庄葡萄酒销售代理权和集成更多资源的机会，塑造"1对N"的资源整合能力，而非通过收购酒庄完成走出去的战略目标。光明食品在收购Diva公司之后，积极推进Diva公司自有品牌红酒的销售，通过集团金枫酒业、捷强连锁和自身团购渠道进行销售。

4. 收购西班牙米盖尔公司

2015年，光明食品以7900万欧元正式完成西班牙米盖尔公司的股权收购交割，获得72%的股权。米盖尔公司是西班牙仅次于麦德龙的第二大食品分销商，旗下拥有6个物流配送中心、63家自提付现门店，在售产品超过14000种，辐射范围达33个国家和地区。此次收购也是中国农业行业在西班牙最大规模的一次收购。同时，东华通、建投投资成为光明食品本次收购的战略投资者，这是国企增量资产的混合所有制改革的探索。

光明食品以建设全球食品集成分销平台为目标，通过对外收购，逐步推动销售渠道国际化、网络化，在欧洲搭建国际采购体系，最大限度地提升集团在食品零售业的知名度和竞争力，并注重与中国市场的合理对接，打通了中国品牌走向全球的发展之路。

5. 收购英国维多麦公司

2012年，光明食品完成狮王资本100%控股的英国维多麦公司的股权收购交割。光明食品收购维多麦公司60%的股权，并帮助其置换9亿英镑的债务，而狮王资本留存40%的股权。维多麦公司是英国第二大谷类和谷物棒食品生产商，其产品占英国消费市场的14.5%，不仅拥有5家英国本土工厂，还在北美建有工厂，并在西班牙、德国、南非设立分支机构，产品远销世界80多个国家和地区。维多麦公司还管控一个多元化的产品组合，旗下拥有众多享誉全球的领先品牌，品牌知名度较高。为完成本次收购，光明食品进行了融资行为，充分利用资本市场及金融工具，在对外收购中首次采用发行国际债券、俱乐部融资、过桥贷款、国际信用评级、全杠杆融资等创新融资方式实现收购。

此次收购的完成为光明食品进入英国乃至全球提供了极佳的契机，并帮助维多麦公司与光明食品下属的食品代理公司南浦食品开展合作，共同开发中国市场。

6. 其他收购项目

2014年，光明食品收购香港万安公司70%的股权。万安公司是香港地区肉类冻品进口规模较大的贸易商，约占香港地区25%的肉类冻品市场份额，目前已在上海建立万安分公司，扩大了在上海肉类冻品市场的销售。

2014年，光明食品收购了意大利Salov公司90%的股权。Salov公司在橄榄油销售额、产品质量以及品牌形象方面均领先欧洲同行业公司。目前，光明食品的零售网络资源同Salov公司的品牌产品对接，共同开拓了中国国内市场。

（三）主要投资模式与经验

一是实施境外收购优先发展战略。光明食品以中国需求和消费升级为主线，重点考虑品牌、渠道（网络）、生产资源，统筹利用国际国内两个市场、两种资源，延伸产业链上下端，基于集团六大培育业务和"9+1"核心业务探寻收购目标，以便于充分发挥协同效应，加速国际化进程，实现全产业链经营。

二是聚焦食品主业发展。光明的海外收购全部在主业范围内，重点围绕"资源类""网络类""品牌类"展开。新莱特是新西兰拥有丰富优质奶源的乳品制造企业；玛纳森是澳大利亚知名的食品分销企业；Diva是法国波尔多地区优秀的葡萄酒经营商；维多麦是英国拥有行业领先品牌的早餐谷物类食品制造企业；万安是中国香港地区肉类冻品进口规模较大的贸易商；Salov公司是全球布局的橄榄油品牌生产销售企业。

三是合理运用国际化融资。光明食品在对外收购中的融资突出了集团的总体优势，多渠道、多主体的国际化融资为对外收购提供了资金支持。这些资金一部分用于购买股权，一部分用于置换目标企业原有的银行贷款，以低息换高息，降低了目标企业的财务费用，大大增强了其在本地企业中的市场竞争优势。在收购维多麦公司的过程中，杠杆收购、过桥贷款、俱乐部融资、发行国际债券、国际信用评级等先进的金融手段发挥了至关重要的作用，光明食品的收购成本大幅减少，对外收购的不确定性和风险也被有效地削弱。

四是将香港地区作为境外融资的重要基地。作为中国特别行政区，香港是一个各类金融市场完备、以跨国银行分支机构为主、完全开放的国际金融中心，具有交易费用合理、税收低廉、资本进出自由的特点，与内地联系密切，因此中国企业可高效、快捷地利用香港这一成熟的国际金融市场及其在国际上的知名度，吸收境外资金，实现境外融资，切实满足企业走出去的经营管理资金需求。

案例三　和润集团

(一)公司基本情况

和润集团始创于 1979 年，是一家以粮油加工贸易及物流产业为核心的综合性民营企业，集团主业为粮油加工及粮油物流，于 2018 年位列中国民营企业 500 强第 154 位，中国民营企业制造业 500 强第 83 位。进入 21 世纪，和润集团以"港（港口）、产（产业园）、贸（贸易）、融（金融）相结合"的创新产业模式，在中国沿江、沿海布局建设粮油加工及粮食物流产业园，规划了 10 座现代化粮油加工产业基地。集团目前已建成了浙江舟山、江苏扬中、湖北武汉、四川泸州4座粮油加工及粮食物流产业基地，以舟山为起点，基本完成了沿江的产业链布局。目前已建成的4座产业基地的合计加工产能为每天17 500吨大豆，年加工能力突破500万吨，排名位居国内前列。

除了发展粮油加工，集团还大力发展粮油物流，目前集团所有已建及在建工厂均沿江沿海，且配套码头泊位。同时，集团拥有远洋运力72万吨，沿海运力约10万吨，沿江运力约25万吨，现已在国内实现所有自用货物使用自有物流系统运输。除粮油压榨及粮油物流，集团还拥有石油储贸、房地产开发、旅游开发等多个业务。

（二）境外投资项目情况

2017年，和润集团进军巴西市场。2018年，其与中国交建南美区域公司签订战略合作协议。在考察调研后，其跨出了海外投资的第一步，联合中国交通建设集团在巴西圣路易斯市建设全球最大的粮食专用港口。未来，圣路易斯港通过与和润集团国内大型粮食港口配套，将形成全球首创的18万吨级粮食运输航线。和润集团参与投资巴西圣路易斯港，致力于为巴西北部粮食出口打造一条新通道，增加巴西粮食产品向中国出口的数量，提高巴西当地农户的生产利润，增进两国农业贸易的联系。

圣路易斯港位于巴西北部马拉尼昂州首府圣路易斯市，毗邻全球最大铁矿石发货港口PDM港。该港具备独一无二的自然优势，其自然水深超过20米，可停靠18万吨级散货船。圣路易斯港连接卡拉加斯铁路及巴西南北铁路，凭借铁路的物流优势，扩大了对粮食产区的覆盖范围，可以覆盖到马托格罗索州东部、帕拉州东南部、皮奥伊州西部，巴伊亚州西北部、戈亚斯州北部、托坎廷斯州全境、马拉尼昂州全境，覆盖区域种植面积接近 400 万公顷，仍有近 300 万公顷畜牧用地可以转换为种植用地。

圣路易斯港已于 2018 年开工建设，预计 2021 年底完工。按照目前的设计，建成后，该港口将拥有 3 个泊位，分别为粮食出口泊位、油品进口泊位及化肥进口泊位，其中最重要的是粮食出口泊位。建成后，该港口将成为巴西最大、效率最高的粮食港口之一，同时也将是全球唯一可满载 18 万吨级散货船的粮食港口。

港口连接铁路、公路，将覆盖巴西中北部主要粮食产区，预计建成时，腹地粮源将超过 2 000 万吨；港口作业效率极高，可大大节省船舶在港的作业时间；港口可操作 18 万吨级粮食散货船，配合和润集团自有 18 万吨级船队，可节省巴西至我国的粮食运输费用约每吨 10 美元；建成后，该港口将成为我国在巴西北部首个自有港口，配合中粮在巴西南部的港口，形成我国在巴西南北双向出口的通道。

除了促进圣路易斯港的发展，和润集团希望在巴西南部及亚马孙河流域进一步寻求更好的物流及粮食贸易投资机遇，建立覆盖巴西南、北、中的物流及贸易网络。

和润集团经过多年的考察研究，发现巴西粮食市场的物流、贸易、配套服务及金融服务实际被欧美国家及日本的企业控制，巴西企业及农户仅负责源头种植。同时，和润集团参考其他企业投资巴西的经验后发现，如果企业在初期单独投资种植，那么有可能面临欧美国家、日本的企业在其他环节的封锁围攻。为保障港口货量需求，和润集团打造了以港口物流为起点，围绕港口覆盖的产区，分阶段投资布局巴西粮食产业。

在第一阶段，和润集团投资巴西优势港口，以获取可以服务于我国所有企业的巴西粮食港口，避免欧美国家、日本的企业在粮食出口港口上的控制；建立自有的国际粮食海运船队，以保障海上运输通道的畅通，并将自身物流体系直接延伸至巴西。

在第二阶段，和润集团通过投资或参股巴西本地粮食贸易商等方式，与巴西当地的大型贸易商开展大规模合作，辅以向当地农户零星采购，构建巴西的自有粮食采购渠道，对接自有港口及自有海运，利用圣路易斯港的比较优势建立新的物流标杆，实现一定规模的巴西粮食采购及出口海运；建成后，可达到年发运能力 700 万吨，配套仓储 36 万吨，装运速度最高可达 6 000 吨 / 小时。

在第三阶段，和润集团在拥有稳定的粮食采购渠道后，进一步投资巴西其他港口及物流系统，加强产地物流、仓储和基础设施建设，初步建立成规模的巴西物流体系，以发展物流优势巩固粮食渠道，以扩大采购规模推动物流建设。

在第四阶段，和润集团通过收购、参股等方式，与巴西本地种植企业合作，投资发展巴西的粮食种植产业，进一步参与当地贸易商及农业协会的经营，加强与农户的联系，为农户提供更加便利的物流服务，打通物流链，最终实现巴西粮食源头与国内市场的直接对接。

在第五阶段，和润集团提供更多的农业生产物资服务，降低巴西农户的生产成本；根据市场发展，建设粮食相关的产业园区，提高农产品的工业附加值，全面融入并带动当地社会经济的发展。

（三）主要投资模式与经验

一是构建粮油加工及物流渠道。除了发展粮油加工，和润集团还大力发展粮油物流。目前，和润集团已建及在建工厂均位于沿江沿海，并且配套码头泊位。同时，和润集团组建远洋运输系统，在国内已实现所有自用货物使用自有物流系统运输。

二是拓展农产品产业链，打通境内外粮油贸易通道。和润集团将巴西主要粮食产区和港口、铁路、公路、码头打通，降低运输和作业成本，建设覆盖巴西局部的贸易网络。和润集团联合中交集团在巴西建设全球最大的粮食专用港口，增加巴西粮食产品向中国出口的数量，增进两国农产品的贸易合作。

三是充分做好投资目标国的前期调研工作，寻找合作伙伴，抱团出海。和润集团与中交集团的混合所有制合作，充分发挥了各自优势，增强了双方在海外市场中的竞争力。其聘请专业团队对项目所涉及的投资目标国当地法律及税务系统、环境保护的规定、劳工雇佣的规定、项目投资经营涉及的规定等进行了充分调研，排除了各方面风险。

案例四 丰原集团

（一）公司基本情况

丰原集团的全称为"安徽丰原集团有限公司"，前身为蚌埠柠檬酸厂，始建于1977年，是一家管理层及骨干控股、国有参股的混合所有制企业，在职员工8 700余人。丰原集团集生物发酵技术研发、生物化工、制药与食品、工程设计与装备制造等产业为一体，属于国家高新技术企业、国家级创新型企业、国家科技兴贸创新基地，现控股丰原药业、参股山东地矿两家上市公司，拥有丰原生化、泰格生物、丰原生物、丰原明胶、丰原食品、丰原化工装备等产业型公司及国内外贸易型公司，拥有发酵技术国家工程研究中心、丰原医药国家级企业技术中心两个科技创新平台。丰原集团先后承担多项生物发酵技术国家科技计划攻关项目，拥有发明专利500多项，重大工艺技术发明专利170多项。

"十三五"期间，丰原集团在国内重点打造生物化工、生物医药、生物新材料产业，主要生产有机酸类、氨基酸类、维生素类、医药原料和中间体等系列产品，并推广最有市场前景的生物材料聚乳酸；2017年，建成投产生物制造产业创新基地，包括全球最大的维生素C及其衍生物生产企业，并生产赖氨酸、丙氨酸、淀粉糖和多种维生素产品。

到了2020年，丰原集团计划新发3家上市公司，其中包括泰格生物——全球最大的维生素生产企业之一，年产各种维生素15万吨左右（占全球维生素总市场的1/4）；丰原生化——全球最大的生物材料生产企业之一，聚乳酸产能将达到百万吨级；丰原生物——掌握行业最前沿技术的企业之一，专注高端生物化学品的研发与产业化。

丰原集团充分利用国内外产业平台、遍布全球的营销网络与进出口贸易方面的经验与信誉，将产品输出到海外市场的同时，开展食品原料、饲料原料、木材、矿产等大宗商品的进口贸易，满足国内不断增长的市场与消费需求。

（二）境外投资项目情况

丰原集团的境外投资主要包括匈牙利索尔诺克玉米深加工项目和巴西南马托格罗索州玉米深加工项目。

1. 匈牙利索尔诺克玉米深加工项目

2011年6月23日，时任中国总理温家宝访问匈牙利期间，与匈牙利政府签订了10亿欧元专项贷款资金框架协议，其中丰原集团在匈牙利索尔诺克市建设柠檬酸厂项目位列其中，并被列为首批启动的高访见签项目。

柠檬酸消费量的70%在欧美发达地区，而产量的70%在中国；目前欧美发达地区对中国产的柠檬酸实施反倾销和反补贴制裁，因此中国柠檬酸行业面临极大的挑战。丰原集团选择在欧美当地进行柠檬酸生产，从而规避了这些制裁。其之所以选择在匈牙利建厂，是因为匈牙利地处欧洲中东部，农业基础较好，玉米原料资源相对丰富，玉米价格比中国至少低1/4。项目所在地的玉米年产量约为810万吨，完全能满足本项目的需求。其劳动力价格也远比欧洲发达国家低，具有劳动力素质、劳动力教育水平高的特点。欧美地区是柠檬酸主要消费地区，匈牙利是中东欧最大的铁路交通枢纽之一，是欧盟地区的中心物流集散地，交通便利，贴近终端消费市场，有利于客户服务与维护。匈牙利还是第一个同中国签署关于共同推进"一带一路"建设的政府间合作文件的欧洲国家，所以在匈牙利建立柠檬酸厂是比较好的选择。

项目所在地位于匈牙利首都布达佩斯东南100公里的索尔诺克市工业园区，占地20公顷。最初的合作方案是由安徽丰原集团有限公司和匈牙利索尔诺克工业园有限公司共同出资成立丰原索尔诺克生化股份有限公司（以下简称"合资公司"）。由于索尔诺克工业园有限公司没有足够的自有资金完成项目，而匈牙利政府非常看好项目，于是在2013年11月，匈牙利欧尔班总理签发了总理令，指令匈牙利国家开发银行（以下简称"匈开行"）加入合资公司，由于匈开行是国有政策性银行，它委托其全资子公司——匈牙利开发银行投资公司（以下简称"匈开行投资公司"）以股东身份加入合资公司，并与原股东共同完成项目。匈开行介入项目后，用近两年的时间对该项目进行充分论证，并委托全球著名的毕马威会计师事务所对项目进行可行性研究，毕马威会计师事务所得出项目可行性之后，匈开行又委托另一全球著名的德勤会计师事务所对毕马威会计师事务所的可行性报告再次进行论证评估，最终论证项目是可行的。随后，项目在匈开行投资公司的监事会、董事会上通过，匈开行的监事会、董事会最终审议批准。

2017年11月29日，合资公司与匈牙利国家开发银行签署11 296万美元贷款协议，贷款协议的签订标志着匈开行正式同意放贷。合资公司与蚌埠阳光投资股份有限公司签订总承包合同，蚌埠阳光投资股份有限公司承建6万吨/年柠檬酸项目。合资公司已购买项目土地。索尔诺克工业园有限公司已准备好工厂所需的水、电、天然气等外部公用工程。匈牙利年产6万吨/年的柠檬酸项目已经获得中国商务部、发改委审批通过，获得匈牙利环评与规划许可。项目的整体设计已经完成，包括玉米筒仓、预处理系统、发酵、提取、精制、成品仓库、动力、环保等车间设计。

2019年3月，项目正式打开电子施工日，已具备开工条件。2019年4月，中匈双方股东的增资到位，其中匈方出资款额计8 378 900 000福林，丰原集团出资款额计3 200万美元。2019年8月，中国银行安徽分行、中国银行匈牙利分行已分别开出和转开银行工程履约保函。

目前，合资公司由丰原集团、匈开行投资公司、索尔诺克工业园有限公司三方合资成立，其中丰原集团占股51%，匈开行投资公司占股48.93%，索尔诺克工业园有限公司占股0.07%。项目所有前期工作均已完成，合资公司与蚌埠阳光投资股份有限公司签署总承包合同，由蚌埠阳光投资股份有限公司承建6万吨/年的柠檬酸项目。

2. 巴西南马托格罗索州玉米深加工项目

丰原巴西公司的全称为"丰原巴西工业投资公司"，是丰原集团在巴西的控股子公司，是由丰原集团和Nutriplus智利公司共同出资在巴西成立的合资公司，其中丰原集团占有92.5%的股份，Nutriplus智利公司占有7.5%的股份。

2012年，在时任南马托格罗索州农业厅厅长特雷莎·克里斯蒂娜（现任巴西农业部部长）的推介下，结合自身状况，通过对巴西深入细致的调研和实地考察，丰原集团决定在巴西南马托格罗索州马拉卡茹市投资建设60万吨/年的玉米深加工项目。

2014年7月19日，中国国家主席习近平访问巴西，丰原集团董事长李荣杰与合作伙伴NP公司董事长伊纳休在习主席和巴西时任总统迪尔玛·罗塞夫的见证下签署合作协议，为日后项目融资贷款奠定了坚实基础；2015年5月19日，中国国家总理李克强访问巴西期间，在李总理和巴西时任总统迪尔玛·罗塞夫的见证下，丰原集团董事长李荣杰、南马托格罗索州州长阿森布侠及中国国家开发银行领导共同签署了项目合作协议，进一步深化合作。

项目目前正在进行一期建设，一期30万吨/年的玉米深加工项目的总投资额为1.08亿美元，主产品包括有机酸、玉米淀粉、麦芽糊精、麦芽糖浆等，副产品包括玉米蛋白粉、玉米蛋白饲料等。截至2019年9月底，项目已完成投资额2.05亿雷亚尔，约合5 700万美元。

截至当前，项目已完成现场土地平整以及60套水泥板房、2个6万吨玉米V形仓库、38.5 KV电力线路、成品仓库的建设，收储项目已具备使用条件，目前正在积极开展大豆收储业务；另有138 KV外线及变配电站、锅炉等项目正在建设中。预计在2020年下半年，一期项目建成投产。丰原集团将在项目一期建成、实现盈利后，根据实际情况进行后续农产品深加工项目的建设，主要产品包括乳酸、聚乳酸，一方面将资源性产品返销国内，另一方面实现产品的本地化和第三方市场的销售。

（三）主要投资模式与经验

一是掌控资源和市场。丰原集团充分利用合作国丰富的玉米原料资源和劳动力，选择交通便利的物流集散地，以较低的成本获得价格优势；在选择投资合作国和区域的时候，靠近终端消费市场，并积极开拓第三方市场，拓展了产品的销路，同时规避了欧美国家关于柠檬酸产品的壁垒和制裁。

二是扩宽金融合作渠道。丰原集团不仅获得国内进出口银行等国家政策性银行的贷款融资支持，还与合作国的政策性银行签署贷款协议，成功获得了合作国政策性银行的金融支持。一方面，这大大降低了企业在合作国的投资风险；另一方面，这有效降低了资金成本，增强了企业在当地的市场竞争优势。

三、规模种植/养殖加工类

企业通过与合作国磋商获得大片农用土地经营权，单独或与合作伙伴共同开展大规模作物种植、畜禽养殖与相关农产品加工，通过现代化、规模化农业生产和加工技术设备实现规模经营收益。

本节选取新疆利华棉业、天津聚龙、广垦橡胶、哈尔滨东金的走出去过程，具体阐释企业在境外进行规模种植加工的投资特点，总结4个企业走出去的成功经验。

案例一　新疆利华棉业

（一）公司基本情况

新疆利华棉业股份有限公司是新疆地区一家以棉花种植、收购加工、纺织为主业的拟上市公司，也是国内棉花行业最大的企业和唯一一家国家级农业产业化重点龙头企业，成立于2004年8月，现注册资本为15 786万元，是以棉花全产业链经营为主业的跨国集团公司。自治区最大的国有企业新疆中泰（集团）有限责任公司和全国纺织龙头企业、中国境内上市公司安徽华茂纺织股份有限公司是公司的两大股东。

新疆利华棉业股份有限公司的主营产品为皮棉、棉油、纱线、棉粕、短绒、棉壳、大米、小麦，其中主要产品皮棉"三丝"含量低，销售网络已遍及河南、河北、山东、湖南、湖北、安徽、福建、江西等国内各大纺织省份。其与中国260多个企业建立了合作伙伴关系，并与包括安徽华茂、华纺集团、华孚集团、利泰集团、舞钢银河、项城纺织、焦作海华、百隆东方在内的30余家大型纺织企业建立了长期固定合作关系。

新疆利华棉业股份有限公司在国内外拥有超过150万亩种植基地，合计经营55个棉花加工厂、一个棉纺织厂、一个稻米加工厂和两个油脂加工厂，是集农业的种植、收购加工、纺织、食用油加工、仓储物流、国际贸易为一体的跨国集团公司，业务覆盖棉花的种植、收购加工、纺织、食用油加工、仓储物流、国际贸易、农资经营等领域。

新疆利华棉业股份有限公司积极实施"产业链延伸战略"，一方面大规模实施订单农业，通过向棉农免费提供种子、全额赊欠化肥、地膜、滴灌带、农药等种植业生产资料，并以全程提供技术指导和机械化服务的方式，助力订单农业到2020年超过200万亩；另一方面加快推进土地流转，通过对流转的土地进行高标准农田建设，实施规模化、机械化、标准化种植，争取到2020年让现代种植基地超过200万亩。通过两种方式的实施，新疆利华棉业股份有限公司建立了原料自给自足的优质棉生产基地，加快推进了纺织服装产业的建设，进一步提升了产品附加值。

（二）境外投资项目情况

新疆利华棉业现已在美国、澳大利亚、塔吉克斯坦控股或参股多家公司，并在多国投资项目。目前，新疆利华棉业已完成境外项目投资6.5亿元，获批农业种植用地36万亩（长期使用权），开发18万亩，并配套相应的电力、水利、道路、管网等基础设施设备；带动出口农机470余台，建设占地15公顷的农产品加工园区及9公顷的仓储加工基地，包括两个棉花加工厂，一个稻米加工厂，另有农机库、成品库、原料库、办公楼等建筑（占地3.5万平方米）。

2013年11月，新疆利华棉业在塔吉克斯坦组建成立金谷农业联合体有限责任公司，其作为项目实施主体，开始对塔吉克斯坦进行农业投资，新疆利华棉业股份有限公司控股70%，塔方参股30%。新疆利华棉业分3期投资完成"国家级中塔现代化高产农业种植推广及产业园区"建设项目。目前入驻示范区的5家企业分别是金谷农业联合体有限责任公司（农业生产加工）、中泰（丹加拉）新丝路纺织产业有限公司（棉纺织）、中泰（哈特隆）新丝路农业产业有限公司（农业生产加工）、吉峰农机连锁股份有限公司（农机销售及技术服务）、塔中农业开发有限公司（品种研发、种子培育）。

2014年，新疆利华棉业在塔吉克斯坦完成一期投资超过1.5亿元，其中，8400万元用于农业种植——在塔吉克斯坦的哈特隆州的5个区（包括亚湾、叽里咕噜、博格达、加密、胡罗孙）种植棉花0.3万公顷，并与这5个区的604个农户签订近1万公顷的合作种植协议；6696万元用于建设一个占地面积9公顷的拥有国际先进水平的棉花加工厂。2014年8月，一期项目正式投入运营，并初见成效，棉花亩产由原先的不足150千克提高到200千克以上，同年采收籽棉2.2万吨，加工皮棉7700余吨，全年实现净利润2359.8万元。在这个过程中，中国农业银行在新疆利华棉业对塔吉克斯坦的投资方面发挥了重要作用。2015年8月和2016年3月，中国农业银行新疆兵团分行为金谷农业联合体有限责任公司"现代农业种植推广与产业园区二期项目"和"现代农业种植推广与产业园区三期项目"各发放1亿元项目贷款，支持其在塔吉克斯坦建设棉花产业基地。2017年8月，中国农业银行为新疆利华棉业股份有限公司办理理财产品1.16亿元，办理内保外贷业务1 500万美元。

2015年，新疆利华棉业在塔吉克斯坦投资1.7亿元，建成10个高水准的农业产业园。其投资5 000万元开垦新获批的8 800公顷土地；投资600万元配套建成一个110变电站（12500 KVA容量）；投资4 210万元修建水利设施；投资496万元采用美国林赛公司技术修建666.67公顷的固定中心支轴式自动化喷灌设施；投资2 294万元购买5台采棉机和10台联合收割机；投资1 488万元修建生产生活基地；投资3 000万元购买种子、化肥、农药、柴油等生产资料和开发农作物高产种子和种植技术。

截至2018年，新疆利华棉业已获批境外土地近2.4万公顷（约36万亩），已完成项目投资4.8亿元，建成了12万余亩现代化、标准化的农业种植基地，以高标准完成相关水利、电力、道路交通等基础设施，引进了中国最先进的多种农耕作业机械280余台（套）；完成了农业园区内一个棉花加工厂，一个长绒棉加工厂，一个稻米加工厂，日处理500吨粮食作物烘干设施、生产加工基地、职工生活区、原料库、成品库、农机库等建设工作。目前，园区投资建设3万公顷（45万亩）集农产品的种植、加工、仓储、销售为一体的农业产业示范基地，包括耕地的开发，兴建水、电、路等基础设施，配套现代化大型农耕作业机械和生产加工基地及职工生活区；建设了年加工2.5万吨皮棉的国际先进水平棉花加工厂一个，年加工1万吨长绒棉的加工厂一个，年加工2万吨稻米的加工厂一个，年加工3万吨小麦面粉的加工厂一个，食用油精炼及成品小包装厂一个，2万吨储藏能力的冷藏保鲜库一个；建立了完善的棉花产业链体系，建成集农业种植、棉花收购加工、纺织、仓储物流为一体的现代农业示范区，有效促进入区企业优势互补，特色产业优先重点发展。

示范区作为塔吉克斯坦最大的农业投资项目，对该国农产品供应体系影响巨大，对解决当地粮棉供应、缓解社会矛盾起到了实质性作用，在塔吉克斯坦社会各阶层具有广泛的影响力。现示范区年产皮棉7万吨，纱线3万吨，产品技术及产量、质量水平占塔吉克斯坦主导地位，不仅满足了当地需求，还能形成外汇收入。示范区聘用大量当地村民就业，其中纺织项目有3 000人，农业项目有1 000余人，长期聘用当地人员比例超过示范区员工总人数的90%，显著提高了当地村民的收入水平。

（三）主要投资模式与经验

一是注重科技研发。新疆利华棉业在塔吉克斯坦组建成立中塔农业研发中心，引进相关专业技术人员，组建自己的研发团队，长期服务投资项目，并依据技术本地化理论及技术产业创新升级理论，积极与科研院校进行产学研合作，依托新疆农科院、塔吉克斯坦农科院、新疆农业大学等农业高等院校成熟的技术和科研团队，研究适合塔吉克斯坦土壤和气候条件的农作物及种植技术，不断提升农作物单产，降低农作物种植成本。

二是保障融资渠道畅通。新疆利华棉业在资产并购、收购资金、农业投资、贸易资金、优质棉订单资金等方面均需要大量的资金作为保障，为确保资金顺利到位，公司通过增资扩股的方式让有实力的战略合作伙伴成为公司股东，在增加自有资金量的同时，也为银行融资提供担保支持；与有资金实力的企业进行贸易合作，由合作方提供贸易资金，从而既满足了大量流动资金的需求，也提高了贸易合作方的销售额和利润，实现了合作共赢；积极向银行申请并购贷款、固定资产投资贷款和流动资金贷款，补充资金量；全面做好资金使用和还款筹划工作，确保资金的合理使用。

三是发挥产业集群效应。示范区内配套相关机械设备，为进一步扩大生产规模及提质增效提供技术支撑；引进国内一流的农机服务提供商，组建全程机械化服务工作站，为园区内农业全程机械化作业示范提供技术指导，通过搭建服务，起到优化分工、延长产业链的作用。

案例二　天津聚龙

（一）公司基本情况

天津聚龙嘉华投资集团有限公司总部位于天津市滨海新区，是一家集油料作物种植、油脂加工、油脂产品研发、粮油贸易、粮油产业金融服务、品牌包装油推广、港口物流为一体的全产业链跨国油脂企业，是国内唯一的民营棕榈油全产业链企业，年经营棕榈油100余万吨（占国内市场的20%左右）。天津聚龙在国内有天津港保税区、江苏靖江、广东东莞3个生产基地，年产能为450万吨，围绕三大油脂集散地建立了以江苏省泰州市靖江粮食物流产业园为生产基地的华东业务平台，以天津港保税区为生产基地的华北业务平台，以广东省东莞市虎门港为生产基地的华南业务平台，并开展油脂相关业务。

2006年，响应国家走出去号召，天津聚龙嘉华投资集团有限公司正式启动对外农业产业投资，在印度尼西亚布局以棕榈种植园开发为主要标志的油脂上游产业。目前，天津聚龙在印度尼西亚拥有总面积近20万公顷的棕榈种植园，并建有1个海港深加工基地，2个河港物流仓储基地，3个压榨厂。伴随着国际农业产业投资的发展与国际贸易的深入，天津聚龙的大宗原料油已进入韩国、印度、印度尼西亚市场，在印度尼西亚创立的自有品牌包装油Oilku已经进入非洲市场。目前，天津聚龙在加纳、肯尼亚等8个国家建立了办事机构，在新加坡拥有国际贸易采购中心，在马来西亚拥有期货交易中心并开展相关业务。

2015年7月，受全球油脂价格连年下降和国内金融去杠杆、贸易融资政策收紧等因素的影响，天津聚龙出现了资金链危机，负债规模约为147亿元，贷款及授信余额已被冻结，境内工厂运转基本停滞，境内已裁员70%以上。在政府和债权人的支持下，天津聚龙进入债务重组，与此同时，境外种植、贸易、仓储物流、加工等业务仍然持续经营。目前，天津聚龙境况好转，截至2018年底，四大国有资产管理公司中有3家（华融、长城、信达）收购天津聚龙债权并参与重组，现有投资人对接债权总额已超50亿元（约占整体债务的34%），各银行基本已确定解决方案。其中，境外项目债权人——进出口银行、民生银行、国开行均与资产管理公司对接，进出口银行已完成转让，民生银行已将贷款延期并表示愿意债转股或整体转让，国开行也曾表示可以协商全额留债或整体转让。

（二）境外投资项目情况

天津聚龙从2006年起在印度尼西亚开发棕榈种植园。2006年10月，中国第一个海外棕榈种植园在印度尼西亚加里曼丹省卡布瓦斯县当爱镇马努苏村的一片荒地上破土动工。天津聚龙在此投资建设的第一期棕榈种植园育苗总数为228万棵，由此开了中国粮油企业开发海外种植基地的先河。2011年，种植园由天津聚龙嘉华投资集团有限公司全资子公司天津市邦柱贸易有限责任公司投资开发建设，海外建设主体企业为印尼格拉哈公司，邦柱公司持有95%的股份。为进一步增强企业抵御风险的能力，2013年以来，天津聚龙大力推进"中国-印尼聚龙农业产业合作区"（以下简称"合作区"）项目建设。合作区的规划面积为4.31平方公里，其中主园区占地1.55平方公里，8个辅助园区共占地1.2平方公里；计划通过8年时间建成以油棕种植、油脂油料购销、油脂精深加工、仓储物流为主导的农业产业型园区，实现年销售额36亿美元。合作区采取"一区多园"模式建设，包括印度尼西亚加里曼丹岛上的中加里曼丹园区、南加里曼丹园区、西加里曼丹园区、北加里曼丹园区，以及印度尼西亚苏门答腊岛楠榜省的楠榜港园区。其中，中加里曼丹园区、南加里曼丹园区、西加里曼丹园区以及北加里曼丹园区可辐射加里曼丹岛的10个种植园，楠榜港园区可借助其地理交通优势成为棕榈油精深加工中心和国际物流中心。

2015年9月，天津聚龙投资建设的中国·印尼聚龙农业产业合作区正式获批天津市级境外产业园区，合作区产棕榈果27.8万吨。2016年，维护投入不足，施肥停止，产量仅有24.1万吨，相比2015年减产13%（正常情况下，2016年的产量应该达到50万吨）。通过近一年的努力，印尼种植园产量的下降得到遏制，2017年全年实现产量32.7万吨，相比2016年增加36%，基本实现盈亏平衡（不计算国内银行利息成本）。但是由于两年未施肥，产量也仅仅达到了行业正常水平的50%。为了后期的经营改善，合作区多方筹措资金，寻找合作伙伴，采取赊销等方式采购化肥，满足现有种植园最基本的肥料需求，并于2017年8月恢复施肥，每月的产量与同期相比增加了40%以上。2018年棕榈果产量为52万吨，棕榈油产量为13万吨，同比增长50%，销售额达到 6 亿元，整体实现收支紧平衡。截至 2019 年 3 月底，区内供排水、供电、道路运输、绿化消防、通信等基础设施得到完善。

在招商引资方面，新增棕榈加工、新型除草剂研发、农业互联网企业等入区企业，合作区实施企业累计投资达 13 279.4 万美元，其中，基础设施投资为 9 661.74 万美元，入区企业在合作区的总投资额已超 4.3 亿美元。同时，合作区也在整合中国气象服务、无人机、农业互联网、农机装备及农业科研院所的相关资源，主动对接，做好深层服务，力争使企业实现从产业投资到平台打造，再到海外农业产业孵化的转型发展，把企业的软硬件资源进行有效转化，实现平台的资源共享、优势互补、风险共担、共同受益，带动更多的企业到印尼发展。

在基础设施建设方面，合作区已完成平整土地、通信、排水、供电、供水、道路等基础设施，同时还增加了餐饮娱乐、体育健身、员工公寓、办公场所等设施。2017 年 8 月，合作区共获得 9 696 万元的财政补贴，目前这些资金已经全部用于合作区基础设施及配套设施的建设。

（三）主要投资模式与经验

一是注重物流和渠道建设。合作区分布在印尼主要农业区，入区企业可以依托合作区现有的网络进行产品销售，节省前期成本；合作区建有 1 处国际海港码头（楠榜港）及 5 处内河码头（基本覆盖加里曼丹岛全岛），自身的物流建设已初具规模，入区企业可以借助相关物流设施以较低物流成本实现产品快速流通。

二是注重产学研结合。天津聚龙与中国热科院建立战略合作关系，共同建立油棕产业研究创新平台，重点在种子研发、全程机械化、病虫害防治、精准施肥等方面开展技术研发合作；与中国农科院合作，设立农业试验站并定期安排专家共同解决生产中的问题；与中国热带农业科学院椰子研究所、农业农村部南京农业机械化研究所签订三方合作协议，联合研发油棕采果机械。

三是注重发挥团体优势。天津聚龙积极带动有关化肥、农药、农机、棕榈油加工等企业入区，为棕榈主产业提供支持，形成"抱团"走出去的发展优势。目前，广西、湖南农机企业已经在合作区开展了农机适应性实验示范。北京无人机团队在合作区进行试飞，采集了大量数据信息，在防火、病虫害预防、资产盘点方面进行辅助管理。天津实时监控天气公司对合作区天气进行实时监测，动态调整工作安排，提升工作效率。

案例三　广垦橡胶

(一)公司基本情况

广东省农垦集团公司垦区创建于1951年，现有土地总面积341万亩，是农业农村部两大直属垦区之一，目前已拥有国内A股上市企业1家、农业产业化国家重点龙头企业4家、广东省农业龙头企业10家。广东农垦"走出去"工作始于20世纪60年代，在越南、马里、几内亚、柬埔寨、利比里亚、扎伊尔、多哥、塞拉利昂等国家开展了20多个项目的援建工作。援外项目的实施为推动垦区优势产业"走出去"、实施全球化经营积累了丰富经验。

广东省广垦橡胶集团公司是经原农业部批准成立，由广东省农垦集团公司控股，集天然橡胶种植、加工、销售和研发于一体的大型跨国天然橡胶产业集团公司，是农业产业化国家重点龙头企业，也是广东省重点培育的本土跨国集团之一，注册资金为19.49亿元。广垦橡胶集团专注于国内和国际天然橡胶产业的发展，目前已形成天然橡胶种苗、种植、加工、科研及销售贸易五大产业块，并且向下游天然橡胶产品深加工方向拓展，形成了较完备且具有较强竞争力的产业体系，产业范围除中国本土外，还覆盖泰国、马来西亚、印度尼西亚、老挝、柬埔寨、新加坡等东南亚国家。截至2017年底，广垦橡胶集团在国内外共拥有各类天然橡胶产业公司及天然橡胶研究机构共62家，主营业务收入为101.23亿元，资产总额为111.87亿元，净资产为35亿元，天然橡胶加工能力达130万吨，已签约并正在实施的胶园面积达150万亩，是全球最大的天然橡胶全产业链生产经营跨国企业集团；其在境外拥有天然橡胶种苗培育、种植、加工、销售等项目20个，项目主要分布在泰国、马来西亚、印度尼西亚、柬埔寨、新加坡等东南亚国家。

（二）境外投资项目情况

1. 探索发展阶段（2004—2009年）

2004年，广东农垦以东南亚国家为重点，大力推动主导产业之一的天然橡胶产业"走出去"。广垦橡胶集团于2005年迈出走出去的第一步。2005年，广垦橡胶集团积极响应国家"走出去"的发展战略，探讨在东南亚主要产胶国拓展橡胶产业，并迈出"第一步"——在泰国沙墩府合作投资当地一家橡胶加工企业，成立广垦橡胶（沙墩）有限公司橡胶加工项目。2006年，广垦橡胶集团"走出去"橡胶产业规模进一步扩大，橡胶产业首次延伸至马来西亚，在马来西亚砂捞越州成立广垦橡胶（砂捞越）有限公司，开启胶园租赁及橡胶种植服务项目，在泰国董里府与泰方合资建设广垦橡胶（董里）有限公司乳胶加工厂。2007年，橡胶集团下属广垦橡胶（砂捞越）有限公司与马来西亚砂捞越州当地股东合资建设广垦橡胶（砂捞越）工业有限公司橡胶加工厂，广垦橡胶（砂捞越）工业有限公司成为当地规模最大、设备最先进的橡胶加工企业，也是砂捞越州政府推行的橡胶产业商业化的重要部分。2009年，广垦橡胶集团的广垦橡胶（婆联）有限公司在马来西亚沙巴州合资建设橡胶园种植基地。

2. 快速发展阶段（2010—2014年）

广垦橡胶集团通过探索发展阶段的积累，逐渐熟悉国外经营环境，逐步改进投资模式，采取独资方式进行投资，并进入快速扩张发展阶段，直至基本完成了在东南亚的布局。

2010年8月，泰国乌隆府广垦橡胶（湄公河）有限公司的年产能5万吨的橡胶加工厂开始筹建，成为广垦橡胶集团首个独立投资、独立设计、独立建设的现代化花园式橡胶加工厂。2010年12月，广垦橡胶集团首次进入印度尼西亚天然橡胶行业，和印尼华商组建合资公司，经营年干胶加工能力4万吨的印尼广垦橡胶（坤甸）有限公司加工厂。2011年5月，广垦橡胶集团在世界天然橡胶贸易中心新加坡独资设立广垦橡胶（新加坡）有限公司，建设全球营销贸易网络平台。2011年12月，广垦橡胶集团在泰国南部苏拉府独资新建广垦橡胶（泰南）有限公司，经营加工能力4万吨的泰国标准胶加工厂。2012年，广垦橡胶集团在马来西亚砂捞越州设立马来西亚广垦橡胶（砂捞越）种植有限公司，计划在砂捞越州发展天然橡胶园。广垦橡胶集团与当地合作方共同投资建立广垦橡胶（砂捞越）种苗有限公司，其为种植项目提供橡胶种苗并进行油棕等其他经济作物种苗的培育。2013年，广垦橡胶集团通过并购方式进入柬埔寨橡胶产业，与柬埔寨春丰橡胶有限公司合作，占有该公司60%的股权。

3. 收购扩张阶段（2015年至今）

为了以较低的成本实现跨越式发展，增强在国际天然橡胶行业的影响力，广垦橡胶集团开始考虑通过收购参与国际合作。2015年，广垦橡胶集团开始接触泰国泰华树胶公司，并于年底与泰国泰华树胶公司签订了收购合作备忘录。2016年，广垦橡胶集团正式开展对泰国泰华树胶公司的收购工作，通过收购实现对其下属18家标准胶、浓缩乳胶、烟片胶等产品加工厂的控股经营，建设泰国、老挝和柬埔寨橡胶园，运营泰国泰华树胶公司驻中国、泰国、印度、迪拜的销售公司，建立全球化的国际营销网络。收购泰国泰华树胶公司后，广垦橡胶集团的橡胶加工能力将大大提升，更容易参股轮胎、手套等下游企业，对全球天然橡胶全产业链经营规模的影响力也将进一步提升。

截至2018年底，广东农垦先后在泰国、马来西亚、印度尼西亚、柬埔寨、老挝、新加坡和贝宁等国设立20多家境外企业，建立了天然橡胶、剑麻、木薯酒精等47个海外热作生产经营项目，主要从事天然橡胶、蔗糖、粮油、畜牧、乳业、剑麻、农产品物流与营销、房地产及物业管理、酒店旅游等九大产业板块的生产经营，资产总额达60多亿元。其中，天然橡胶产业的海外项目有45个，涵盖橡胶种苗繁育、种植、加工、销售和技术研发等环节。其中，广垦橡胶集团共拥有海内外加工厂37个（其中海外24个），年干胶产能达到150万吨，拥有和掌控海外天然橡胶面积200万亩。2018年，广垦橡胶集团全年实现营业收入103亿元，其中海外营业收入为67.6亿元；利润总额为1.12亿元，其中海外利润约为8893万元。泰国泰华树胶公司旗下的标胶和烟片胶具备新加坡商品期货交易所交割资格，旗下的8个工厂通过日本东京工业品交易所20号标胶品牌认证。

（三）主要投资模式与经验

一是国家战略与产业优势相结合。广东农垦在天然橡胶种苗培育、种植、加工、贸易和经营管理等方面有广泛的布局和丰富的人才储备。2002 年，广东农垦整合自身资源，组建广垦橡胶集团。广垦橡胶集团从价值链重组视角，以实现优化配置为目标，瞄准东南亚丰富的天然橡胶资源优势，在东南亚建立自有天然橡胶种植和加工基地。2018 年，返运国内的天然橡胶资源超过 70 万吨，弥补了国内约 15% 的需求缺口，满足了国家战略和民生需求。

二是通过精准收购实现全产业链经营。2016 年之前，广垦橡胶集团在东南亚主要采用绿地投资方式，筹建周期较长、缺乏一定的灵活性。2016 年，收购全球第三大天然橡胶综合型企业——泰国泰华树胶公司后，广垦橡胶集团成为全球最大的天然橡胶全产业链经营企业。其海外天然橡胶林面积达 150 万亩（相当于国内种植面积的 8.6%），年干胶产能为 150 万吨，占全球市场份额的 10%，海外天然橡胶产业资产规模达 100 亿元。

三是做好全程风险评估与防控。广垦橡胶集团聘请普华永道等专业机构和组建特定的专家小组对投资项目相关事项进行多层次分析；将项目的业务全流程进行精确梳理与分解，明确各环节目标的实现手段，进行可行性推演；全程注意风险评估与防控，编制相应的制度和预案。2018 年，在美元加息及对中国出口商品加征关税的不利影响下，广垦橡胶集团全力寻找销售和采购的价差，加大低价原料采购、生产、销售力度，获取利润。

四是发挥金融机构融资平台作用。2006 年至今，国家开发银行共支持了广垦橡胶集团海外的 7 个项目，至今已为广垦橡胶集团海外项目提供了十余笔贷款，累计支持金额近 4 000 万美元；融资的同时还融智，提供全方位金融服务；通过境外投资贷款、进口信贷、内保外贷等方式为海外项目提供信贷支持。

五是注重与所在国民营资本合作。2005年，广垦橡胶集团收购沙墩本地的一家工厂并成立合资公司，开启了广垦橡胶资本扩张的步伐，后陆续在柬埔寨春丰、马来西亚婆联、印尼坤甸等地完成多项合资和收购项目。与所在国民营资本合作，有助于充分利用合作方的本地资源优势，办理相关事项。广垦橡胶集团刚进入一个国家，在了解该国政府的办事风格、办事流程、当地文化风俗、商业习惯时，合作方可以给予极大便利；而合作方也可以通过和广垦橡胶集团合作，获得资金和技术上的支持，从而实现共赢。

案例四 哈尔滨东金

（一）公司基本情况

哈尔滨东金农业装备集团位于哈尔滨市松北区，是集农业种植、加工，大型农机设备生产、研发、制造、营销、服务和培训为一体的农业机械产业集团。哈尔滨东金充分利用广泛的合作优势，分别与白俄罗斯明斯克、戈梅利厂合资合作，生产大马力系列拖拉机、玉米收获机、青贮收获机、大型耕整地机械等产品。哈尔滨东金有4种机型获得中国首台（套）认证，获得中华人民共和国国家知识产权局颁发的9项专利证书，被评为"高新技术企业"。哈尔滨东金拥有16 000亩自有农业种植、加工基地，配套高温气调保鲜库6 000吨、低温速冻冷库30 000吨，拥有6条农产品生产、加工、包装线及有机产品研发中心，总资产为3.5亿元；年产鲜食玉米3 000万穗、有机葡萄和蔬菜100万公斤、青贮饲料3万吨，是国内鲜食玉米最大的种植、加工一体化企业；是黑龙江省首家通过"良好农业规范认证""有机产品认证""食品安全管理体系ISO9001认证"的企业，是国内以规模化、标准化、技术化、产业化为目标的大型现代化农业企业。

（二）境外投资项目情况

哈尔滨东金从 2017 年开始，启动对俄农业跨境产业链项目。境内抚远对俄罗斯哈巴罗夫斯克边疆区有优越的地缘优势，因此其在抚远投资建立境内深加工、仓储、物流、港口基地，将该项目打造成境外种植、境内加工的对俄农业跨境全产业链示范项目。

项目主要建设内容为在俄远东哈巴罗夫斯克边疆区打造 100 万亩的大型现代化农场，同时建设大型奶牛养殖基地及乳品加工厂，实现全程机械化、规模化、技术化、标准化。2017 年春，哈尔滨东金在俄罗斯远东地区建设大型现代化农场，实现全程机械化、标准化种植，建立奶牛养殖加工基地，同时在境内外建立农业港口、仓储、物流基地。

目前，哈尔滨东金在俄罗斯哈巴罗夫斯克边疆区已取得土地 5.7 万公顷，正在办理交易手续的土地有 1.2 万公顷。哈尔滨东金对当地情况进行了深入了解，谢尔盖耶夫卡拥有熟地约 16 万亩，剩余 5.9 万亩是荒地。明星公司拥有熟地 6 万亩，剩余 30 万亩为荒地。哈尔滨东金的种植品种主要为有机非转基因大豆及青贮饲料，2018 年完成土地种植 45 万亩；正在持续进行土地开荒及整理，已完成 3 个主要农场及几个小型农场的收购和土地租赁，总面积约为 180 万亩，"远东一号"项目计划的 10 万公顷土地用于农业种植，总计 300 万亩；现有养殖奶牛为 3 500 头，拥有两个乳品加工厂，预计 3 年内投资 6 亿元，在哈巴罗夫斯克边疆区开垦、种植耕地 100 万亩，养殖奶牛将突破 5 000

头。哈尔滨东金在收获100万亩大豆后，单季大豆产量达20万吨以上，原粮产值约为10亿元，深加工后可突破20亿元。

2018年，哈尔滨东金完成抚远粮食专用港的建设，其中包括2个泊位、10万吨仓储库、6艘粮食专用船，实现中俄界江首次通过粮食专用船回运俄粮。2018年，其投入设备共计760台（套），总计金额为1.507 5亿元，现有俄籍员工254名，中方赴俄员工46名。目前，哈尔滨东金拥有收获机90台，播种机38台，整地机108台，拖拉机128台，植保机械38台，其他机械358台。

哈尔滨东金的计划是打造中俄跨境农业产业链——在俄远东地区形成现代化大型跨境农业产业示范区，在国内建立初、深加工生产线，顺应人们对安全、健康的农产品的消费需求，让优质回流大豆产品打开全国市场甚至国际市场。哈尔滨东金已着手在哈巴罗夫斯克边疆区对岸的抚远市黑龙江畔建设粮食专用码头及大豆加工厂。具体规划是2019—2020年构建中俄跨境农业产业链，打造集种植、农机、港口、仓储、物流、粮贸于一体的现代农业全产业链项目，实现出口大豆100万吨/年；2021—2024年构筑远东地区跨境农业产业链，采用江海联运，将优质粮食出口至日本、韩国、东南亚各国，实现出口大豆1 000万吨/年，出口其他产品1 000万吨/年；2025—2030年打造沿阿穆尔河跨境农业经济带，在阿穆尔河重要港区规划建设农产品加工园，实现现代农业深加工产业集群。

（三）主要投资模式与经验

一是做好发展规划。哈尔滨东金结合自身区位优势，做好了在农业、牧业、农机服务、运输系统、港口等方面的规划；既提出当前发展的目标，又紧密结合国家整体战略，做好了中长期规划，保证了发展目标的一致性和聚焦性。

二是延伸产业链。在农业、牧业业务规划方面，哈尔滨东金在俄罗斯远东地区建设 300 万亩的大型现代农场，实现了全程机械化、标准化种植；在农机服务业务规划方面，开展农机作业服务，为俄罗斯当地农业种植户及其他国家农业种植户提供农作物代收货服务。其通过建设港口、仓储、物流基地，一方面实现大豆和其他农产品的扩大出口，另一方面延伸农产品生产产业链，进而提升产业发展的价值链，增强自身的竞争力。

三是进行规模化生产。哈尔滨东金在俄罗斯远东地区建设 300 万亩大型现代化农场，建立现代化奶牛养殖基地，未来将投入农业服务机械 1 000 台，可增加远东地区农业收获面积 1 200 万亩；通过规模化生产，实现了农业生产的规模效应。

四、产业集聚类

在走出去的过程中，企业抱团在境外建设农业合作开发园区，以核心龙头企业为先导，依托骨干企业，充分发挥放大效应，分步骤推进产业链中不同环节的优势互补。目前，中国境外农业合作开发园区的开展模式主要为"政府引导、企业管理、市场运作"。

本节选取河南贵友实业集团、山东国际经济技术合作公司、四川友豪恒远农业开发有限公司的走出去过程，具体阐释企业以产业集聚为特点的境外投资经营活动，总结 3 个企业通过产业集聚渠道实现走出去的经验。

案例一　河南贵友实业集团

（一）公司基本情况

河南贵友实业集团有限公司成立于2005年1月，集畜禽养殖、农业种植、屠宰加工、印刷包装、速冻食品、仓储物流、饲料加工、进出口贸易为一体，下辖河南省福润食品有限公司、商丘市东航印刷包装有限公司、金源小额贷款有限公司、集团进出口贸易有限公司、河南贵友实业吉尔吉斯斯坦共和国亚洲之星股份有限公司等10个子公司。河南贵友拥有土地11 137.6亩（其中境外公司占10 700亩，境内公司占437.6亩），厂房建筑面积为40万平方米；拥有五星级标准的年屠宰100万头生猪的屠宰车间、年屠宰1 500万只畜禽的清真屠宰车间，大型自动屠宰生产线、分割生产线多条，大型冷库五座；拥有国内先进的速冻食品生产线、彩印包装生产线及宠物食品生产线；通过了QS、ISO9001、HACCP管理体系及出口食品生产企业认证。

作为农业产业集群核心龙头企业，河南贵友拥有较长、较完善的农业产业链条，资源利用率、产品附加值相对较高，着力于基地的建设和集群内产业链条的延伸，并开展"冷链物流＋屠宰＋养殖"一体化合作。

河南贵友是商丘市政府指定的生猪定点屠宰单位，曾被河南省肉类协会评为"河南省肉类食品行业20强"，排名位居屠宰行业前六，是河南省农业产业化龙头企业、省优秀龙头企业、河南省高成长型民营企业，获得"出口创汇先进企业"等称号。

（二）境外投资项目情况

河南贵友先后在吉尔吉斯斯坦收购了两家大型养殖屠宰厂，新成立了两家海外公司。一是坎特恺撒有限责任公司。2010年10月，河南贵友购买了位于吉尔吉斯斯坦秋伊州埃塞克-阿金区奴尔曼的"金冠鸡场"，注册资金为3 000万索姆，新注册公司为坎特恺撒有限责任公司（恺撒鸡场有限责任公司）。公司厂房建筑面积为4万平方米，总资产为8 501.49万元。水、电、路等基础设施良好。二是亚洲之星股份有限公司。2010年12月，河南贵友在吉尔吉斯斯坦托克马克市购买了"卡纳特无限责任公司"，注册资金为825.6万索姆。新注册公司为亚洲之星股份有限公司，总资产为4 000万美元。公司车间、厂房建筑面积为403 213平方米，总资产为1.710 2亿美元。

自2011年11月起，以亚洲之星股份有限公司为建区企业，采用"内引外联、组团发展、产业链条一体化"的发展模式，囊括农业种植、畜禽养殖、屠宰加工、饲料加工、农机配件加工、农业自贸保税区、物流仓储、国际贸易中心等板块，中亚地区基础设施完善、产业链完整的农业产业合作区建成。

亚洲之星农业产业合作区一期项目始于2012年9月（见图14-1），主要包括肉鸡鸡苗孵化、种鸡养殖、肉鸡养殖、屠宰分割、饲料加工、农机配件等，园区以亚洲之星股份有限公司为依托，采用"内引外联、组团发展、产业链条一体化"的发展模式。境外公司将建设"四小区一中心"，即集农业种植园区、畜禽养殖加工园区、物流运输园区、印刷包装园区、国际贸易中心为一体的综合园区，总投资为2.13亿元，建筑面积为19万平方米，已有7家企业入区，3家企业正在办理入区手续。

（三）主要投资模式与经验

一是以国家战略为引领，具有政策优势。亚洲之星农业产业合作

```
┌─────────────┐     ┌─────────────┐     ┌─────────────┐
│ 2012年9月   │     │ 2014年4月   │     │ 2015年5月   │
│ 中央政治局  │ ──▶ │ 吉尔吉斯斯坦│ ──▶ │ 中国商务部副│
│ 委员、国务院│     │ 总理詹托罗· │     │ 部长王和民、│
│ 副总理回良玉│     │ 萨特巴尔季耶│     │ 农业部对外经│
│ 亲临亚洲之星│     │ 夫给予亚洲之│     │ 济合作中心主│
│ 农业产业合作│     │ 星农业产业合│     │ 任杨易先后专│
│ 区          │     │ 作区和河南贵│     │ 程考察亚洲之│
│             │     │ 友好评      │     │ 星农业产业合│
│             │     │             │     │ 作区        │
└─────────────┘     └─────────────┘     └─────────────┘
                                                │
                                                ▼
┌─────────────┐     ┌─────────────┐     ┌─────────────┐
│ 2017年11月  │     │ 2017年7月   │     │ 2017年1月   │
│ 河南省副省长│     │ 吉尔吉斯斯坦│     │ 吉尔吉斯斯坦│
│ 翁杰明批示下│ ◀── │ 总理、相关部│ ◀── │ 第一副总理、│
│ 一步将继续做│     │ 门部长,以及 │     │ 经济部部长、│
│ 好河南贵友的│     │ 中国国家质检│     │ 农业部部长、│
│ 增值服务    │     │ 总局支树平局│     │ 国家动植物检│
│             │     │ 长共同出席亚│     │ 疫局局长到亚│
│             │     │ 洲之星农业产│     │ 洲之星农业产│
│             │     │ 业合作区一期│     │ 业合作区现场│
│             │     │ 启动仪式    │     │ 办公        │
└─────────────┘     └─────────────┘     └─────────────┘
```

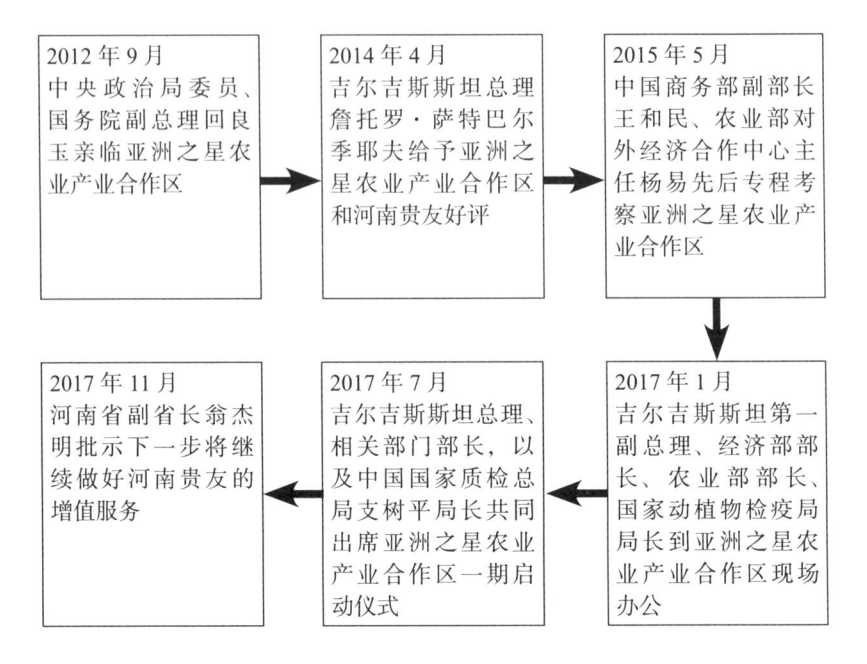

图 14-1 亚洲之星农业产业合作区发展情况

区受到中国与吉尔吉斯斯坦两国的高度重视,吉尔吉斯斯坦为保障和吸引外商投资,特针对本合作区制定优惠政策——国外投资者享有吉尔吉斯斯坦国民的待遇,所有资产可到境外进行融资抵押,政治力量不可干预合作区企业的经营活动,农业生产免缴所有税收,国外投资者在土地租赁、厂房租赁、设备进口等方面享有优惠。

二是为产业集聚创造良好的基础设施环境。作为中亚国家最大的在建农业产业合作区,亚洲之星农业产业合作区已完成一期建设,完成了"亚洲之星股份有限公司"厂区规划的水、电、汽、冷、道路改造,基建改造、扩建等一系列的基础建设工作,并且合作区内建有1 200万千瓦时专用变电站及配电站,双回路高压供电线路可保证常年不间断供电,有效防止紧急停电造成的损失。同时,合作区拥有一个低温仓储库，能满足合作区内低温食品的储藏要求，且在合作区南500米处，配套亚洲之星职工家属居住区，居住区现有约1 200人，包括普通职工、管理人员、技术人员，合作区可根据入区企业的数量适当扩大居住区的居住人数。

三是做好园区发展规划，构建四大体系，即优质小麦、饲草种植、畜禽养殖体系，标准化加工体系，先进的冷链物流和国际贸易体系，国际化动物检疫检验和农产品可追溯体系。合作区完善4条产业链，采用"内引外联、组团发展、产业链条一体化"的发展模式，通过不断引入优质企业，建立畜禽规模化养殖、屠宰加工、农畜产品深加工、冷链物流到国际贸易4条完整的产业链。合作区采用多元化招商方式，合作方式包括土地厂房租赁方式，合资运营方式（由业主控股，合作区参股或以厂房设备入股，共同开展运营），项目承包方式（合作区开发好的项目承包给业主进行运营），设备及土地、厂房转让方式（合作区直接将土地、厂房进行转让，出售给业主），其他协商方式等，利用各种平台实现全产业链发展。

案例二 山东国际经济技术合作公司

（一）公司基本情况

山东国际经济技术合作公司（山东对外经济技术合作集团有限公司，以下简称"山东外经"）成立于1984年，是山东省成立时间最早、涉外经营权和对外经营资质最多的大型综合性外经集团，是山东省重要的对外交流合作窗口。山东外经是山东省最大的国有企业——山东高速集团的全资子公司，以国际承包工程、海外投融资、经援、国际商务等为主营业务，项目涵盖交通、农业、电力、体育、卫生、市政、通信等领域。

30多年来，山东外经相继在六大洲的106个国家实施了中国政府援外项目，完成招标工程200多个，累计完成营业额40多亿美元，为推动中外合作、东道国经济发展做出了积极贡献。2015年8月，美国《工程新闻纪录》"2015年全球最大250家国际承包商"榜单揭晓，山东外经首次入选，居第181位。此后，山东外经连续3年入选该榜单。

山东外经的注册资本超过5亿元，主要从事许可证规定范围内的自费出国留学中介服务（有效期限以许可证为准），备案范围内的进出口业务，外派出国人员的培训，国内劳务派遣，房屋租赁，日用品销售，物业管理。

（二）境外投资项目情况

山东外经于2002年以国际承包工程进入苏丹，后承揽实施了多个道路、综合学院等工民建项目。2008年，受山东省政府委托，山东外经与山东省农科院联合承担了援苏丹农业技术示范中心项目，项目于2011年竣工。为促进示范中心的可持续发展，依托示范中心的科研成果和苏丹良好的自然资源、大量可耕种的成熟灌区，山东外经选定棉花全产业链投资作为在苏丹及海外进行农业开发的突破口。2012年，山东外经与山东省鲁棉集团有限公司合资在苏丹注册成立了新纪元农业发展有限公司（下称"新纪元公司"）。

中国-苏丹农业产业合作开发区位于苏丹加达里夫州法乌镇，农业合作园区采取"一区多园"的发展模式，依托苏丹优越的农业资源条件，通过全产业链开发，打造以棉纺为主，油料加工、农资农机生产服务、畜牧业养殖与屠宰加工为辅的国际产能合作园区。目前，农业合作园区已投资3 000多万美元，培育了4万亩棉花良种繁育基地，自主种植和合作种植面积达到21万亩，引进了良种繁育、棉花加工等配套产业，建成了年加工1.5万吨皮棉的轧花厂，在建轧花厂2个，同时建设了种子加工、仓储、农机维修等配套设施；开展了农机、农资贸易等。

新纪元公司项目在苏丹带动了2500个农户致富及3万多居民就业，提升了当地的生活水平，2018年被联合国粮食计划署列为DAA（非洲人为非洲人做示范）项目试点。由于新纪元公司的带动和棉花良种的普及，苏丹棉花种植规模大幅度扩大，由2013年的6.8万公顷扩大到2018年的30多万公顷，增长了3倍多，2018年出口创汇1.5亿美元，成为苏丹重点农业产业。园区已经初步形成了集繁育、生产、加工、贸易为一体的产业链条，棉花产量、加工量、良种繁育量及贸易额均位居苏丹国内前列。农业合作园区研发的棉花品种及其栽培技术已在苏丹大规模推广应用，园区种植面积达900万亩，占苏丹棉花种植面积的90%以上。

山东外经推动设立农机服务公司，该公司由四川吉峰农机、中国一拖集团和苏丹拉哈德灌区合资设立，主要在苏丹开展农机组装生产、销售和作业服务等。该公司在农机服务上与一拖集团、日照五征、潍坊福田、四川吉峰展开合作，致力于成为苏丹最大的农机服务公司平台，为园区进一步扩大生产规模、产业聚集提供良好的农机社会化服务，进一步带动国内农业机械走出去。山东外经在下游产业环节与青岛圣美尔集团和济宁萌山恒顺公司的食用油榨油厂项目签署合作协议，共同打造中非农业合作新产业、新模式、新业态，为中非产能提升合作空间创建平台、经验、智慧，带动中国企业走出去。

作为苏丹农业领域投资规模最大的中资企业，山东国际经济技术合作公司推行的"公司+灌区+农户"种植模式和"公司+公司"的方式，得到苏丹政府的高度认可，在苏丹产生了广泛影响，带动1 500农户致富及15 000多人就业，提升了当地的生活水平，带动了周边棉花种植，对提高苏丹棉花种植和加工水平产生了较大的积极影响。下一步，山东外经计划整合当地土地资源，以出口加工纺织园区为龙头，带动种植和研发，提升当地农产品附加值，形成100万亩（远期扩大到200万～300万亩）的棉花、油葵、花生、芝麻等作物的种植、加工、深加工和纺织原料出口园区基地，建设畜牧及渔业养殖及加工基地，打造以农业科技、农资贸易、农机服务为上游，以农产品生产加工、贸易为下游的境外农业全产业链。山东外经计划在2023年建设8个产业园区，总投资约为3.78亿美元，总规划面积约为219公顷，棉花种植规模将达到120万亩。

（三）主要投资模式与经验

一是投资项目与援外项目相结合。山东外经借助援苏丹农业技术示范中心的品种技术试验、技术培训和示范推广等功能，完成棉花全产业链开放的良种繁育、技术配套、技术农民培训等工作，大规模推行"公司＋灌区＋农户"种植模式，一方面实现示范中心的可持续发展，另一方面为农业投资开发搭建了技术平台。

二是重视农业产业链前端经营。山东外经依托示范中心在苏丹研发了棉花品种"中国1号"、"中国2号"以及油葵、玉米、花生品种。这些品种通过了苏丹国家审定，其中棉花品种的推广面积达到1 000多万亩，占苏丹棉花种植面积的90%以上。目前，山东外经在当地生产加工的棉花良种供苏丹全国种植，在取得可观的种子经营收益的同时，为自身发展棉花种植、加工提供了条件。

三是找准合作伙伴。山东外经的主要优势为工程承包、国际贸易等，为弥补自身在农业技术、经营等方面的不足，其精准寻找合作伙伴。其与山东省农科院合作，共同经营示范中心；与山东鲁研农业良种有限公司合作，在苏丹开展种子生产加工、农药进口等业务；与鲁棉集团合作，开展棉花规模种植和加工。为进一步推动中国-苏丹农业产业合作开发区建设，延长棉花产业链，山东外经已与山东如意集团达成合作意向，共同建设苏丹纺织工业园；与中非发展基金以及中非产能基金拟成立合资公司，投资苏丹棉纺产业以及油葵、苜蓿等作物种植与加工等。

案例三　四川友豪恒远农业开发有限公司

（一）公司基本情况

2012 年，四川省农业厅借助农业"南南合作"项目平台和四川"一省包一国"援助平台，与乌干达农业部签署了《〈四川-乌干达农业合作框架协议〉会商纪要》，向乌方表达四川省农业企业抱团在乌建设"中乌现代农业示范园区"的意向。在中国驻乌干达大使馆的大力支持下，2014 年 12 月，由四川科虹集团牵头，惠农机械、鑫融投资、绿科禽业、仲衍种业、川龙拖拉机等 5 家四川民营企业共同组建四川友豪恒远农业开发有限公司，注册资金为 1 亿元。2016 年，中乌农业合作产业园开园。经营范围包括农业技术开发、技术咨询、技术服务，农作物种植，农副产品、化肥、机械设备、花卉、苗木、果蔬销售，农林绿化工程设计、施工及技术咨询，货物进出口与技术进出口。

（二）境外投资项目情况

目前，四川友豪共投资 1.58 亿元，已基本建成了中乌农业合作产业园大框架，在乌干达实现了"五区一园"格局：卢韦罗核心区、古卢大米加工区、首都农资销售区、卢卡亚水稻种植区、布塔莱贾水稻制种区。

1. 卢韦罗核心区。公司在距离首都80公里处租赁面积5 784亩、期限99年的核心园区，乌干达通往南苏丹的国际公路贯穿其中。公司已完成基础性建设，达到水、电、路全通；修建了2 700平方米集办公、培训、检验、住宿、食堂等为一体的综合区第一期。2016年，价值600多万元、在国内采购的102台（套）农机已在乌干达第一次实现了水稻种植全程机械化；开垦了4 200亩水稻种植展示与示范片，2018年生产稻谷2 000余吨。2018年，投资6 000余万元建设的370亩的饲养30万只蛋鸡的养殖场、日加工100吨的大米加工厂和饲料厂基础建设已完成，成套设备已到位，部分设备已安装完毕，正处于调试阶段，2019年已全面投入使用。

2. 古卢大米加工区。由公司与乌干达当地公司合作创办的古卢地区佩耶罗大米加工区距离南苏丹43公里，面积为14亩，日加工稻谷100吨，厂房面积为2 400平方米，吸引了当地大米加工厂和当地若干农户。5 000余平方米的大米销售市场已形成，中方投资1 350万元，占股70%。加工区现已进入正常运营状态，与乌干达国防部签订了年提供10 500吨大米的5年合同。

3. 首都农资销售区。销售区由公司和四川仲衍种业及当地企业合作，于2015年初成立。厂房、加工区、仓库的面积共计2 000平方米；种子、肥料、农药、农机等农资销售门市面积为220平方米，部分产品销售势头良好，蔬菜种子销售已占领乌干达市场13%的份额，拓展了冈比亚、布隆迪、肯尼亚三国的种子市场，水稻、玉米杂交种子的品质和生产技术赢得市场的认可。

4. 卢卡亚水稻种植区。充分利用维多利亚湖的优势水利、土地资源，公司与乌干达中方公司合作，在卢卡亚区租赁99年、面积3万亩的水稻种植区，现已开垦土地15 000余亩，种植水稻10 000余亩，单产达到500公斤以上。

5. 布塔莱贾水稻制种区。公司在乌干达东部布塔莱贾地区租赁水稻田面积600亩、可扩展面积2万亩的水稻制种区，2018年已试验水稻制种200亩，单产达到210公斤，培训9名水稻制种技术员。

公司自有的1.8万亩农田和"公司+农户"的3万亩农田上的水稻、小米种植已实现耕播收全程机械化，水稻亩产为650公斤以上，小米亩产为200公斤以上，均为当地单产的4倍以上。公司成功引入多家公司及2名自然人入驻园区，全产业链的环境友好型综合性强、互补性强的园区形成。两个日加工100吨的大米厂、一个日加工100吨的饲料厂、一个年饲养100万只蛋鸡和肉鸡的养殖场及配套的冷链物流中心正在加紧建设中；联合国粮农组织已计划将东非共同体农产品电子商务平台建设在核心园区内。

公司计划投资2.2亿美元，于2022年底全面建成项目，建设周期为7年，在乌干达打造农技研发培训、良种繁育推广、作物种植、畜禽养殖、农产品加工、农机服务、农产品贸易、电商物流一体化的农业全产业链园区，直接带动50万亩、辐射100万亩农地发展的现代农业，解决乌干达当地1.5万人的就业，实现年生产各类农产品60万吨以上，实现年产值25亿元。农业技术孵化中心、农业产业合作中心、农产品加工物流贸易中心3个核心园区，以"公司+农户"的方式直接带动50万亩、辐射100万亩农地发展的现代农业，解决当地10万人就业，带动100万人增收，实现企业经济效益和当地社会效益双赢。

(三)主要投资模式与经验

一是借助南南合作平台促成项目落地。1998年，原农业部与联合国粮农组织合作执行"粮食安全特别计划"框架下的农业领域多边南南合作项目。四川省农业厅借助"南南合作"项目平台，以签署农业合作框架协议为抓手，促成投资项目落地。公司充分发挥"南南合作"技术专家的作用，为园区农业项目发展提供了技术支持和智力支撑，为"南南合作"可持续发展提供了成功案例。

二是抱团出海扩大集聚效应。公司依托项目平台，有计划、有步骤地推动四川的其他公司赴乌考察投资，推动乌政府代表团到四川省考察农业投资公司的情况，为抱团出海提供了实地考察条件。园区内以构建产业链为目标和指引，参与合作的公司从种植、养殖，到农资销售、农机配套，再到技术投入、加工、销售，共同打造环境友好型综合性强、互补性强的全产业链园区。

三是最大限度地获得投资目标国的支持。乌干达政府合作意愿强烈，总统率副总统、农业部部长出席开园仪式，政府高层直接参与协调园区项目落地和建设事宜，为该项目在乌干达的顺利开展提供了很好的环境和氛围。我国高层领导人在访乌期间，现场听取园区建设情况。该园区纳入第二届"一带一路"国际合作高峰论坛期间商务部主办的经贸园区分论坛的宣介内容，成为农业农村部认定的首批境外农业合作示范区试点建设的成功案例。

四是探索总结可行的园区发展模式，符合当地实际。园区以"公司＋农户"的模式，为农民、农场提供良种、农资及免费技术服务，同时按照契约收购农产品，搭建农户与市场之间的桥梁，形成了以核心园区为龙头，梯次辐射带动当地农业发展的局面，目前已为当地1.2万亩水稻种植区提供必要的物资供应与技术指导，解决了当地近万人的就业问题，受到当地民众的支持。

五、资源禀赋类

企业凭借自身在业内已有的品牌基础和技术优势，在境外寻找具有优势资源的国家和区域，主要开展奶业、渔业等行业的投资合作；利用当地得天独厚的自然条件，获取产品源头优势，充分发挥资源禀赋效应，推进产业链在全球范围内的延伸。这种方式可以满足企业在原材料方面的需求，实现不同环节的优势互补，既有助于缓解企业在发展过程中面临的资源瓶颈，又有助于满足企业在不断变化的市场需求下的可持续发展。

本节选取伊利集团、恒兴股份、宏东渔业的走出去过程，具体阐释了企业利用投资东道国（地区）的资源禀赋实现投资意愿的路径。

案例一　伊利集团

（一）公司基本情况

内蒙古伊利实业集团股份有限公司始创于1993年，总部位于内蒙古自治区呼和浩特市，是中国规模最大、产品线最全的乳制品企业。

2018年，伊利企业年报显示，其2018年的营业总收入近800亿元，同期增长16.89%；营收较上年实现百亿级增长（增长高达115亿元），创历年来最大增幅；净利润为64.52亿元，扣非净利润同期增长10.32%，创亚洲乳业新高，其中加权平均净资产收益率为24.33%，持续稳居全球乳业第一。在"全球织网"的战略下，伊利已经实现在亚洲、欧洲、美洲、大洋洲等乳业发达地区的产业布局。

2017年，荷兰合作银行公布了2018年"全球乳业20强企业排行榜"，伊利集团继续蝉联亚洲第一，稳居全球乳业第一阵营。2018年12月，其被评为内蒙古自治区优秀民营企业，在2019中国制造业企业500强排名中居第108位。2019年8月，伊利集团收购新西兰乳业合作社Westland 100%的股权。

（二）境外投资项目情况

伊利的走出去之路始于2014年。2014年11月，伊利大洋洲乳业4.7万吨产能的产品线在新西兰南岛正式投入生产。伊利大洋洲乳业生产基地的总投资额为30亿元，是中国乳品企业在新西兰乃至整个南半球投资最大的乳业生产基地，创造了中新两国投资规模的新纪录。整体项目包括牛乳深加工、奶粉生产及包装等4个子项目。项目共分两期，本次投产的是该项目的一期工程。这也是伊利在海外投资中第一个真正实现本土化管理的生产基地。该基地位于新西兰南岛怀马特市，其所属的坎特伯雷地区的原奶产量约占到了新西兰总产量的一半。基地有近百名员工，大部分员工都是新西兰人。经过几年的运营和发展，伊利在当地的投资形成集群效应，提升了这一地区在全球乳业中的话语权和影响力。

2017年3月，伊利大洋洲乳业生产基地二期揭牌，被认为是中新两国加强经贸合作的标志性项目。伊利大洋洲乳业生产基地二期项目是在2014年投产的年产47 000吨婴儿配方奶粉项目的基础上产生的。项目建设地是新西兰南岛坎特伯雷地区怀马特市伊利一期项目预留地，主要用于年产16.2吨功能性乳蛋白牛乳深加工项目、年产80 000吨UHT奶项目、年产56 000吨全脂奶粉生产项目、年产30 000吨婴儿奶粉包装项目4个单元的建设。同时，作为伊利大洋洲乳业生产基地的重要成果，伊利推出的新一代高科技奶粉"睿护"，也在当日的揭牌仪式上对外发布。

2019年8月，伊利集团旗下全资子公司——香港金港商贸控股有限公司正式收购新西兰乳业合作社 Westland 100% 的股权，全球布局再获重大突破。此次伊利收购 Westland，是伊利构建"全球健康生态圈"理念的体现，是一次技术、资源与市场相结合的海外收购。Westland 是新西兰第二大乳业合作社，所处位置为南北纬 40~50° 的世界"黄金奶源带"，位于新西兰西海岸，原奶供应量占新西兰原奶供应量的 4%，产品出口至全球 40 多个国家。

伊利的国际化战略被称为"全球织网"，自 2014 年起，伊利开始有计划、有步骤地构建全球资源体系、创新体系和市场体系，核心是用全球乳业资源服务中国市场。伊利与全球顶级农业学府荷兰瓦赫宁根大学签署了共建食品安全保障体系的合作协议。这一保障体系建成后，将实现中国与欧盟乳品检测系统的同步化。同时，伊利与瓦赫宁根大学建立合作实验室，完成欧洲创新中心的升级。在美洲，伊利主导实施"中美食品智慧谷"项目，与众多美国一流高校和研究机构展开合作。在大洋洲，伊利建立了全球最大的一体化乳业基地之一——大洋洲乳业生产基地，并与新西兰林肯大学签署战略合作协议，成立大洋洲研发中心。在亚洲，伊利的产品正全面进入东南亚市场，伊利子品牌 Joyday 成功登陆印度尼西亚，伊利还成功收购泰国本土最大的冰激凌企业 Chomthana。与 Chomthana 完成交割后，伊利全面发挥战略协同效应，在整合期的一个月内，帮助 Chomthana 实现了 30% 以上的产能提升。

2014 年 8 月，伊利与瑞士通用公证行、英国劳氏以及英国天祥达成战略合作，全面升级了伊利的全球质量安全管理体系，进一步提升了质量管理水平。

（三）主要投资模式与经验

一是大力开展奶源建设，在全球范围内掌控高品质奶源。伊利通过收购当地奶源牧场和合作社，加快了全球优质乳业资源的流通，优化了全球乳业的资源配置。伊利在欧洲、大洋洲、美洲等地区积极整合全球优质奶源资源，更好地满足消费者对高品质乳制品的需求。截至目前，伊利集团的所有原料奶合作供应商已经全部实现规模化、标准化养殖。

二是建立高标准的管理体系。伊利通过建立一套完整科学的质量管理体系及全产业链管理体系，实现公司的标准统一化，实行"输出管理、输出标准、输出智慧"的模式，增强与海外公司的经验交流和体系统一，增强在行业领域的质量标准制定能力和水平，扩大在海外乳品行业的话语权和影响力，实现生产和运营效益的双丰收。

三是注重整合海内外优质研发资源。伊利已经在亚洲、欧洲、美洲、大洋洲等乳业发达地区构建起一张覆盖全球资源体系、创新体系、市场体系的骨干大网，通过创新最大限度地释放产业价值；在美洲主导实施全球农业食品领域的高端智慧群——中美食品智慧谷，在大洋洲与高校和科研单位开展乳业全产业链科技研发合作，在欧洲依托研发中心开展针对中国食品安全和消费群体特点的战略科研合作；通过创新研发，保障产品在激烈市场竞争中的优势。

案例二 恒兴股份

(一)公司基本情况

广东恒兴饲料实业股份有限公司创立于1995年，是一家集饲料产销、种苗繁育、微生态制剂及兽药、进出口贸易于一体的民营公司，旗下拥有子公司30多家，分布于广东、广西、海南、福建、江苏、浙江、湖北、吉林等地及越南、印度尼西亚、马来西亚等东南亚国家。恒兴股份目前有员工4 000余人，公司年营业收入为50多亿元。恒兴股份被评为"农业产业化国家重点龙头企业""高新技术企业"，2016年被评为"全国30强饲料企业"，2017年被评为"中国水产科技创新示范基地"，2018年被评为"农业部华南水产与畜禽饲料重点实验室""改革开放40年·中国农业十大卓越贡献企业""一带一路国际合作先进饲料企业""饲料行业扶贫工作先进集体"等。恒兴股份主持制定了7项饲料产品国家标准，其中一项是对虾育苗标准，目前拥有国家发明专利及实用新型专利共70余项，并与中山大学共同选育第一个国家认定的南美白对虾新品种"中兴1号"。

(二)境外投资项目情况

恒兴股份在境外的投资重点主要是水产饲料生产加工项目，以饲料为立足点，发展种苗、动物保健品两大业务，目前已经在越南、马来西亚、印尼3个国家投资建厂。

1.越华水产饲料合资有限公司

越华水产饲料合资有限公司成立于2004年1月，是恒兴股份的全资子公司湛江粤华水产饲料有限公司与越南河内源河有限公司在越南投资的以生产、销售饲料为主的合资公司，其中中方占股96.15%。该公司的注册资本为520万美元，年生产规模为5.4万吨，现有员工200多人，年销售额为4 000多万美元，截至2019年10月，越华水产饲料合资有限公司的销量接近46 300吨。

2. 印尼恒兴饲料有限公司

印尼恒兴饲料有限公司成立于2016年，是恒兴股份的子公司，总投资额为77万美元，注册地在印尼雅加达，主要经营批发、进口商品（水产饲料、畜禽饲料）。恒兴股份占股85%，目前，印尼恒兴饲料有限公司的年销售额为8 000万元，截至2019年10月，销量突破18 000吨。

3. 绿岛饲料有限公司

绿岛饲料有限公司成立于2009年，注册地点在马来西亚槟城州威斯利省。2016年10月，恒兴股份收购该公司51%的股权，该项目总投资额为3 100万令吉（折合804.38万美元），年生产规模为3.5万吨，已于2018年8月正式投产。截至2019年10月，年销售量超10 000吨，年销售额约为8 000万元。

4. 越南恒兴科技责任有限公司

越南恒兴科技责任有限公司是恒兴股份的全资子公司，成立于2015年6月。经营地址位于越南南方的水产养殖市场集中区域，即隆安省滨沥县。该项目的总投资额为1 340万美元，年生产规模为80 000吨，已于2018年2月正式投产。截至2019年6月底，越南恒兴科技责任有限公司的销量突破16 800吨，销售额超过7 000万元。

除了完成以上4个公司的投资外，目前恒兴股份正在印尼建设一家公司——恒兴海富饲料有限公司。印尼恒兴海富饲料有限公司由恒兴股份和印尼合作方共同投资，其中恒兴股份占股73.75%，计划投资1 200万美元，经营地点在印尼楠榜省；计划建设两条虾料生产线，一条膨化鱼料生产线，年产5万吨；2019年10月底已经完成安装调试。

另外，恒兴股份还分别在印度和缅甸筹备建设公司。在印度，公司目前已经按照当地成立外资公司的要求，办理了董事身份及授权资料的公证及领事认证，具备了完成注册手续的条件。在缅甸，恒兴股份已经完成前期市场调研，下一步将就具体合作项目拟定合作协议。

（三）主要投资模式与经验

一是发挥我国和合作国各自在水产行业的技术和规模优势。国内受劳动力、土地成本、环保等因素影响，养殖规模很难继续扩大，而随着水产品消费需求的不断升级，国内对水产品的供应量与品质提出了更高的要求。"一带一路"沿线国家的养殖资源优良，恒兴股份瞄准新的发展模式到境外养殖，再将境外的养殖产品返销国内，满足国内的消费需求。

二是全产业链布局有利于项目规模化发展。恒兴股份通过对种苗、饲料、养殖、加工、饲料机械、动物保健等环节的投资加强产业链布局。恒兴股份凭借自身技术优势，培养技术和管理人员，整合国内先进技术和人力资源，向境外输出小到单独的饲料工厂，大到全产业链水产产业园等水产产业项目。

三是结合特点因地制宜，注重风险防范。恒兴股份综合考虑各地区和国家的客观情况，选择正确的合作或经营方式，把风险降到最低。恒兴股份在水产行业相对成熟、风险较小的地区（如东盟地区），以直接投资（独资或合资）和经营为主，重点项目是水产饲料生产加工项目，以饲料为立足点，发展种苗、动物保健品两大业务；在水产行业相对落后的地区（如中东地区），以技术输出为主，由当地政府投资，依托政策支持，利用全产业链优势，整体打包输出大型渔业产业园项目，推动当地水产养殖业的发展。

案例三 宏东渔业

(一)公司基本情况

宏东渔业股份有限公司（以下简称"宏东渔业"）成立于1999年，位于福建省福州自由贸易试验区，是一家集远洋捕捞、基地运营、冷链物流、水产加工、海洋生物、进出口贸易、水产品市场运营管理为一体的具有较为完整产业链的综合渔业企业，旗下拥有宏东国际（毛塔）渔业发展有限公司、福州宏东食品有限公司、福建宏东控股有限公司、福州宏东海产品贸易有限公司、连江宏东水产品市场管理有限公司、福州瀚麟渔业有限公司、香港（辰宇）海运有限公司、越泽企业有限公司、福州瀚麒渔业有限公司等分支机构。宏东渔业目前拥有各类专业远洋渔船及辅助船，主要在毛里塔尼亚专属经济区、东帝汶、太平洋公海、印度洋公海等海域从事远洋捕捞作业。

作为综合渔业企业，宏东渔业的渔船数量多、捕捞方式全、产品种类丰富、产业链较为完整，拥有围网、拖网、笼捕、流网、延绳钓等多种作业方式，捕捞鱼种达90多种。产品销往欧洲、非洲、东南亚、俄罗斯、日本、韩国、澳大利亚、美国等国家和地区。在国内，宏东渔业在福建省福州保税区拥有自己的万吨级欧盟标准冷库、欧盟标准水产品加工厂和全自动冷冻加工生产线。宏东渔业在马尾工业园区内拥有约10 000平方米的加工厂房、万吨冷库、办公楼、物资仓库及相关的附属设备楼等；在福州市连江县分别投资建设500亩的宏东远洋渔业产业园区（涵盖水产品深加工、海洋生物制药、冷链物流和仓储、研发与检测中心等产业）与7万多平方米的连江海产品交易市场。

(二)境外投资项目情况

2010年6月,宏东渔业与毛里塔尼亚政府签署了长期渔业合作协议,经该国参议院和众议院批准,宏东渔业获得了169艘渔船进入毛塔海域捕捞的作业许可,作业类型包括单拖、双拖、流刺网、延绳钓、笼捕、围网,捕捞鱼货品种近100种。宏东渔业在毛塔的努瓦迪布市投资建成了综合性渔业基地,集渔业专用码头、冷库、水产加工厂、修船厂、制冰厂、鱼粉厂、海水淡化厂、储油罐以及办公、生活、仓储等配套设施为一体。2013年,宏东渔业在毛塔基地的一期工程建成并投入运营。该项目的总投资为3亿美元,为当地创造了2 000多个就业岗位,培训数百名渔业技术人才。该基地是目前中国企业在海外建设的规模最大的远洋渔业基地,宏东渔业也是毛里塔尼亚最大的企业。2018年,宏东渔业投资4亿元在毛塔进行项目三期扩建,主要包括新建年加工10万吨的中上层鱼类加工厂、围网船码头、近海渔船码头,扩建鱼粉鱼油、制冰、海水淡化生产线等。目前,毛塔三期项目的中上层鱼类加工厂、码头扩建与加固、冷库、污水处理设施、海水淡化厂、船员招聘及员工培训中心大楼等部分项目已建成并投入使用。

目前,每周有25个柜、总量超过2 500吨的海产品,从基地运往欧美、日韩及国内。该项目作为中非渔业合作的典范,为毛塔的渔业资源开发、海洋经济发展、外汇税收、培训、就业等做出了贡献,受到毛塔政府和民众的肯定。毛塔国家领导人多次实地考察该项目,并专程来中国考察宏东渔业总部。该项目成为中非国家双边政府共同推动农业合作的重要内容。

2019年,宏东渔业在圭亚那投资建设海产品加工基地,目前已经动工,计划建设一个集水产品捕捞、加工出口、冷藏及贸易为一体的多功能综合产业园区项目。截至目前,圭亚那项目基建部分已完成。

（三）主要投资模式与经验

一是打造"基地+船队+渔业资源"的投资模式。毛塔拥有丰富的渔业资源，但是加工、保鲜技术比较落后，宏东渔业在毛塔当地建设综合性渔业基地，将加工、仓储、物流等集于一体，并建成渔船船队，船队进行远洋渔业作业和精深加工。这种模式将毛塔当地的渔业资源优势与宏东渔业的技术优势相结合，既为当地创造税收和就业，又能满足国内外市场对海产品的需求。

二是项目得到合作国政府的支持。宏东渔业借助"一带一路"倡议，在投资伊始，与毛塔政府进行充分沟通，获得毛塔政府的重视和支持，使得该项目运行得比较顺利。宏东渔业与毛塔政府签订长期合作协议，以法令形式获得保障，整个项目基地位于保税区，享有税收优惠和特殊的海关政策，这保证了项目的稳定性和持续性。

三是注重资源的合理开发和利用。宏东渔业针对毛塔的不同海域和鱼种，采用不同的捕捞方式对渔业资源进行综合开发，捕捞鱼货品种近100种，提高了当地的渔业资源开发水平；严格按照法律规定的鱼种、规格、海区、捕捞量进行生产作业，并为整个园区配套了污水和废气处理设施，避免因过度捕捞和污染而给当地环境造成破坏。

四是建立比较完善的产业链和配套服务体系。宏东渔业在渔业基地构建深加工和交易平台，提供仓储、冷链、供应链金融的服务，降低了农资成本和交易成本，推动了当地冷链物流与水产品加工集散产业的发展；在远洋捕捞方面，通过远洋捕捞船队建设、冷链物流设施配套、水产品精深加工、海洋生物工程建设，形成了产业链优势，有利于全球范围内优质海洋渔业资源的开发。

跋

农业走出去是一项复杂的系统工程。没有一个行业、一个领域能够涵盖它的方方面面，也因此没有专门的机构或部门能够专职推动这项工作。但农业走出去的重要性不言而喻，尤其在当前重视粮食安全的背景下愈加重要。十几年来，我们积累了丰富的推动农业走出去的实践经验，对这项工作的思考也随着时代变化和形势发展而更加深刻。我们把这些内容进行梳理总结，并提炼分析有关方法、路径，集萃精华编成本书，借以搭建农业走出去"宏观方略+中观举措+微观写实"的立体框架，既是对我们所从事工作的初心重温，亦是对同行从业人员的献礼馈赠。

本书的内容框架是金字塔式层层推进，从农业走出去的战略目标出发，将实现战略目标的路径归纳为统筹谋划、国家推动、要素作用三大层面，并从顶层设计、区域与产业布局、重大项目、主体实施和体制机制保障等多个维度，论述了各个层面在农业走出去过程中的定位、作用、原则、措施等，通过企业具体案例辅助说明，提供经验借鉴。在编写过程中，我们进行了多轮研讨，同时结合"十四五"相关课题研究及规划编制工作征询专家意见，历时8个月，经反复论证后终成此书。

本书的编写团队共有12人，由杨易研究员担任主编，负责编制全书框架、篇章题目并审定全书各章提纲及内容，对书稿进行总体把关。

编写成员均为长期从事农业走出去相关研究的人员，分别在农业对外合作战略研究、政策咨询、投资合作、项目促进、信息服务、区域机制等领域深耕多年，结合工作实践和基础研究，对农业走出去各关键环节进行详细阐述，形成5篇、14章内容。具体分工：第一章和第三章由茹蕾撰写，第二章由于敏撰写，第四章由李晶撰写，第五章和第十三章由龙盾撰写，第六章和第十章由刘志颐撰写，第七章由张玲玲撰写，第八章由张利利撰写，第九章由柏娜撰写，第十一章由刘晴撰写，第十二章由祁梦超撰写，第十四章由卢琰撰写。

成书过程虽然是我们几人之力，但书稿背后体现的是全国推动农业走出去一盘棋工作合力之功。多年来，农业走出去之所以取得一定成效，得益于中央高度重视、部省市各级农业部门通力合作，得益于众多科研机构、走出去企业、智库部门、外派专家等积极投身走出去实践，得益于部际联席会议各成员单位对农业走出去工作的大力支持。在此，我们向所有与我们并肩作战推动农业走出去的合作伙伴致谢。

当前正值国际经济政治秩序的重构期，农业走出去方兴未艾，机遇与挑战并存，前景广阔。希望这本书能够抛砖引玉，引发各界同仁对农业走出去的深入思考，推动具体工作发挥实效，探索更多层次的走出去合作模式，努力实现培育大型跨国粮商、拓展全球农业资源、提高市场占有率和规则制定话语权等各大远景目标。

虽然我们对农业走出去满怀热爱之情和奋进之意，但囿于水平有限，本书难免存在不足与疏漏，敬请各位读者提出宝贵意见与建议。

本书编写组
2020 年 8 月

附录 1

我国农业双边合作机制情况简表

（与已建交国家对照，按亚洲、非洲、欧洲、美洲及大洋洲次序排列，同一洲的国家以其国名简称的英文字母为序；截至 2020 年 3 月，包括 106 个农业双边合作机制 /180 个已建交国家）

亚洲（32/45 个）：

国名	机制建立时间	国名	机制建立时间
阿富汗	2006 年 6 月	马尔代夫	-
亚美尼亚	-	蒙古	2002 年 5 月
阿塞拜疆	-	缅甸	2000 年 4 月
巴林	-	尼泊尔	2001 年 5 月
孟加拉国	2005 年 4 月	阿曼	2004 年 5 月
文莱	2009 年	巴基斯坦	2005 年 4 月
柬埔寨	2000 年 11 月	巴勒斯坦	2010 年 3 月
朝鲜	2012 年 10 月	菲律宾	1999 年 9 月
东帝汶	-	卡塔尔	-
格鲁吉亚	-	韩国	1996 年 3 月
印度	1992 年 4 月	沙特阿拉伯	2005 年 9 月
印度尼西亚	2001 年 11 月	新加坡	2013 年 10 月
伊朗	1999 年 9 月	斯里兰卡	2005 年 4 月
伊拉克	-	叙利亚	2004 年 6 月
以色列	1997 年 11 月	塔吉克斯坦	2011 年 8 月
日本	1982 年	泰国	1997 年 4 月
约旦	-	土耳其	-

国名	机制建立时间	国名	机制建立时间
哈萨克斯坦	2009 年 4 月	土库曼斯坦	2014 年 5 月
科威特	–	阿拉伯联合酋长国	2018 年 7 月
吉尔吉斯斯坦	–	乌兹别克斯坦	2009 年 6 月
老挝	2001 年 12 月	越南	2013 年 6 月
黎巴嫩	–	也门	1998 年 2 月
马来西亚	2016 年 11 月		

非洲（20/53 个）：

国名	机制建立时间	国名	机制建立时间
阿尔及利亚	2017 年 4 月	利比亚	–
安哥拉	–	马达加斯加	2018 年 4 月
贝宁	–	马拉维	–
博茨瓦纳	–	马里	–
布基纳法索	2018 年 8 月	毛里塔尼亚	–
布隆迪	–	毛里求斯	–
喀麦隆	–	摩洛哥	1998 年 12 月
佛得角	–	莫桑比克	2002 年 10 月
中非	–	纳米比亚	2011 年 12 月
乍得	–	尼日尔	–
科摩罗	–	尼日利亚	–
刚果（金）	–	卢旺达	–
刚果（布）	2016 年 7 月	圣多美和普林西比	2018 年 9 月
科特迪瓦	2016 年 7 月	塞内加尔	–
吉布提	–	塞舌尔	–
埃及	1997 年 11 月	塞拉利昂	–
赤道几内亚	–	索马里	–
厄立特里亚	2009 年 10 月	南非	2003 年 3 月
埃塞俄比亚	2004 年 6 月	南苏丹	–
加蓬	–	苏丹	2008 年 6 月
冈比亚	–	坦桑尼亚	2010 年 1 月
加纳	–	多哥	–
几内亚	2000 年 12 月	突尼斯	2013 年 8 月
几内亚比绍	–	乌干达	2018 年 11 月

附录1 我国农业双边合作机制情况简表

国名	机制建立时间	国名	机制建立时间
肯尼亚	2002年4月	赞比亚	2010年1月
莱索托	—	津巴布韦	—
利比里亚	—		

欧洲（30/44个）：

国名	机制建立时间	国名	机制建立时间
阿尔巴尼亚	—	立陶宛	2008年4月
安道尔	—	卢森堡	—
奥地利	1994年7月	马耳他	—
白俄罗斯	—	摩尔多瓦	2000年6月
比利时	—	摩纳哥	—
波黑	—	黑山	2012年3月
保加利亚	2004年12月	荷兰	1984年4月
克罗地亚	2006年9月	北马其顿	2007年12月
塞浦路斯	2007年	挪威	2007年
捷克	2005年12月	波兰	1994年9月
丹麦	2005年4月	葡萄牙	—
爱沙尼亚	2005年1月	罗马尼亚	—
芬兰	2005年	俄罗斯	1994年5月
法国	2004年5月	圣马力诺	—
德国	2006年1月	塞尔维亚	2007年4月
希腊	2002年6月	斯洛伐克	2007年2月
匈牙利	2005年9月	斯洛文尼亚	2007年11月
冰岛	2018年10月	西班牙	2007年11月
爱尔兰	2006年9月	瑞典	—
意大利	2006年9月	瑞士	—
拉脱维亚	2014年6月	乌克兰	2007年4月
列支敦士登	—	英国	1980年

美洲（17/26个）：

国名	机制建立时间	国名	机制建立时间
安提瓜和巴布达	—	格林纳达	—
阿根廷	1988年5月	厄瓜多尔	2007年

国名	机制建立时间	国名	机制建立时间
巴哈马	2009 年 2 月	萨尔瓦多	-
巴巴多斯	2009 年 2 月	圭亚那	-
玻利维亚	-	牙买加	2011 年 9 月
巴西	1995 年 7 月	墨西哥	1993 年 12 月
加拿大	1980 年 9 月	巴拿马	-
智利	1990 年 5 月	秘鲁	2000 年 9 月
哥伦比亚	2004 年 4 月	苏里南	2013 年 6 月
哥斯达黎加	2012 年 8 月	特立尼达和多巴哥	-
古巴	2009 年 9 月	美国	1979 年 1 月
多米尼克	-	乌拉圭	1990 年 5 月
多米尼加	-	委内瑞拉	1993 年 12 月

大洋洲（7/12 个）：

国名	机制建立时间	国名	机制建立时间
澳大利亚	1984 年 5 月	纽埃	-
库克群岛	2011 年 11（远洋渔业协会签订）	巴布亚新几内亚	1993 年 6 月
斐济	2001 年 8 月	萨摩亚	-
基里巴斯	-	所罗门群岛	-
密克罗尼西亚	2003 年 12 月	汤加	-
新西兰	2001 年 3 月	瓦努阿图	2001 年 8 月

注：-表示尚未建立农业双边合作机制。

附录 2

我国参与的多边农业合作机制情况简表

（按机制活跃程度排列，截至 2020 年 3 月）

序号	合作机制	成立/开始时间	涵盖的国家或区域	主要活动形式
1	联合国粮农组织	1973	194 个成员，1 个成员组织和 2 个准成员	成员大会、理事会会议、开展三方合作
2	东盟与中日韩（10+3）农业合作	2001	东盟、中国、日本、韩国	农林部长会议、大米紧急储备机制、粮食安全战略圆桌会
3	中国-东盟（10+1）农业合作	2016	东盟、中国	农业合作论坛、农作物高产示范、跨境动植物疫病防控、能力建设
4	大图们倡议农业合作	2016	中国、蒙古、韩国、俄罗斯	农业合作委员会
5	中日韩农业合作	2012	中国、日本、韩国	农业部长会
6	上海合作组织农业合作	2010	哈萨克斯坦、中国、吉尔吉斯斯坦、俄罗斯、塔吉克斯坦、乌兹别克斯坦、印度、巴基斯坦	农业部长会、农业合作专家工作组
7	澜沧江-湄公河农业合作	2016	澜沧江-湄公河国家	澜湄合作村长论坛等

序号	合作机制	成立/开始时间	涵盖的国家或区域	主要活动形式
8	大湄公河次区域农业合作	2003	大湄公河次区域国家	农业合作工作组、农业部长会、农业科技交流合作组
9	亚洲合作对话农业合作	2004	亚洲国家	农业部长级研讨会、水稻发展研讨会、农业政策论坛、培训班
10	中国-阿拉伯联盟农业发展组织农业合作	1996	中国、阿拉伯联盟成员	签署谅解备忘录
11	中国-中东欧（17+1）国家农业合作	2006	中国、17个中东欧国家	农业部长会、农业经贸合作论坛
12	中非农业合作	2011	中国、非洲国家（非洲联盟、非洲发展新伙伴规划与协调署）	谅解备忘录、三年行动计划（2013—2015）、农业合作研讨会
		2019	中国、非洲联盟及成员	农业合作论坛
13	中国-联合国粮农组织-发展中国家农业南南合作	1996	中国、联合国粮农组织、发展中国家	2008年和2014年，中国政府先后向联合国粮农组织捐赠两期信托基金，共计8 000万美元
14	金砖国家农业合作	2010	巴西、俄罗斯、印度、中国、南非	农业部长会
15	亚太经合组织农业合作	2014	亚太经合组织成员	农业部长会
16	二十国集团农业合作	2016	二十国集团成员	农业部长会
17	中国-欧盟委员会农业合作	2005	中国、欧盟及成员	签署联合声明

附录3

我国签订的双边投资协定一览表

（按与该洲签署首个协定的时间先后排列，顺序为欧洲、亚洲、大洋洲、非洲、美洲；截至2020年3月，包括134个协定/涉及120个国家）

序号	所在洲	国家	签署日期
1	欧洲	瑞典	1982年3月29日
		瑞典附加议定书	2004年9月27日
2	欧洲	德国	1983年10月7日
		德国	2003年12月1日
3	欧洲	法国	1984年5月30日
		法国	2007年11月26日
4	欧洲	比利时与卢森堡	1984年6月4日
		比利时与卢森堡	2005年6月6日
5	欧洲	芬兰	1984年9月4日
		芬兰	2004年11月15日
6	欧洲	挪威	1984年11月21日
7	欧洲	意大利	1985年1月28日
8	欧洲	丹麦	1985年4月29日
9	欧洲	荷兰	1985年6月17日
		荷兰	2001年11月26日
10	欧洲	奥地利	1985年9月12日
11	欧洲	英国	1986年5月15日

序号	所在洲	国家	签署日期
12	欧洲	瑞士	1986 年 11 月 12 日
		瑞士	2009 年 1 月 27 日
13	欧洲	波兰	1988 年 6 月 7 日
14	欧洲	保加利亚	1989 年 6 月 27 日
		保加利亚附加议定书	2007 年 6 月 26 日
15	欧洲	匈牙利	1991 年 5 月 29 日
16	欧洲	捷克和斯洛伐克	1991 年 12 月 4 日
		斯洛伐克	2005 年 12 月 7 日
17	欧洲	葡萄牙	1992 年 2 月 3 日
		葡萄牙	2005 年 12 月 9 日
18	欧洲	西班牙	1992 年 2 月 6 日
		西班牙	2005 年 11 月 24 日
19	欧洲	希腊	1992 年 6 月 25 日
20	欧洲	乌克兰	1992 年 10 月 31 日
21	欧洲	摩尔多瓦	1992 年 11 月 6 日
22	欧洲	白俄罗斯	1993 年 1 月 11 日
23	欧洲	阿尔巴尼亚	1993 年 2 月 13 日
24	欧洲	克罗地亚	1993 年 6 月 7 日
25	欧洲	爱沙尼亚	1993 年 9 月 2 日
26	欧洲	斯洛文尼亚	1993 年 9 月 13 日
27	欧洲	立陶宛	1993 年 11 月 8 日
28	欧洲	冰岛	1994 年 3 月 31 日
29	欧洲	罗马尼亚（新）	1994 年 7 月 12 日
		罗马尼亚附加议定书	2007 年 4 月 16 日
30	欧洲	南斯拉夫（由塞尔维亚继承）	1995 年 12 月 18 日
31	欧洲	马其顿	1997 年 6 月 9 日
32	欧洲	塞浦路斯	2001 年 1 月 17 日
33	欧洲	拉脱维亚 *	2004 年 4 月 15 日
34	欧洲	俄罗斯	2006 年 11 月 9 日
35	欧洲	马耳他	2009 年 2 月 22 日
36	亚洲	泰国	1985 年 3 月 12 日
37	亚洲	新加坡	1985 年 11 月 21 日

序号	所在洲	国家	签署日期
38	亚洲	科威特	1985年11月23日
39	亚洲	斯里兰卡	1986年3月13日
40	亚洲	日本	1988年8月27日
41	亚洲	马来西亚	1988年11月21日
42	亚洲	巴基斯坦	1989年2月12日
43	亚洲	土耳其	1990年11月13日
44	亚洲	蒙古	1991年8月25日
45	亚洲	乌兹别克斯坦	1992年3月13日
		乌兹别克斯坦	2011年4月19日
46	亚洲	吉尔吉斯坦	1992年5月14日
47	亚洲	亚美尼亚	1992年7月4日
48	亚洲	菲律宾	1992年7月20日
49	亚洲	哈萨克斯坦	1992年8月10日
50	亚洲	韩国	1992年9月30日
		韩国	2007年9月7日
51	亚洲	土库曼斯坦	1992年11月21日
52	亚洲	越南	1992年12月2日
53	亚洲	老挝	1993年1月31日
54	亚洲	塔吉克斯坦	1993年3月9日
55	亚洲	格鲁吉亚	1993年6月3日
56	亚洲	阿联酋	1993年7月1日
57	亚洲	阿塞拜疆	1994年3月8日
58	亚洲	印度尼西亚	1994年11月18日
59	亚洲	阿曼	1995年3月18日
60	亚洲	以色列	1995年4月10日
61	亚洲	沙特阿拉伯	1996年2月29日
62	亚洲	黎巴嫩	1996年6月13日
63	亚洲	柬埔寨	1996年7月19日
64	亚洲	叙利亚	1996年12月9日
65	亚洲	也门	1998年2月16日
66	亚洲	卡塔尔	1999年4月9日
67	亚洲	巴林	1999年6月17日

序号	所在洲	国家	签署日期
68	亚洲	伊朗	2000年6月22日
69	亚洲	缅甸	2001年12月12日
70	亚洲	朝鲜	2005年3月22日
71	亚洲	印度	2006年11月21日
72	亚洲	日本、韩国	2012年5月13日
73	亚洲	文莱*	2000年
74	大洋洲	澳大利亚	1988年7月11日
75	大洋洲	新西兰	1988年11月22日
76	非洲	加纳	1989年10月12日
77	大洋洲	巴布亚新几内亚	1991年4月12日
78	非洲	埃及	1994年4月21日
79	非洲	摩洛哥	1995年3月27日
80	非洲	毛里求斯	1996年5月4日
81	非洲	津巴布韦	1996年5月21日
82	非洲	阿尔及利亚	1996年10月17日
83	非洲	加蓬	1997年5月9日
84	非洲	尼日利亚	1997年5月12日
84	非洲	尼日利亚	2001年8月27日
85	非洲	苏丹	1997年5月30日
86	非洲	南非	1997年12月30日
87	非洲	佛得角	1998年4月21日
88	非洲	埃塞俄比亚	1998年5月11日
89	非洲	刚果（布）	2000年3月20日
90	非洲	突尼斯	2004年6月21日
91	非洲	赤道几内亚	2005年10月20日
92	非洲	马达加斯加	2005年11月21日
93	非洲	马里	2009年2月12日
94	非洲	坦桑尼亚	2013年3月24日
95	非洲	赞比亚*	1996年
96	非洲	博茨瓦纳*	2000年6月
97	非洲	莫桑比克*	2001年
98	非洲	塞拉利昂*	2001年

序号	所在洲	国家	签署日期
99	非洲	肯尼亚*	2001年
100	非洲	乌干达*	2004年，因对方原因迄未生效
101	非洲	塞舌尔*	2007年2月
102	非洲	刚果（金）*	2011年8月
103	美洲	玻利维亚	1992年5月8日
104	美洲	阿根廷	1992年11月5日
105	美洲	乌拉圭	1993年12月2日
106	美洲	厄瓜多尔	1994年3月21日
107	美洲	智利	1994年3月23日
108	美洲	秘鲁	1994年6月9日
109	美洲	牙买加	1994年10月26日
110	美洲	古巴	1995年4月24日
110	美洲	古巴	2007年4月20日
111	美洲	巴巴多斯	1998年7月20日
112	美洲	特立尼达和多巴哥	2002年7月22日
113	美洲	圭亚那	2003年3月27日
114	美洲	加拿大	2012年9月9日
115	美洲	哥斯达黎加*	2007年10月
116	美洲	墨西哥*	2008年7月
117	美洲	哥伦比亚*	2008年11月
118	美洲	巴哈马*	2009年9月

注：1. 根据商务部网站数据整理（数据时间：2016年12月12日），http://tfs.mofcom.gov.cn/article/Nocategory/201111/20111107819474.shtml。
2. 标*国家为并未包含在上述商务部网站公布的双边投资协定列表中，但笔者通过外交部网站等其他官方途径获得该协定信息。

附录 4

已签订协议的自贸区名单

（截至 2020 年 3 月，已签订 17 个协定，涉及 25 个国家和地区）
- 中国-毛里求斯
- 中国-马尔代夫
- 中国-格鲁吉亚
- 中国-澳大利亚
- 中国-韩国
- 中国-瑞士
- 中国-冰岛
- 中国-哥斯达黎加
- 中国-秘鲁
- 中国-新西兰
- 中国-新加坡
- 中国-新加坡升级
- 中国-智利
- 中国-智利升级
- 中国-巴基斯坦
- 中国-东盟
- 中国-东盟（10+1）升级

信息来源：中国自由贸易区服务网，http://fta.mofcom.gov.cn。

附录 5

我国签订的避免双重征税协定一览表

（按签署协定的时间先后排列；截至2019年11月，包括107个协定/国家）

序号	国家或地区	签署日期	序号	国家或地区	签署日期
1	日本	1983年9月6日	12	芬兰	1986年5月12日
2	美国	1984年4月30日	13	瑞典	1986年5月16日
3	法国	1984年5月30日	14	新西兰	1986年9月16日
3	法国	2013年11月26日	14	新西兰	2019年4月1日
4	英国	1984年7月26日	15	泰国	1986年10月27日
4	英国	2011年6月27日	16	意大利	1986年10月31日
5	比利时	1985年4月18日	16	意大利	2019年3月23日
6	比利时	2009年10月7日	17	荷兰	1987年5月13日
6	德国	1985年6月10日	17	荷兰	2013年5月31日
6	德国	2014年3月28日	18	捷克斯洛伐克（适用于斯洛伐克）	1987年6月11日
7	马来西亚	1985年11月23日	19	波兰	1988年6月7日
8	挪威	1986年2月25日	20	澳大利亚	1988年11月17日
9	丹麦	1986年3月26日	21	南斯拉夫（适用于波斯尼亚和黑塞哥维那）	1988年12月2日
9	丹麦	2012年6月16日			
10	新加坡	1986年4月18日			
10	新加坡	2007年7月11日			
11	加拿大	1986年5月12日			

序号	国家或地区	签署日期	序号	国家或地区	签署日期
22	保加利亚	1989年11月6日	50	冰岛	1996年6月3日
23	巴基斯坦	1989年11月15日	51	立陶宛	1996年6月3日
24	科威特	1989年12月25日	52	拉脱维亚	1996年6月7日
25	瑞士	1990年7月6日	53	乌兹别克斯坦	1996年7月3日
	瑞士	2013年9月25日			
26	塞浦路斯	1990年10月25日	54	孟加拉国	1996年9月12日
27	西班牙	1990年11月22日	55	南斯拉夫联盟（适用于塞尔维亚和黑山）	1997年3月21日
	西班牙	2018年11月28日			
28	罗马尼亚	1991年1月16日			
	罗马尼亚	2016年7月4日	56	苏丹	1997年5月30日
29	奥地利	1991年4月10日	57	马其顿	1997年6月9日
30	巴西	1991年8月5日	58	埃及	1997年8月13日
31	蒙古	1991年8月26日	59	葡萄牙	1998年4月21日
32	匈牙利	1992年6月17日	60	爱沙尼亚	1998年5月12日
33	马耳他	1993年2月2日	61	老挝	1999年1月25日
	马耳他	2010年10月18日	62	塞舌尔	1999年8月26日
34	阿联酋	1993年7月1日	63	菲律宾	1999年11月18日
35	卢森堡	1994年3月12日	64	爱尔兰	2000年4月19日
36	韩国	1994年3月28日	65	南非	2000年4月25日
37	俄罗斯	1994年5月27日	66	巴巴多斯	2000年5月15日
	俄罗斯	2014年10月13日	67	摩尔多瓦	2000年6月7日
38	巴新	1994年7月14日	68	卡塔尔	2001年4月2日
39	印度	1994年7月18日	69	古巴	2001年4月13日
40	毛里求斯	1994年8月1日	70	委内瑞拉	2001年4月17日
41	克罗地亚	1995年1月9日	71	尼泊尔	2001年5月14日
42	白俄罗斯	1995年1月17日	72	哈萨克斯坦	2001年9月12日
43	斯洛文尼亚	1995年2月13日	73	印度尼西亚	2001年11月7日
44	以色列	1995年4月8日	74	阿曼	2002年3月25日
45	越南	1995年5月17日	75	尼日利亚	2002年4月15日
46	土耳其	1995年5月23日	76	突尼斯	2002年4月16日
47	乌克兰	1995年12月4日	77	伊朗	2002年4月20日
48	亚美尼亚	1996年5月5日	78	巴林	2002年5月16日
49	牙买加	1996年6月3日	79	希腊	2002年6月3日

序号	国家或地区	签署日期	序号	国家或地区	签署日期
80	吉尔吉斯斯坦	2002年6月24日	94	土库曼斯坦	2009年12月13日
81	摩洛哥	2002年8月27日	95	赞比亚	2010年7月26日
82	斯里兰卡	2003年8月11日	96	叙利亚	2010年10月31日
83	特立尼达和多巴哥	2003年9月18日	97	乌干达	2012年1月11日
			98	博茨瓦纳	2012年4月11日
84	阿尔巴尼亚	2004年9月13日	99	厄瓜多尔	2013年1月21日
85	文莱	2004年9月21日	100	智利	2015年5月25日
86	阿塞拜疆	2005年3月17日	101	津巴布韦	2015年12月1日
87	格鲁吉亚	2005年6月2日	102	柬埔寨	2016年10月13日
88	墨西哥	2005年9月12日	103	肯尼亚	2017年9月21日
89	沙特阿拉伯	2006年1月23日	104	加蓬	2018年9月1日
90	阿尔及利亚	2006年11月6日	105	刚果（布）	2018年9月5日
91	塔吉克斯坦	2008年8月27日	106	安哥拉	2018年10月9日
92	埃塞俄比亚	2009年5月14日	107	阿根廷	2018年12月2日
93	捷克	2009年8月28日			

信息来源：国家税务总局网，http://www.chinatax.gov.cn/chinatax/n810341/n810770/index.html。

附录 6

参考文献

[1] 白钦先，耿立新.日本近150年来政策性金融的发展演变与特征[J].日本研究，2005（03）：14-23.
[2] 陈国兴.430亿！直挂云帆济沧海——中国化工收购先正达的前前后后[J].中国石油和化工，2017（07）：12-17.
[3] 陈海燕."一带一路"战略实施与新型国际化人才培养[J].中国高教研究，2017.6.
[4] 陈伟.中国农业"走出去"的现状、问题及对策[J].国际经济合作，2012.1.
[5] 陈乙童，葛笑如."农业走出去"中复合型人才缺乏困境及对策[J].农业经济与科技，2019.7.
[6] 陈兆源，田野，韩冬临.双边投资协定中争端解决机制的形式选择——基于1982—2013年中国签订双边投资协定的定量研究[J].世界经济与政治，2015（03）：122-148+160.
[7] 程长林，任爱胜，柳萌等."一带一路"背景下中国农业科技国际合作现状与模式研究[J].农业展望，2017.8.
[8] 邓力平，马骏，王智烜.双边税收协定与中国企业"一带一路"投资[J].财贸经济，2019（11）：35-49.
[9] 杜频湖.强化农业项目可行性研究报告编制的思考[J].台湾农业探索，2010.3.
[10] 范文仲.强化中资银企境外合作[J].中国金融，2016（22）：31-33.
[11] 郭静利，盛彩娇，李思经."一带一路"农业科技走出去的政策思考[J].中国农业科技导报，2017（19）：1-7.
[12] 郭树勇.试论70年来新中国外交的主要特点[J].国际观察，2019（04）：19-43.
[13] 郭志涛，李悦.粮食项目可行性研究报告存在的问题及建议[J].粮食科技与经济，2011.5.

[14] 国务院发展研究中心课题组. 未来15年国际经济格局变化和中国战略选择 [J]. 管理世界, 2018（12）: 1-12.
[15] 国务院新闻办公室. 中国的粮食安全 [M]. 北京: 人民出版社, 2019: 26-33.
[16] 洪联英, 陈思, 韩峰. 海外并购、组织控制与投资方式选择——基于中国的经验证据 [J]. 管理世界, 2015（10）: 40-53.
[17] 胡乐明. 政府与市场的"互荣共融": 经济发展的中国经验 [J]. 马克思主义研究, 2018（05）: 63-71.
[18] 胡卫. 习近平关于全面深化改革的顶层设计方法论 [J]. 太原理工大学学报（社会科学版）, 2016, 34（03）: 1-4+9.
[19] 胡月, 马志刚, 王琦, 田志宏. 中国对外农业投资政策演变及体系结构分析 [J]. 世界农业, 2016（09）: 11-17.
[20] 黄志瑾. 中国引领投资便利化国际合作的证立与实现 [J]. 武大国际法评论, 2019, 3（04）: 39-56.
[21] 旷爱萍, 韩丹丹. "一带一路"背景下现代农业"走出去"的SWOT分析及路径选择 [J]. 农业经济与科技, 2019.7.
[22] 李保花. 中国农业"走出去"战略的实证分析 [D]. 北京: 中国农业科学院, 2014.
[23] 李灵希. 单位制变迁与政府职能转变研究 [J]. 政治研究, 2019（09）: 35-36.
[24] 李小云, 唐丽霞, 武晋. 国际发展援助概论 [M]. 北京: 社会科学文献出版社, 2009.
[25] 李艳君. 中国农业对外合作: 现状、问题与对策 [J]. 外资经贸, 2016（10）: 42-44.
[26] 廖建彬. 中国企业"走出去"的人力资源管理策略 [J]. 人力资源管理, 2013.2.
[27] 刘开君. 我国地级市政府职能转变规律及趋势 [J]. 哈尔滨市委党校学报, 2020（1）: 52-58.
[28] 刘宇轩. "一带一路"背景下我国农业企业"走出去"的财务风险 [J]. 中国农业会计, 2018（09）: 34-36.
[29] 刘祖昕, 石彦琴, 赵跃龙. 工程咨询服务农业走出去初探 [J]. 农业工程, 2019.5.
[30] 吕向东, 张晓颖, 徐锐钊等. 跨国粮商发展战略对中国农业"走出去"的启示 [J]. 世界农业, 2014.11.
[31] 马宝成, 安森东. 中国行政体制改革40年: 主要成就和未来展望 [J]. 行政管理改革, 2018（10）: 29-34.
[32] 孟琳. 改革顶层设计的战略作用及其实现路径 [D]. 沈阳: 辽宁大学, 2015.
[33] 米银霞, 余壮雄. 中国企业海外投资的"阿基米德杠杆": 贸易、合作与援助 [J]. 国际贸易问题, 2019（3）: 135-149.
[34] 彭森. 十八大以来经济体制改革进展报告 [M]. 北京: 国家行政学院出版社,

2018.
[35] 平英华. 规范完善农业投资项目可行性研究报告的研究 [J]. 安徽农业科学, 2014.10.
[36] 沈红波, 寇宏, 张川. 金融发展、融资约束与企业投资的实证研究 [J] 中国工业经济, 2010.6.
[37] 孙玉琴. 中国农业对外投资与合作历程回顾与思考 [J]. 国际经济合作, 2014.10.
[38] 拓俊杰. 推进政府治理体系和治理能力现代化 [J]. 理论建设, 2019（12）: 35-36.
[39] 王犟, 甘小军, 刘超. 国际双边发展援助对FDI的影响研究——基于17个OECD国家对华发展援助的实证 [J]. 经济与管理科学, 2013（6）: 117-125.
[40] 王建民, 狄增如. "顶层设计"的内涵、逻辑与方法 [J]. 改革, 2013（08）: 139-146.
[41] 王茂军, 邵静, 周小利, 曹田敏达, 张星. 促进还是抑制: 中国对非直接投资的对外援助效应 [J]. 人文地理, 2020（01）: 69-81.
[42] 王浦劬. 论转变政府职能的若干理论问题 [J]. 国家行政学院学报, 2015（1）: 31-39.
[43] 王永春, 王秀东. 中国与东盟农业合作发展历程及趋势展望 [J]. 经济纵横, 2018（12）: 88-95.
[44] 闻新国. 正确理解顶层设计的内涵与要求 [J]. 党政论坛, 2012（08）: 24-25.
[45] 吴凤娇. 海峡两岸农业制度性合作模式探讨 [J]. 台湾研究集刊, 2014（05）: 28-37.
[46] 吴孔明. 我国农业科技国际合作40年成果显著 [J]. 中国农村科技, 2018（12）: 10-13.
[47] 薛海波. 从跨国经营企业招聘要求看农业国际型人才培养 [J]. 东南大学学报（哲学社会科学版）, 2016.12.
[48] 杨东群, 李丽原, 邱君等. 日本农业对外投资经验对中国实施"一带一路"倡议的启示 [J]. 世界农业, 2019.1.
[49] 杨宏恩, 孟庆强, 王晶, 李浩. 双边投资协定对中国对外直接投资的影响: 基于投资协定异质性的视角 [J]. 管理世界, 2016（04）: 24-36.
[50] 杨麒. 中国公司实施跨国投资战略的模式研究 [D]. 成都: 西南财经大学, 2010.
[51] 叶红. 2019年国内农机市场分析 [J]. 当代农机, 2019（12）: 32-36.
[52] 张超, 苏哲玲, 负俊生. 涉农企业"走出去"的外汇金融政策支持研究——A公司吉尔吉斯斯坦投资案例剖析 [J]. 西部金融, 2015（08）: 87-89.
[53] 张强. 未来几年农药市场面临的主要困境及发展趋势 [J]. 农药市场信息, 2020（3）: 6-9.
[54] 张树林, 杨振, 韩嘉. 中国对外直接投资: 政府拉动还是金融推动 [J]. 新金

融，2012.8.
- [55] 张秀青. 中国民营农业企业"走出去"的路径选择——基于新希望集团调研的思考与启示 [J]. 全球化，2019.1.
- [56] 张学彪，颜波，姜明伦等. 中国粮机企业"走出去"面临的问题与政策建议 [J]. 世界农业，2019.4.
- [57] 张月. 我国农业"走出去"的现状、问题及对策研究 [J]. 农业工作通讯，2016.1.
- [58] 赵贝贝. 中国大型粮食跨国企业的培育研究 [D]. 湛江：广东海洋大学，2015.
- [59] 钟昌标. 区域协调发展中政府与市场的作业研究 [M]. 北京：北京大学出版社，2011.
- [60] 周谷平，阚阅. "一带一路"战略的人才支撑与教育路径. 教育研究 [J]. 2015.10.
- [61] 周经，洪静，王岊. 政治风险、经济援助与中国对非洲直接投资——基于跨国面板数据的实证研究 [J]. 现代经济探讨，2018（6）：51-59.
- [62] 朱继东. 日本海外农业战略的经验及启示——基于中国海外农业投资现状分析 [J]. 世界农业，2014（6）：122-125.
- [63] 竺乾威. 服务型政府：从职能回归本质 [J]. 行政论坛，2019（5）：96-101.
- [64] Buch C M, Kesternich I, Lipponer A, et al. Exports Versus FDI Revisited: Does Finance Matter?[J]. Social Science Electronic Publishing, 2010.
- [65] Hongwei Liao,Yedi Chi,Jiarui Zhang.Impact of international development aid on FDI along the Belt and Road[J]. China Economic Review,2020,6(61):101-448.
- [66] Manova K. Credit Constraints, Heterogeneous Firms, and International Trade[J]. Nber Working Papers, 2008, 8(02):711-744.
- [67] Pablo Selaya.Does Foreign Aid Increase Foreign Direct Investment? [J] World Development,2012,11(40):2155-2176.
- [68] World Bank. Doing Business 2020 [M]. Washington, DC: World Bank, 2020.
- [69] 中共中央宣传部. 习近平新时代中国特色社会主义思想学习纲要 [M]. 北京：学习出版社，人民出版社，2019.